끊어지지 않는 사슬

끊어지지 않는 사슬

2천7백만 노예들에 침묵하는 세계

케빈 베일스

조 트로드

알렉스 켄트 윌리엄슨

이병무 옮김

다반
일상의 책

비밀에 감추어진 세계

오늘날 2천7백만 명의 노예가 현존한다. 이 수치는 역사상의 어느 시점보다도 더 높은 것으로, 350년 동안 대서양의 노예무역에서 잡혀간 아프리카인들의 숫자에 맞먹는다. 다른 말로 하면, 오늘날 노예인구는 오스트레일리아의 인구보다도 많으며 아일랜드 인구의 거의 7배에 달한다. 이들은 임금을 전혀 받지 못하고 경제적으로 착취당하며 폭력적인 강압에 시달린다.

또한 이들은 눈에 띄지 않는다. 노예제는 모든 국가에서 불법이고 국제협약에 따라 금지되어 있기 때문에, 은밀히 자행되는 범죄가 되었다. 외부로부터 차단되어 있기에, 이들을 발견하는 것도 이들의 수가 얼마나 되는지 파악하는 것도 힘들다. 여러 나라에서 노예제가 법으로 승인되었던 과거에는 노예들의 수를 파악하고 이들의 경제적 가치를 기록으로 남겼으며, 계약서에서 유언장에 이르기까지 각종 법적 문서에 이들이 등재되었다. 이 덕분에 우리는 인류 역사의 상당 기간에서 노예들의 수, 인구통계,

경제적 가치에 대한 — 부분적이긴 하지만 — 유용한 측정치를 얻을 수 있었다. 오늘날에는 상황이 전혀 다르다. 해마다 극히 일부의 노예들만이 사람들 눈에 드러나 자유를 얻게 되며, 최근까지 이 비밀의 세계에 대한 우리의 무지는 극심했다. 따라서 연구자들은 수많은 윤리적 딜레마나 지금 우리 시대의 속박을 연구하는 것 자체의 — 사회적·정치적 — 논란은 차치하고라도, 자료 부족이라는 문제와 씨름할 수밖에 없다.

하지만 현대의 노예제의 범위와 문제에 대한 인식은 점점 증대하고 있다. 학자들은 연구영역의 틀을 잡아 가기 시작했고 정부들과 시민은 새로운 현상의 진실에 눈뜨고 있다. 인간이 값싸게 사고팔리고 사용가치가 없으면 가차 없이 버려지는 노예제, 그것이 바로 우리가 맞닥뜨린 새로운 현상이다. 이 책은 이 노예제의 전모를 소개하여, 2천7백만 명의 감춰진 세계를 열어젖힌다. 신뢰성 있는 자료를 활용하는 한편, 노예제의 역사와 장차 실현될 노예제 폐지에 초점을 동시에 맞추면서 우리는 오늘날 우리 앞에 놓인 인권에 대한 가장 심각한 도전 중 하나에 정면으로 맞서 보려 한다.

1장에서는 고대 수메르에서 보이는 초기 노예제의 출현에서 남북전쟁 전 미국의 가산노예제를 거쳐 21세기의 전 지구적 노예제 형태들에 이르기까지 노예제의 오랜 역사를 개관하고, 여러 세기에 걸쳐 이어진 노예제 폐지론과 노예들의 저항운동에 대해 논의한다. 또한 미국과 영국의 노예들의 실태를 포함하여 현대의 노예제를 소개하고, 아동노예제를 논의하며 '구' 노예제와 '신' 노예제의 차이를 설명한다.

2장에서는 현대의 노예제에 대해 정의를 내리고 오늘날의 다양한 노예제 형태들을 검토한다. 이어 인신매매와 노예제 간의 관계, 인신매매의 발생 원인, 이를 금지하기 위한 입법 노력에 대해 논한다. 3장에서는 노예제의 확산과 지속에서 가난과 정부의 부패가 차지하는 역할, 한 국가 내에서 노예제의 예측변수들 등 현대 노예제의 경제학을 탐구한다.

4장에서는 여성들의 노예경험의 특수성에 초점을 맞추어 性의 관점에서 노예제를 바라본다. 5장에서는 아프리카의 몇몇 나라에서 보이는 세습적이고 제의적인 노예제의 관습을 포함해, 노예화의 요소로서 인종, 종족, 종교의 역학관계에 대해 탐구한다.

6장은 인종·종교·성 정체성으로부터 논점을 이동하여, 무력분쟁, 자연재해, 환경파괴와 같은 지역적 압박 요인들을 검토한다. 7장에서는 에이즈 감염과 외상 후 스트레스 장애 등 현대의 노예들이 처해 있는 건강상의 위험과 그 결과를 개관한다. 마지막으로 8장에서는 정부와 업계의 책임에서 지역사회와 개인의 활동에 이르기까지, 노예제를 종식시킬 청사진을 제시한다.

책 전체를 통해 우리는 노예로 살고 있는 사람들의 이야기를 함께 나누었다. 그들의 목소리야말로 우리의 가장 진실한 안내자이다. 속박을 물리치고 용기를 내 말해 준 그 많은 이들에 대한 깊고도 깊은 감사의 마음은 이루 다 말로 표현할 수 없다.

이 책은 또한 마샤 필리온의 능숙한 솜씨와 지혜, 상상력이 아니었다면 나올 수 없었을 것이다. 그야말로 우리가 바랄 수 있는 최고의 편집자였다. 아울러 돈 새킷, 피오나 슬레이터, 케이트 스미스, 그리고 '프리더슬레이브Free the Slaves' 및 '국제반反노예제연합Anti-Slavery International'과 활동을 같이하는 모든 분들, 그중에서도 페기 컬런에게 감사의 마음을 전한다.

또한 주디 하이드와 헬런 암스트롱, 루키 아무주와 수프리야 아와스티, 마크 레빈과 니코스 윌스의 노예제 금지 활동에 감사드린다.

케빈 베일스는 노예제 없는 세상을 위한 독립 보조금 지원 기구인 '휴머니티유나이티드'와 아들 가브리엘 베일스, 조렌 스미스, 지니 보먼, 메그 로젠색, 케이트 호너, 비티카 야다브, 루키 아무주, 수프리야 아와스티, 데스먼드 투투 대주교, 영국 헐 대학의 '윌버포스 노예제 및 노예 해방연구소WISE' 소장인 데이비드 리처드슨 교수에게 감사드린다.

조 트로드는 하버드 대학 웨더헤드 센터의 정의 · 복지 · 경제학 프로젝트와 오스트레일리아 국립대학 인문학 연구 센터의 모든 분들, 특히 리나 메시나에게, 그리고 앤드류 W. 멜런 재단과 미학회 협의회에 감사드린다. 또한 에드워드 J. 블룸, 엠마 크리스토퍼, 뎁 커닝엄, 그리고 1차 자료를 제공해 준 모든 분들, 헨리 루이스 게이츠 주니어, 로렌스 그루, 브라이언 L. 존슨, 조 로커드, 티머시 패트릭 매카시, 크리스틴 맥페이든, 앤 매리 올슨, 카산드라 피버스, 렐라니 세빌라, 탐 로브 스미스, 워너 솔러스, 로버트 스퀼레이스, 마이클 스탠클리프, 크리스 스타크, 존 스토퍼, 필리스 톰슨, 그리고 린, 조프, 게이브, 비 트로드에게 감사의 마음을 전한다.

알렉스 켄트 윌리엄슨은 스티븐 겔러, 신시아 내스트, 스티븐 니콜스, 미셸 브라운, 질 자렛, 로브 젠크스, 스탠 메체프, 칼리나 메체프-사이먼, 케이시 페이건, 로리, 그레그, 레이철, 대니얼 레드펀, 앤 사이먼, 짐 윌리엄슨, 드루 윌리엄슨 그리고 부모님 존과 수 윌리엄슨께 감사드린다.

이 책을 2천7백만 명의 그이들에게 바친다.

상업 DC의 매사추세츠, 체임퍼지

제 배워요 조토르고, 상업 세트 형회영수

차례

머리말 비밀에 감추어진 세계

1장

끊어지지 않는 사슬
—오늘날과 역사 속의 노예제

어디를 가든… 나는 노예입니다. 영원히 사슬에 얽매여 있는.
당신의 가장 깊은 골짜기에 들어도, 당신의 가장 높은 산에 올라도
나는 여전히 노예이며, 사람 쫓는 사냥개가 내 뒤를 쫓을 것입니다.
프레더릭 더글러스, 1845년

1852년 7월 5일, 로체스터의 코린트 양식 홀에서 '독립선언서'의 마지막 구절의 여운이 사라져 갈 즈음, 노예 해방론자인 흑인 프레더릭 더글러스가 발언을 위해 일어섰다. 그는 미국의 독립기념일인 7월 4일 연설을 하루 늦게 행하겠다고 고집했다. 백인 청중들에게 노예제란 시대착오적인 것이고 미국의 진보에 걸림돌임을 일깨우겠다는 심산이었다. 독립선언서에 담긴 자유와 평등의 이상에 찬사를 보내면서, 그는 그러나 그 이상의 완전한 실현이 너무도 오래 지연되고 있다고 일갈했다. 그날 그의 연설은 물론 남북전쟁 전 미국에 만연한 흑인과 백인, 노예와 자유민의 분리를 겨냥한 것이었다. 더글러스가 말하기를, 그 나라는 '당신들의 나라'이고 그 아버지들은 '당신들의 아버지'였다. 그런 다음 더글러스는 청중들에게 물었다. "미국의 노예들에게 여러분의 7월 4일은 과연 무엇이겠습니까?" '잔인한 기만'이라는 것이 그의 대답이었다. 자유를 한껏 추켜세우면서 실제로 누릴 수 있는 것은 아무것도 없는, 노예제를 '더욱 견딜 수 없도록' 만드는 날이라는 것이다.

미국과 영국에서 대외 노예무역을 폐지한 1807년과 1808년 법안의 200주년을 기념하는 오늘날에도 더글러스의 질문은 그 오랜 세월을 가로질러 큰 울림을 갖는다. 현대의 노예들에게 그 200주년이란 도대체 무엇인가? 노예제가 여전히 존속하는데 200주년 기념이라는 것이 무슨 의미가 있는가? 그 법안들이 통과된 지 200년이 지났고, 대영제국에서 노예제가 폐지된 지 175년이 지났고 미국의 노예 해방령이 공포된 지 140년이 넘게 지났다 한들 말이다. 그리고 전 세계에서 2천7백만 명이 노예로 살아가는 현 시점으로 우리를 이끌고 온 역사의 여정은 어떤 것인가? 더글러스가 1776년의 독립선언서를 지적하면서 19세기의 노예제를 역사적 맥락 안에 위치시켰던 것처럼, 우리는 지금 이 시대의 노예제 형태들이 이루어지기까지의 기나긴 전사前史를 추적해 볼 수 있을 것이다.

역사 속에 이어져 온 노예제

더글러스 자신이 1838년 노예신분에서 탈출하기 이미 오래전부터 노예제는 우리 세계의 일부분이었다. 이 관습은 인류의 역사만큼이나 오래된 것이고 법이나 화폐가 생겨나기 전부터 존재했다. 노예제는 나일 문명의 아주 초기 기록에도 등장하여, 기원전 7000년경의 제1왕조 시대에 귀족의 시신을 매장할 때 노예들이 순장되었다는 기록이 남아 있다. 그리고 기원전 4000년 고대 메소포타미아의 점토판 그림에는 고대 수메르인들이 일으킨 전쟁에서 포로가 된 사람들이 결박당한 채 채찍을 맞으며 강제 노역을 하는 장면이 묘사되어 있기도 하다. 현존하는 수메르 기록들로 판단하건대 당시 사회는 신정일치의 왕이 다스리는 탄탄히 조직된 도시국가로, 농노와 노예들에 기반을 두고 있었다. 이 기록들은 전시의 포로 포획이 노예를 얻을 수 있는 중요한 원천으로 종교에 의해 정당화되었음을 보여 준다.

노예제는 고대 메소포타미아의 도시국가이자 기원전 1770년에서 1670년경에는 당시 세계에서 가장 큰 도시였던 바빌론에서도 여전히 번성했다. 기원전 1790년 무렵 함무라비 법전은 노예의 법적 신분을 법률로 규정했다. 이 법전은 최초의 완전한 법률 체계로, 서문에는 인류 역사 초기에 형성된 종교와 법, 노예제 간의 밀접한 연관성이 드러나 있다.

> 하늘과 땅의 주인이신 벨께서 이 땅의 운명을 정하시고… 나, 함무라비를 고귀한 왕자王者의 자리에 앉히시어 … 샤마시처럼 머리 검은 인간들을 다스리고 이 땅에 빛을 밝히며 인간의 복리를 증진토록 하셨노라. 나, 왕자 함무라비는 … 억압받는 자와 노예들의 목자이니라.

이 최초의 성문 법전에는 신의 승인, 정복, 인간을 가축처럼 대하기('노예들의 목자')와 노예제가 한데 얽혀 있다.

이 법전은 노예 체계의 윤곽을 상세히 그려 낸다. 대부분의 시민 생활을 규제하는 282개의 법률이 법전에 들어 있는데, 그중 35개가 노예제와 관련된 것이다. 그 모두에 깔린 전제는 극히 명백하다. 노예는 인간이 아니라는 것이다. 예를 들어 이 바빌론 법률들 중 하나는 의사가 환자에게 치명적인 실수를 범할 경우 의사의 손을 자르도록 규정하지만, 환자가 노예라면 그저 노예 주인에게 금전적 손실을 보상해 주기만 하면 되는 것으로 되어 있다. 또 다른 법률에는 임산부를 때려 유산이 된 경우 가해자의 딸을 처형하지만, 피해자가 노예라면 주인에게 은화 두 닢만 지불하면 되는 것으로 규정되어 있다.

이 고대 법률들 중에는 도망치는 노예를 숨겨 주는 사람은 '사형에 처하도록' 하여, 미국의 악명 높은 1850년 '도망 노예법'을 예고하는 것도 있다(도망 노예법은 도망한 노예가 체포를 피할 수 있도록 돕는 사람을 벌금이나 징역형에 처할 수 있도록 했다). 바빌론의 노예제와 미국의 가산노예제 사이에는 이것 말고도 커다란 유사점이 또 있다. 둘 다 노예의 통제와 처벌을 위해 아무 제한 없이 폭력을 사용했던 것이다. 함무라비 법전에 "노예가 자유민을 때리면 그 노예의 귀를 자르라"고 되어 있다면, 1724년 루이지애나의 노예법에는 "주인을 폭행한 노예는 사형에 처한다"고 되어 있다.

'신왕조'(기원전 1570~1070년)로 불리는 시기의 이집트에서는 파라오들의 무력 정벌 활동이 증가하면서 노예제 또한 급속히 확대되었다. 이 시기의 가장 뛰어난 군사 지도자였던 파라오 투트모세는 해마다 시리아와 팔레스타인을 침공하여 본인 주장으로는 10만 명 이상의 노예를 잡아왔다. 현재까지 남아 있는 이 시기의 그림과 조각들에는 오늘날의 이스라엘과 팔레스타인에 해당하는 지역과 그 이남의 아프리카에서 잡혀 온 결박당한 노예들의 행렬이 묘사되어 있다. 파라오는 이 노예 인력을 대규모 공공 건설 사업에 활용하여, 식량 생산을 담당하는 농민과 농장주들의 노역 부담을 덜어 주었다.

도시국가 구조가 등장하고 확산되면서 점점 더 많은 사회들이 위계적, 군국주의적, 노예제적 성격을 띠게 되었다. 농지와 동물들에 대한 통제는 인간의 '가축화' 및 노예화와 결합되었다. 최전성기에 그리스의 도시국가들은 수많은 노예를 보유했다. 기원전 400년 무렵 아테네와 곁에 딸린 항구도시인 피레에프스에는 약 6만 명의 시민, 2만 5천 명의 비시민, 7만 명의 노예가 있었다. 어느 역사가는 이렇게 말한다. "고대 그리스 세계에서는 … 생산활동이든 비생산활동이든, 공적인 것이든 사적인 것이든, 즐거운 것이든 기피의 대상이 되는 것이든, 노예가 수행하지 않은 활동이 거의 없었다." 노예는 아테네 성장의 원동력이었던 은 광산에서 종종 목숨이 위태로울 정도로 위험천만한 작업을 하는 데 없어서는 안 되는 존재로 여겨졌다. 대략 같은 시기에 플라톤은 저술활동을 통해 '야만인들'의 타고난 저열성을 근거로 노예제를 확고히 합리화하는 작업을 진행 중이었다. 그의 제자 아리스토텔레스는 이 정당화를 한층 더 밀고 나가, 노예제는 노예와 주인이 각각 자신의 진정한 기능을 수행할 수 있도록 하기 때문에 둘 모두에게 좋은 것이라고 주장하기까지 했다.

로마의 경제는 훨씬 더 확고하게 노예제에 기반을 두었고, 로마 제국의 확장에 따라 주로 해외 정벌에서 잡아 온 포로들과 그 후손들로 대규모 노예 거래가 이루어졌다. 하지만 기원전 135년에서 70년까지 약 70년 동안 로마는 수많은 노예들이 참여한 3개의 거대한 노예 반란으로 흔들리게 된다. 이 봉기들 중 마지막 것은 흔히 '검투사의 난' 또는 '스파르타쿠스 반란'으로 불리는데, 처음에는 소규모의 노예신분 검투사 무리였던 집단이 약 12만 명의 군대로 발전하여 3년 동안 여러 차례 로마군에 승리를 거두지만 결국 소탕되고 만다. 그 이후 서기 1세기에 로마법은 노예에 대해 점점 더 인간적인 처우를 보장하게 된다. 이러한 변화는 당시 등장했던 철학을 반영하고 있는데, 이 철학은 노예제를 '자연법'에 위배되는 것으로 간주했다. 스토아 철학에 바탕을 둔 로마의 법학자들은 노예제가 보편적으로 시행되고는 있지만 그 역시 자연에 반하는 것이라고 주장했다. 로마 제국의 위축과 몰락으로 노예의 수는 농노 인구와 같은 비율로 줄어들었다.

서기 320년에서 1453년까지의 기간 동안 노예제는 비잔틴 제국 경제에서 큰 비중을 차지했다. 제국의 군사적 팽창에 따라 콘스탄티노플은 노예들로 넘쳐 났다. 잉여 농산물이 생겨나고 통치 계층이 등장하면서 제도화된 노예제를 지탱하는 3개의 주 버팀대가 확립되었다. 노예를 잡아들이는 데 필요한 폭력을 사용할 수 있는 군대, 노예를 거래하는 시장, 노예제가 신께서 허락하신 것이라고 말해 주는 종교 지도층이 바로 그것이었다. 신의 허락이라는 것의 근거 중 하나는 유대-크리스트교의 창세 설화에 나오는 이른바 '햄의 저주'였다. 대홍수로 세상이 깨끗이 정화된 후 노아의 가족만이 살아남아 이 세상을 사람들로 다시 채워야만 했다. 노아의 아들 햄과 그의 자손들은 저주를 받아 "형제들의 … 가장 미천한 하인"이 되어야 했는데, 성서에는 이들의 피부색에 대해서는 아무 언급이 없음에도 아프리카인이 햄의 자손이라는 이야기가 생겨나 사람들 사이에 널리 퍼졌다. 서기 350년경에 쓰인 한 종교 문헌에는 다음과 같은 구절이 있다. "[햄이] 노예가 되었는데, 그와 그의 가문은 곧 이집트인, 아비시니아인, 인도인이다."

노예제는 유대인의 토라에도 나타난다. 노예를 어떻게 다루어야 하는지에 대한 규칙이 실려 있는 것이다. 유대인은 같은 유대인을 노예로 삼는 것을 금지하였고, 빚 때문에 유대인이 노예가 될 경우 그 기한은 6년으로 한정하였다. 하지만 유대인이 아닌 사람들은 평생토록 노예로 지낼 수 있었으며 노예의 신분이 대를 이어 자식에게 대물림될 수도 있었다. 하지만 약 2,100년 전 몇몇 유대인 공동체는 노예제를 거부하기 시작했다. 에세네파는 노예제를 법으로 금한 첫 번째 유대인 신앙 공동체였고, 알렉산드리아 근방에 거주하는 유대인들이었던 테라페우타이파는 당대의 저자에 의해 다음과 같이 묘사된다. "그들은 시중을 들어줄 노예를 가지고 있지 않다. 하인을 쓰는 것은 자연에 철저히 반한다고 생각하기 때문이다. 자연은 모든 사람을 자유롭게 태어나도록 했다는 것이다." 사실 조로아스터교, 힌두교, 유대교, 유교의 사제들이 모두 연민과 정의를 강조하는 과거와는 근본적으로 다른 신학을 구축하기 시작했다.

그러나 십자군 운동으로 동방 사람들이 새로이 유럽의 노예제 밑으로 끌려오기 시작했다. 제노바, 베네치아, 베르됭은 특히 13세기에 흑사병으로 유럽의 노동력이 급감한 이후에 노예시장의 중심지가 되었다. 토스카나에서는 노예제가 경제의 핵심이 되었다. 이 시기 내내 교회는 기독교인을 사고파는 것을 비난하고 유대인이 기독교인을 사들이는 것을 금지했지만 제도로서 노예제 자체는 인정하는 입장이었다. 이슬람도 비슷한 규칙을 공포하여 이슬람교도가 같은 이슬람교도를 사고파는 것을 금했다. 이어서 15세기에 유럽 제국들이 아프리카와 아메리카로 세력을 팽창하기 시작할 때 교회는 노예제 정책과 노예매매를 계속 지지했다.

대영제국과 미국의 노예제

로마 제국과 비잔틴 제국이 새로 노예로 잡혀 온 사람들을 발판으로 삼아 성장했던 것처럼 유럽의 전 세계적 팽창은 대서양 간 노예무역으로 시작되었다. 1400년대부터 노예로 쓰려고 사로잡은 아프리카인들을 유럽으로 실어 가는 유럽 선박이 줄을 이었다. 아메리카 대륙의 정복과 식민화가 진행되면서 노예무역은 남북 아메리카까지 포함하게 되어, 무역의 양태는 삼각형 꼴을 띠었다. 선박들은 유럽에서 아프리카로 가서 생포된 아프리카인들을 물품을 주고 사들인 다음 아메리카로 실어 날랐다. 목적지에 도착할 때까지 살아남은 노예들은 식민지 개척자들에게 팔려 주로 농사일에 투입되었고, 이들을 실어 온 선박들은 담배, 설탕, 목화, 럼주를 싣고 유럽으로 돌아갔다. 그러고는 이러한 과정이 반복되었다. 브라질에서의 노예제 폐지로 대서양 간 노예무역이 완전히 종식된 1888년에 이르기까지 1천1백만에서 2천8백만 명의 아프리카인들이 노예로 잡혀갔다.

수백만 명의 노예들이 북미의 식민지로 팔려 갔다. 뉴암스테르담이 영국인들에게 양도되면서 뉴욕으로 이름이 바뀌게 된 1664년, 이곳 인구 중 5분의 1이 노예신분의 아프리카인들이었고, 1775년 미국 독립혁명이 일어났을 때 코네티컷 주, 매사추세츠 주, 뉴저지 주, 뉴욕 주에는 다 합쳐서 거의 4만 명의 노예가 있었다. 그리고 미국 독립혁명이 일어났음에도 노예매매는 사라지지 않았다. 종교개혁으로 생겨난 자유로운 종교적 사고라는 개념은 18세기 후반 속속 들어선 새로운 공화국들의 평등한 시민권, 개인의 자유라는 신념의 근간이었다. 이러한 신념들이 노예제라는 강력한 경제 제도와 양립하는 것은 불가능한 일이었고, 몇몇 혼란스러운 절충안들만 제시되었을 뿐이다. 새로 등장한 미합중국의 헌법은 모든 시민에게 자유와 평등을 보장했지만, 노예는 여기서 제외되었다. 풀리지 않는 역설이었다. 최초의 세계적 제국들은 노예제의 경제력에 바탕을 두고서 계몽주의의 사뭇 상반된 이상을 파급시켰던 것이다. 미 공화국에서 그 역설의 정점은 바로 노예체제를 그대로 유지한 해방혁명이었다.

그러나 계몽주의의 신념들이 전파된 것처럼 노예제에 대한 재정의도 널리 퍼지게 되었다. 이미 1769년에 스코틀랜드의 철학교수 애덤 퍼거슨은 "누구도 노예로 태어나지 않는다. 모든 사람이 본연의 권리를 지니고 태어나기 때문이다"라고 주장했다. 종교단체들도 노예제를 거부하기 시작했다. 노예제에 반대하는 퀘이커교도들의 소책자가 1700년대 초반에 등장했고, 1758년까지 아메리카 식민지와 영국의 퀘이커교도들은 노예매매와 노예 소유 모두를 줄곧 비난했다. 1767년 퀘이커교도 활동가들이 매사추세츠 의회에 노예제 반대 법안을 제출했다. 이 법안은 통과되지 못했지만 이로써 자유를 누릴 인간의 권리가 법률로 조문화될 가능성이 열렸다. 퀘이커교도들이 지속적으로 펼친 활동 중에는 미국의 정착촌들에서 노예제를 반대하는 '소협회'를 결성하는 것도 있었는데, 이것은 미국 독립혁명 이후 노예제를 둘러싼 공방전이 벌어지는 데 밑거름이 되었다.

이어서 1787년 몇 명의 퀘이커교도들과 젊은 국교도인 토머스 클락슨은 '노예무역폐지위원회'를 결성하였다(이 단체는 1823년에 '노예제폐지 협회'로 개칭되었다). 런던에 본부를 둔 이 단체는 세계 최초의 인권 기구였다. 단체의 목표는 노예무역을 완전히 종식시키고 대영제국 전역에서 노예들을 해방하는 것이었다. 카리브 해와 북미의 식민지들과는 달리 영국 본토에는 노예가 거의 없었지만, 영국 자본가들은 노예무역에 깊이 관여하고 있었다.

1791년에 이르면 노예무역폐지위원회는 대영제국 전역에 1,300개의 지부를 거느리게 된다. 이들의 활동은 카리브 해의 식민지들에서 생산된 설탕 등 노예 노동으로 만들어진 제품에 대해 불매운동을 벌이고, 대중의 인식을 고양시키고, 탄원서를 돌리고, 정부에 노예무역을 불법화하도록 로비를 펼치는 것이다. 로비스트 중에는 올로다 에퀴아노라는 인물이 있었는데, 그 자신이 노예 출신으로 1789년에 자서전을 출간했다. 이 자서전에서 그는 노예로 잡혀 오는 항해길이 얼마나 처참한지를 폭로했다. "장소는 비좁고 날씨는 찜통 같은 데다가 배에 실린 사람은 또 어찌나 많은지 … 거의 질식해 죽을 지경이었다." 다른 노예제 폐지론자들은 출판물에서 이 '장소'를 도해를 이용해 구체적으로 보여 주어 에퀴아노의 진술이 어김없는 사실임을 입증했다. 플리머스의 한 노예제 폐지론자 단체에서 도해를 만들었고, 이후 클락슨과 다른 폐지론자들이 이를 수정해 482명의 노예를 실은 선박의 모습을 보여 주는 그림을 작성했다. 이들은 1789년 이 그림을 포스터로 만들어 7천 부를 배포했으며, 이 그림은 곧바로 하나의 상징이 되었다.

1807년 영국에서 노예무역이 법적으로 급지되었다. 노예제 반대운동이 재개된 것은 나폴레옹 전쟁이 끝나고 나서였는데, 이번에는 노예제 관습 자체의 철폐가 운동의 목표였다. 1833년 마침내 대영제국에서 노예제가 법으로 금지된다. 하지만 하나의 노예제 철폐운동이 끝나자마자 또 다른 철폐운동이 태동하기 시작했다. 미국에서 노예수입은 1808년 (기능적으로는 아니라 해도) 법적으로 종료되지만, 남부에서는 자연증가로 노예인구가 계속 늘어났다. 플랜테이션 시스템 및 면화에 대한 폭발적인 수요 증가와 맞물리면서 북미 대륙의 남부 주들에서 노예인구는 1860년까지 약 4백만 명에 이르게 된다. 이렇듯 남부 주들에서 노예제가 심화되면서 미국의 노예 저항운동도 성장한다.

1791년, 아이티의 노예였던 투생 루베르튀르는 노예 반란을 혁명으로, 노예제 폐지로 이끌고, 1804년 마침내 아이티 공화국의 수립을 선포한다. 아이티 혁명의 성공은 미국 남부 노예주들에게 두려움을 심어 주었는데, 이 두려움은 충분히 근거가 있었다. 남북전쟁 시기까지 남부에서는 250건이 넘는 소규모 노예 반란이 일어났다. 이 중 가장 의미 있는 것은 1831년 버지니아에서 일어난 냇 터너의 반란이었다. 터너는 버지니아의 사우샘프턴 카운티에서 70명의 다른 노예들을 이끌고 반란을 일으켰고 격렬한 교전 끝에 60명의 백인과 100명의 흑인이 목숨을 잃었다. 이 사건은 지금까지 미국 역사상 가장 유명한 노예 반란으로 회자된다.

미국 남부에서 벌인 무력 항쟁 외에도 1860년에 이르기까지 아프리카인들은 노예선에서 392번의 반란을 일으켰는데, 이는 전체 노예선 운항 횟수의 10분의 1에 해당한다. 그중 가장 유명한 것은 각각 1839년과 1841년에 일어난 아미스타드 호의 반란과 크레올 호의 반란이다. 1839년

6월 말, 사로잡힌 서아프리카인들이 스페인 노예선 아미스타드 호에서 봉기를 일으켜 배의 지휘권을 장악했다. 이 선박은 쿠바 연안을 따라 항해하던 중이었다. 반란 지도자는 셍베 피(조지프 칭크로 더 잘 알려져 있다)로, 그는 살아남은 선원들에게 명령을 내려 아프리카로 뱃머리를 돌리도록 했다. 53명의 노예들이 고향 아프리카로 돌아갈 수 있는 기회였다. 그러나 선원들이 두 달 동안 밤에 몰래 배를 서쪽으로 되돌리는 바람에 결국 8월 말 롱아일랜드 연안에서 미 해군에게 발견되어 나포되고 만다. 반란을 일으킨 아프리카인들이 살인죄로 기소되자 노예 폐지론자들이 변론을 맡았다. 1840년 연방법원에서 이들에게 무죄를 선고했고 이듬해 대법원에서 무죄가 확정되었다. 1842년에 이들은 아프리카로 돌아간다.

같은 시기인 1841년 미국 범선 크레올 호에서 매디슨 워싱턴이 이끈 선상 반란을 계기로, 노예제 문제를 둘러싸고 당시 미국과 영국이 취한 엇갈린 행보가 뚜렷이 드러났다. 이 배는 135명의 노예를 싣고 1841년 10월 버지니아의 리치몬드 항을 출발했다. 목적지는 루이지애나의 뉴올리언스였고, 거기서 노예들은 경매에 부쳐 팔릴 예정이었다. 바하마의 아바코 섬 근처에 이르렀을 때, 워싱턴과 18명의 다른 노예들은 권총과 칼을 탈취하여 선원들을 제압하고 당시 영국의 통제 아래 있던 바하마의 항구도시 나소로 배를 돌렸다. 1833년의 영국 노예 해방법으로 대영제국에서는 노예제가 종식되었기에, 반란을 일으킨 노예들은 이 항구로 들어가면 자신들이 자유의 몸이 되리라는 것을 알고 있었다. 미국 국무장관이 노예들과 선박을 돌려줄 것을 영국에 요구했지만, 영국 관리들은 크레올 호가 지역법의 적용을 받는다는 결정을 내렸다. 노예들은 육지로 인도되어 자유의 몸이 되었고, 크레올 호는 결국 1841년 12월 2일 인간 화물 없이 뉴올리언스에 들어갈 수밖에 없었다. 노예제 반대 운동 속에서 일어난 이러한 물리적 저항은 바로 저 격렬했던 남북전쟁의 전조였다.

미국의 노예제 폐지론

냇 터너와 매디슨 워싱턴의 봉기는 노예제 폐지를 위한 보다 광범위한 운동의 맥락 속에서 벌어진 것이었는데, 이 운동은 평등에 대한 새로운 인식틀을 창조하고 노예제를 도덕적 문제로 다시 정의했다. 이러한 재정의는 노예제를 옹호하는 19세기의 종교적 주장들과 대적하기 위해 필요한 것이었다. 예를 들어 어떤 이들은 아프리카인들은 기독교의 은총을 누리는 기회를 얻지 못할 뻔했는데, 설령 다소 가혹했다 해도 노예화 덕분에 그들이 믿음을 통해 '구원'받고 문명화될 수 있는 길이 열렸다고 주장했다. 또 어떤 이들은 '햄의 저주'를 곧이곧대로 받아들여 성서를 근거로 흑인의 열등성을 당연한 것으로 확립하고자 했다. 그런가 하면 어떤 이들은 성서에서 명령과 복종을 강조한 구절들을 신중히 골라내 이를 근거로 노예제의 통제적 위계 체계는 하느님께서 정하신 것이라고 주장했다.

1820년대 후반, 성서 구절이 삽입된 데이비드 워커의 팸플릿 '유색 시민들에게 고함'이 미국 노예제 폐지론의 하나의 선언서가 된다. 워커는 해방 흑인으로, 1822년에 있었던 덴마크 베시의 노예 반란 모의의 공모자였을 가능성이 큰 인물이다. 초기의 대부분의 노예제 폐지 운동과 마찬가지로 그의 팸플릿 역시 경제적·정치적 주장보다는 도덕적 원칙에 의거하고 있었다. 이 책자는 노예들의 봉기를 독려하고 흑인 혁명을 부르짖었다. 전해진 바에 따르면 1830년 가을에 도망 노예들이 이 '유색 시민들에게 고함' 책자를 지니고 있는 것이 발각되었다고 하며 같은 해 말 무장한 노예들이 뉴베른 근처에서 봉기를 일으켰는데, 바로 이 팸플릿에 자극받은 것이었다. 6개월 후인 1831년 8월, 몇몇 관찰자들은 냇 터너가 반란을 일으킨 것도 워커 책자의 영향이었다고 주장했다.

워커는 이 팸플릿을 노예들과 해방 흑인들을 대상으로 출간했지만, 노예 자신의 이야기를 인쇄물로 접할 수 있게 되면서 백인 대중들의 여론도 바뀌었다. 거의 운동의 출발 시점부터 뉴욕과 보스턴, 필라델피아의 주요 노예제 반대 조직들은 해방 흑인들과 노예로 지냈던 이들을 채용하여 노예제 폐지의 대의를 널리 알리는 순회 활동가나 강연자로 일하게 했다. 책으로 만들어진 이들의 강연과 이야기들은 출간되자마자 수많은 사람들의 관심을 불러일으키며 큰 인기를 얻었다. 1845년에 나온 프레더릭 더글러스의 '이야기'는 출간 넉 달 만에 5천 부가 팔렸고 남북전쟁 발발 전까지 총 3만 부 이상이 판매되었다. 이러한 노예들의 이야기 가운데 미국과 해외에서 수십만 부가 팔린 상위 10권은 재판再版에 재판을 거듭하며 여러 나라 말로 옮겨졌다. 이들 노예들의 자전적 이야기들은 속박으로부터의 탈출을 시도하여 마침내 자유를 성취해 낸 각 노예들 개인의 영웅성을 부각시켰을 뿐 아니라, 노예들의 비참한 삶의 실상을 다른 어떤 장르의 노예제 폐지론 저작보다도 더 절절하고도 상세하게 독자들에게 전달했다.

해리엇 비처 스토의 유명한 반反 노예제 소설인 '톰 아저씨의 오두막'

(1852년)에 등장하는 많은 인물과 장면들은 이 자전적 이야기들에 바탕을 두고 있다. 1850년 9월 18일 도망 노예법이 통과되자 스토 부인은 노예들이 느끼는 공포를 다른 국민들 역시 느껴보도록 해야겠다고 결심하고는, 특히 북부의 여성들을 겨냥하여 도망 노예와 노예주들이 등장하는 감상적인 소설을 써냈다. '톰 아저씨의 오두막'은 1852년 말까지 50만 부가 팔려 나갔고, 결국 19세기에 성서 다음으로 가장 많이 팔린 책이 되었다. 조슈아 기딩스는 1852년 12월 의회에서 "펜을 든 여인이 어느새 어떤 학자나 정치가, 위정자보다도 … 자유라는 대의를 위해 더 큰일을 해냈다"고 말했다. 그로부터 10년 후, 백악관에서 스토 부인을 영접한 에이브러햄 링컨 대통령은 이렇게 말했다고 한다. "그러니까 부인께서 이 거대한 전쟁을 촉발한 바로 그 책을 쓰신 자그만 여인이시로군요!"

하지만 링컨이 스토 부인을 만날 무렵에는 이미 한 노예제 폐지론자가 '바로 그 책을 쓴 자그만 여인'보다 몇 발짝 더 나아가 말잔치를 실제 행동으로 옮기고 있었다. 1859년 10월 16일 자정, 백인 노예제 폐지론자인 존 브라운은 부하들에게 명령을 내렸다. "제군들, 무기를 들어라. 우리는 페리로 진군한다." 21명의 흑백 혼성 부대원을 이끌고 존 브라운은 노예제도에 공격을 감행했다. 그는 노예들이 봉기하여 자유를 쟁취하기 위한 싸움을 벌일 때 쓸 무기들을 연방 무기고에서 탈취할 목적으로 하퍼스페리를 습격해 손에 넣었다. 하지만 그의 부대는 36시간 뒤 연방군에 제압당하고 존 브라운은 폭행과 살인, 모의 및 반역 혐의로 기소되었다.

온건한 노예제 폐지론자나 이를 지켜보는 대부분의 사람들의 눈에는 극단적인 것으로 비친 존 브라운의 행동은 사실 미국의 노예제 폐지 운동

가운데 이미 오래전부터 자리 잡았던 무력 지향의 한 흐름에 속하는 것이었다. 노예 봉기의 폭력을 지지하면서 노예제 폐지론자들은 노예제에 폭력으로 맞서는 것을 옹호했다. 자신의 팸플릿에서 워커는 흑인들에게 누구든 자기를 노예로 삼으려는 자에게는 죽음으로 되갚으라고 가르쳤다. 도망 노예법이 통과되자 스토 부인이 흑인들의 공포를 백인들도 느껴볼 것을 요구했다면, 수많은 흑인 노예제 폐지 운동가들은 힘으로 맞서는 쪽을 지지했다. 그중 한 사람인 조슈아 B. 스미스는 노예제 폐지 운동가들의 한 회합에서 참석자들에게 무기를 돌렸고, 1850년 10월 14일 필라델피아에서 열린 또 다른 회합에서는 수백 명의 해방 흑인들이 이 법을 강행하려는 어떠한 시도도 목숨을 걸고 저지하겠다는 결의안을 통과시켰다.

하지만 브라운이 노예제 폐지론의 대의 실현을 위해 발휘한 진짜 힘은 바로 행동과 말의 결합이었다. 1859년 12월 2일 처형되기 전까지 그는 감옥에서 칼을 펜으로 바꾸어 들고서 자신의 견해를 밝히는 편지들을 썼고 이 글들이 북부 전역에 발간되는 신문들에 실리면서 많은 사람들이 그의 생각에 동조하게 되었다. 조롱과 비난은 존경과 찬사로 바뀌었다. 그의 습격은 실패로 돌아갔지만 이 편지들은 북부의 노예제 폐지론자들의 가슴속에 불을 지폈고 이들은 그를 순교자로 떠받들기 시작했다. 그러자 이번에는 남부에서 감정이 격앙되기 시작했다. 남부는 인구의 40%가 흑인이었고, 규모가 큰 플랜테이션 농장의 경우 흑인 대 백인의 비율이 10 대 1이 넘기도 했다. 따라서 대규모 노예 반란에 대한 공포감이 극심했다. 남부의 지도자들은 이 사건을 들먹이며 연방법이 남부의 이해관계를 대변하지 못한다고 주장했다. 논쟁은 갈수록 치열해졌고, 남부의 정치가들은 의회에서 자신들의 목소리가 묻혀 버리고 있다고 규탄했으며 분리독립안은 더욱 확고히 의제로 자리 잡았다. 그러다가 1860년, 남부와 북부의 민주당원들이 세 개의 분파로 분열되었을 때 링컨이 대통령으로 선출되었다. 노예제를 둘러싸고 형성된 간극은 이미 돌이킬 수 없이 커져 있었다.

미국 노예 해방 이후의 노예제

하퍼스페리 습격과, 감옥에서 쓴 편지에서 브라운이 그 사건을 그럴듯하게 변론했던 것은 일련의 사건들이 일어나는 하나의 계기가 되었고, 그 때문에 상당 기간 동안 논평자들은 브라운이 노예제를 종식시킨 전쟁의 포문을 열었다고 주장했다. 하지만 그 노예제 종식이란 과연 어떤 것이었는가? 노예 해방이 애초부터 링컨의 전쟁 목표였던 것은 아니다. 링컨은 노예제를 뿌리 뽑고자 했던 것이 아니라 미 연방을 구하고자 했던 것이다. 처음에 그는 타협적 태도를 취하는 남부 주들의 노예 소유주들에게 그 대가로 노예제 폐지는 점진적으로 이루어질 것임을 믿게 하려고 노력했다. 그러다가 결국 링컨은 노예 해방은 남부의 경제력을 약화시킬 것이며 따라서 전쟁을 외치는 목소리는 높아져만 갈 것이라는 사실을 깨달았다.

1863년 6월 1일 링컨은 '노예해방선언서'에 서명했다. 이 문서는 연방에서 분리 독립한 주들만을 대상으로 한 것으로, 타협적 남부 주들이나 북부의 통제 아래 들어온 남부 지역들은 적용 대상이 아니었다. 해방은 여전히 북군의 승리에 달려 있었다. 그렇지만 노예에 대한 합법적 소유는

1865년 북부가 남북전쟁에서 승리를 거두고 수정 헌법 제13조가 통과되면서 종식된다. 이로써 합법적 제도로서의 노예제는 폐지되었다.

하지만 합법적 노예제가 폐지되었다고 해서 노예제 자체가 사라진 것은 아니었다. 이제는 수천 명의 아프리카 출신 미국인들이 부채로 인한 인신구속의 한 형태인 예속인 제도에 걸려들어 남부의 농장주들 밑에서 다시 노예살이를 해야 했다. 농장주들은 사탕발림이나 강압으로 이들이 소작 계약서에 서명하도록 했다. 역사가 재클린 존스는 1900년 당시 "앨라배마, 미시시피, 조지아의 전체 소작인 중 3분의 1에 이르는 사람들이 원치 않는데 잡혀 있는 사람들이었다"는 사실을 밝혀냈다. 농장 소유주들은 소작인의 임금을 '억류'하곤 했고, 따라서 소작인들은 돈이 아니라 전표나 환으로 '회사 매점'에서 모든 물품을 구입해야만 했다. 해마다 계약이 만료될 때면 그들은 자신들이 거둔 수확물이 부채를 변제하지 못했다는 사실을 확인할 따름이었다. 이 '부채'가 가공의 것이거나 말도 안 될 정도로 불어났음이 분명한 경우가 많았지만, 그렇다고 상환을 거부하면 갈 곳은 감옥뿐이었다. 지역 경찰이 이런 식의 통제가 시행될 수 있도록 도왔다.

선택할 수 있는 길이라고는 농장에서 계속 일하면서 부채를 갚도록 노력해 보는 것뿐이었다. 하지만 부채는 결코 줄어들거나 없어질 기미를 보이지 않았다. 심지어 부모로부터 자녀들에게 대물림되어 상황이 나아질 것이라거나 탈출할 수 있으리라는 희망도 없이 가족들을 농지에 묶어 버리곤 했다. 미 의회는 1874년 '왕초 법안Padrone Statute'을 채택하여 이탈리아에서 소년들을 유괴하여 미국 도시들에서 거리 악사나 거지로 앵벌이를 시키는 악습을 근절시키고자 했다. 하지만 예속인 제도는 남부 전역에서 버젓이 시행되었으며 수십 년 동안 지방 정부와 연방 정부는 이를 정당한 것으로 인정했다. 1948년에 가서야 미 전역에 걸친 금지안이 통과되었지만, 남부의 많은 지역에서는 예속인 제도가 1960년대까지 존속했다.

예속인 제도는 미 정부가 일반적으로 못 본 척했던 반면, 다른 형태의 노예제는 20세기의 초기 몇 십 년 동안 미국인들의 가슴속에 뚜렷이 각인되었다. 외국에서 태어나 미국으로 이민 온 수많은 여성들이 노동현장에서 착취당했고 일부는 성매매를 강요받기도 했는데, 이는 성장 중인 산업도시에서 급속히 증가한 병폐였으며 부패한 지방 정부를 좌지우지했던 범죄 조직이 배후에 있었다. 개혁가들과 종교단체들은 백인 여성들이 꾐에 넘어가거나 납치당해 윤락업소로 팔려 가서는 최근에 들어온 이민자들에 의해 성매매를 강요받고 있다는 전제 아래 전국적인 캠페인을 벌이기 시작했다. 젊은 여성들을 상대로 한 이러한 조직적 성 착취에 대해 '백인 노예'라는 용어를 써가며 이들은 포주와 알선업자에 대한 전쟁을 선포했다. 기독교 교회들을 기반으로 전개된 이 대규모 캠페인은 이민과 여성역할의 변화, 도시화, 부패, 인종에 대한 몇몇 뿌리 깊은 염려들을 한데 집결한 것이었다. 이들은 위험에 처한 백인 여성들을 보호하는 법안들의 도입을 선도했는데, 이 중에는 미국 국경 내에서 여성을 노예화할 경우 강경한 처벌을 내리는 1910년의 만 법안도 있었다. 하지만 이 법률들은 그나마 잘 해석해야 방향을 잘못 잡은 것이고, 최악의 경우 인종 억압과 최근이민자에 대한 대량 추방을 정당화하는 구실로 악용되기도 했다.

20세기에 들어서도 노예제는 전 지구에서 전혀 줄어들 기미를 보이지 않았다. 인도, 파키스탄, 네팔, 방글라데시에서는 부채 상환을 빌미로 한 노예제의 여러 다른 형태들이 봉건제와 유사한 모습으로 일반적으로 시행되었다. 아이티에서는 레스타베크 제도라는 아동노예제가 계속되었고, 중국에서는 아이들을 하인으로 팔아 해마다 수천 명의 새로운 노예들이 생겨났다. 사하라 사막에 맞닿아 있는 나라들에서는 투아레그족과 같은 베두인 부족들이 사하라 사막 이남의 부족민들을 사로잡아 북부의 아랍 시장에 내다 파는 오랜 관습이 계속 유지되고 있었다. 20세기 초까지 이집트에만 3만 명에 이르는 노예가 있었고 그중 대부분은 가사에 종사하는 여성이었다. 남아프리카에서는 노예들이 금과 에메랄드를 채굴하는 일이나 사탕수수를 재배, 수확하는 일, 또는 정글에서 고무를 채취하는 일에 투입되었다. 1896년에서 1915년 사이에 약 9만7천 명에 이르는 노예들이 포르투갈령 앙골라에서 배로 아프리카 서부 연안의 상투메프린시페 제도에 실려 가 유럽인들이 운영하는 대규모 코코아 농장에서 일해야 했다.

20세기에는 또한 국가의 지원을 받는 노예제가 급증하기도 했다. 1930년부터 1960년대까지 소련에서는 약 1천8백만 명이 자신들의 정치적 혹은 종교적 신념 때문에 체포되어 농장이나 광산, 주물소, 공장 등을 운영하는 정치범 수용소에서 노예처럼 살아야 했다. 그리고 나치 통치가 절정을 이루던 시기에는 독일 노동현장의 4분의 1이 강제노역을 하는 외국 민간인들로 채워져 있었다. 패망 전 최후의 몇 개월 동안 독일의 강제수용소에 잡혀 있던 수많은 유대인과 다른 수용범들은 군수품 제조와 건설업을 포함한 광범위한 경제분야에서 강제로 노동해야 했다. 같은 기간, 일본군은 70만 명의 한국인과 4만 명의 중국인, 수십 만 명에 이르는 그 밖의 아시아인들, 그리고 14만 명의 연합국 포로 가운데 절반가량을 노예처럼 부리며 광산, 철강공장, 건설현장에서 참혹한 환경하에 일하게 했다. 또한 약 20만 명의 필리핀, 한국, 태국, 베트남, 중국의 민간인 여성과 어린 이들을 군인들을 위해 강제로 성매매에 종사하게 했다. 일본군이 점령한 지역이면 어디나 국가가 운영하는 윤락업소라 할 수 있는 큰 규모의 '위안 소'가 세워졌다.

1945년 이후의 인구 폭발은 노예가 될 수 있는 사람의 수가 증가한 것을 의미했다. 제2차 세계대전 이전에 노예제는 광범하게 퍼져 있었지만, 적은 수의 인구집단에 한정되는 경향이 있었고 그나마 그 수도 줄어들고 있었다. 그런데 이제 인구폭발로 노예의 몸값이 떨어지면서 전 세계에서 노예제가 크게 확대되는 시대가 열렸다. 노예제가 이미 존재하는 나라들에서는 노예의 수가 증가했고, 노예제가 사라졌던 나라들에서는 다시 모습을 나타냈다. 특히 1989년 냉전이 종식되면서 그런 양상이 두드러졌다. 수많은 나라들을 갈라놓았던 '철의 장막'이 무너지고 여행 제한이 완화되자 사람과 물품이 대량으로 국경을 넘기 시작했다. 범죄자들은 재빨리 이러한 상황을 이용했고 노예매매가 되살아나 활기를 띠었다. 20세기 후반, 노예제는 노예 개개인의 가치를 절하하여 언제든 쓰고 버릴 수 있게 하고 노예주가 얻는 이익은 증가시키는 현대적 형태로 진화했다.

20세기의 노예제 폐지 운동과 노예제 금지법

또한 지난 20세기에는 또 하나의 거대한 노예제 반대운동이 전개되었다. 벨기에 국왕 레오폴드 2세 치하의 콩고에서 자행되던 강제노역과 노예제를 종식시키려는 국제적 노력이 그것이었다. 레오폴드 2세는 1885년 콩고 자유국을 수립하고 일종의 개인사업으로 이 나라를 운영했다. 그 사업은 노예 노동을 이용해 고수요 상품인 고무를 생산하는 것이었다. 모든 촌락들이 노예화되어 숲 속의 야생 고무를 채취하는 데 동원되었고, 이 노예화와 착취의 시기 동안 사망한 사람의 수는 1천만 명에 이르는 것으로 추산된다. 영국과 미국에서 합법적 노예제가 폐지된 이후에도 활동을 계속하던 영국노예제폐지협회는 노예화된 콩고 국민들에 대한 지원 의사를 밝히고, 2년에 걸쳐 유럽과 미국에서 열린 600회가 넘는 공공 행사에서 콩고 노예들의 실상을 보여 주는 사진들을 전시했다. 결국 1908년, 벨기에 의회는 레오폴드 2세에게 개인 소유국인 콩고를 벨기에에 이양하고 콩고에서 노예제를 철폐하도록 설득했다.

콩고의 노예제가 논란이 될 무렵에는 이미 대중이 노예제를 바라보는 관점에 두 가지 주요한 변화가 일어나 있었다. 한 가지 변화는 법적인 것이었다. 노예제는 여러 나라에서 우선 노예매매가, 이어서 노예제라는 관습 자체가 법적으로 금지되면서 불법적인 것이 되었다. 20세기 초에 이르면 노예제는 유럽과 남북 아메리카에서 법적으로 금지되었고 다른 나라들도 그 뒤를 이었다. 두 번째 변화는 노예제가 음성적으로 행해지게 되었다는 것이다. 불법적인 것이 되면서 노예제는 그늘로 숨었고, 이제 더 이상 공개적인 노예 경매나 노예 소유에 관한 공공 문서는 찾아볼 수 없게 되었다.

이처럼 새로운 형태의 노예제가 행해지자 이를 법적으로 금지하고자 하는 새로운 시도들이 생겨났다. '도축장 사건'(1872)의 판결로 멕시코인들의 예속인 제도가 폐지되었고, 1940년대 초 미 대법원은 고용주가 노동자들을 억지로 일자리에 묶어 두거나 사직 시 불이익을 가하는 것을 금하는 판결을 내렸다. 노예제 폐지에 관한 최초의 국제협정은 1926년 국제연맹이 채택한 '노예제조약'이다. 이 조약은 노예상태를 "한 인간에게 소유권에 따르는 힘의 일부 또는 전부가 행사되는 지위나 상황"으로 정의했다. 또한 노예제를 '인류에 대한 범죄'로 선언하는 한편 노예무역상을 공공의 적으로 규정하여 어떤 국가라도 형사 재판권을 행사할 수 있도록 했다. 약 20년 후인 1948년 유엔은 다음과 같은 내용이 포함된 '세계인권선언'을 가결한다. "누구도 노예제나 노예상태에 예속되어서는 안 된다. 어떠한 형태의 노예제와 노예매매도 금지되어야 한다. 또한 모든 사람은 어느 곳에서든 법 앞에서 인간으로서 인정받을 권리를 가진다." 유엔의 모든 회원국이 이 선언문에 서명했다. 비록 모든 회원국이 이를 법으로 인준한 것은 아니었지만 말이다. 이어서 1956년 유엔의 '노예제에 관한 보충협약'은 예속제, 농노제, 여성의 강제혼 또는 매매혼, 아동 강제노동 등의 '준 노예제'를 금지했다.

하지만 20세기 초에 이르러 제도로서의 합법적 노예제가 점차 소멸하자 식민 열강들은 자신의 통치 아래 있는 토착민들에게 대규모 강제노동을 부과하기 시작한다. 이에 대한 대응으로 국제노동기구ILO는 '협약

29호'(1930)를 채택하여, 몇몇 예외를 제외하고 "처벌의 위협에 의해 행해지며, 당사자가 자의에 의해 제공한 것이 아닌 모든 노동 또는 봉사"로 정의되는 강제노동을 불법으로 규정했다. 이어서 1949년 국제사회는 '제네바 협약'을 채택하여 전쟁포로와 민간인이 무력분쟁 기간 동안 강제노동에 동원될 수 있는 최소한의 요건을 규정했다.

같은 해 인신매매를 금지하는 최초의 국제협정, 즉 유엔의 '인신매매 금지 및 타인에 대한 착취 금지에 관한 협약'이 체결되었다. '백인 노예들'이라는 현상에 대처하는 것을 기본으로 했던 19세기 말 20세기 초 조약들의 혼합체라 할 수 있는 이 협약은 인신매매를 전적으로 성매매의 측면에서 정의했고, 이 바람에 성 착취와 관련 없는 다른 형태의 인신매매를 방지할 수 있는 능력은 제한되어 버리고 말았다. 1979년의 '여성차별 금지에 관한 국제협약'은 "모든 형태의 여성 인신매매와 성매매에 의한 여성 착취"를 금지할 것을 요구했다. 하지만 아무리 많은 법이 제정된다 한들 노예제는 사라지지 않았다. 1990년대부터 21세기에 이르기까지 노예제는 규모와 범위 면에서 우리가 상상하는 것보다 훨씬 더 급속히 성장했다.

오늘날의 노예제

1807년 3월의 승리, 즉 대영제국에서 노예무역이 종식된 것은 노예제 폐지 운동이 거둔 많은 승리 중 첫 번째 승리였다. 미국에서 합법적 노예제는 그로부터 60년 후에 폐지되었다. 하지만 노예제 자체는 사라지지 않았다. 어떤 것을 불법화한다고 해서 그것이 없어지는 것은 아니다. 다만 드러나 보이지 않게 될 뿐이다. 많은 사람들이 소유를 통제와 혼동하여 영국의 1807년과 1833년 법, 그리고 미국의 1808년과 1865년 법이 금지하는 것은 합법적 형태의 노예제가 아니라 대규모 노예매매일 뿐이라고 생각했다. 노예제를 허용하는 법들은 속속 폐기되었지만 노예제는 남극 대륙을 제외한 모든 대륙에서 존속하고 있다.

많은 이들에게 노예제가 21세기에도 여전히 존재한다는 사실은 하나의 충격일 것이다. 이 현대의 노예제는 다양한 형태를 취하고 각각 특정한 목표들을 성취하지만 그 결과들은 언제나 사실상 착취적이다. 경제 소득을 발생시키는 생산활동에서 노동을 갈취하는 것이든, 과시적 소비의 한 품목으로 노예화된 사람을 사용하는 것이든, 쾌락이나 자손을 얻기 위해 노예나 다름없는 사람을 성적으로 이용하는 것이든, 임금을 지불해야 하는 하인이나 노동자 대신 자유롭지 못하고 임금도 줄 필요 없는 노동자를 써서 이익을 얻는 것이든 말이다. 노예는 누구나 노예주를 위해 이러한 결과들 중 하나 혹은 몇 개 아니면 전부를 수행한다.

2천7백만 명의 노예 중 가장 많은 사람들이 있는 곳은 남아시아로, 약 1천5백만에서 2천만 명으로 추정된다. 인도는 민주주의 국가 중 가장 큰 나라이지만 종살이나 강제혼, 강제 성매매, 부채로 인한 인신구속 등의 신세에 처한 사람이 최소한 1천만 명에 이른다. 인도의 노예들은 대부분 부채 때문에 자유를 잃은 사람들로 벽돌 공장이나 정미소, 농장, 채석장, 폭죽 제작소, 피복 봉제공장 등에서 일한다. 이곳에서 노예제가 지속될 수 있는 것은 극심한 빈곤과 카스트 제도, 인종차별, 부패한 경찰, 노예주들에 대한 낮은 체포율과 기소율 때문이다.

노예제는 동남아시아와 북부 및 서부 아프리카, 그리고 남미의 일부 지역에도 집중되어 있다. 몇몇 주요 지역들을 들어 보면 다음과 같다. 먼저 브라질로 여기서는 노동자들이 꾐에 빠져 계약서에 서명한 뒤에 멀리 떨어진 곳에 있는 열대우림 속의 농장으로 실려 가 총부리 앞에서 나무를 구워 목탄을 만드는 일에 강제 동원되곤 한다. 도미니카 공화국에서는 아이티인들이 국경 너머에서 실려 와 농장에서 사탕수수를 수확하는 일에 동원된다. 가나에서는 속죄를 위해 집안의 딸을 주술사에게 노예로 바친다. 미얀마에서는 군사정부가 국민을 기간시설 사업에 동원하여 노예처럼 부린다. 수단에서는 북부의 아랍 민병대가 노예사냥에 나서 남부의 수단 여성과 아이들을 잡아간다. 태국에서는 여성과 아동들이 관광객과 태국 남성들을 상대로 한 성매매에 내몰린다.

ILO는 오늘날 현존하는 전체 노예 가운데 80퍼센트가 개인업자에 의해 착취당하며 20퍼센트는 국가나 반군 단체에 의해 강제노동에 동원되는 것으로 추산한다. 그리고 2천7백만 명의 노예 중 대부분이 지역경제를 지탱하는 비기술적·전통적 단순 노동에 종사한다. 전 세계의 노예 중 상당수가 농업에 종사한다. 그 밖에 일반적으로 행해지는 노동으로는 벽돌 제조, 채광, 채석, 직물 제조, 피륙업, 보석 제조 및 가공, 옷감과 카펫 제조, 가사노동, 산림 개간, 목탄 제조 등이 있다. 경제적 착취를 위한 이러한 강제노동이 라틴 아메리카와 카리브 해, 아시아, 아프리카, 중동의 노예 노동의 대략 90퍼센트를 차지하며, 성매매 형태의 착취가 나머지 10퍼센트를 차지한다. 오직 미국과 서유럽을 포함한 산업화된 국가들에서만 이 비율이 역전되어, 성적 착취가 전체 노예 노동의 75퍼센트에 이른다.

아동노예

성적 착취와 관련된 것이건 농업이나 공업, 가사노동에 관련된 것이건, 노예 노동에서는 아동이 대단히 큰 비중을 차지한다. ILO의 추산에 따르면 현재 840만 명의 아동이 부채로 인한 인신구속과 농노제로 규정되는 이른바 '최악의 형태의 노동'에 종사하고 있다. 강제 혹은 의무 징집되어 전쟁터에서 싸우는 것을 비롯한 강제노동, 성매매와 포르노그래피 제작, 불법행위 특히 마약 제조와 밀매에 아이들이 내몰리는 것이다. 840만 명이 각각 어떤 분야에 투입되어 있는지를 살펴보면, 강제노동 혹은 담보노동에 570만 명, 성매매와 포르노그래피에 180만 명, 불법행위에 60만 명, 전쟁터에 30만 명이다. 이 아이들 가운데 강제노동 혹은 담보노동에 붙잡혀 있는 아이들 대부분이 아시아 태평양 지역에 거주하는데(550만 명), 이 강제노동을 논의하는 대목에서 ILO는 여기에는 다음 요소들 중 하나 혹은 그 이상이 존재한다고 밝힌다. 즉 이동의 자유의 제한, 합법적 권위가 행사하는 일반 수준의 통제를 넘어서는 통제, 신체적 혹은 정신적 폭력, 사전 고지에 따른 동의의 부재가 그것이다. 성별로는 남자아이들이 상업용 농작물 재배나 사소한 범죄, 마약 거래에 투입되는 경우가 많은 반면 여자아이들은 주로 성매매와 가사노동으로 내몰린다.

840만 명의 아동노예 중에서 약 120만 명은 인신매매로 잡혀 온 아이들이다(즉 국경을 넘거나 대륙을 건너 강제로 노예로 전락한 아이들이다). 예를 들어 아랍에미리트연합UAE에는 수천 명의 어린 소년들 ― 어떤 아이들은 두 살밖에 되지 않는다 ― 이 파키스탄, 방글라데시, 수단, 모리타니에서 끌려와 낙타 경주의 기수로 일한다. UAE는 2005년 7월에 이러한 관행을 금지하는 법안을 발효했지만 실효를 거둘지는 미지수이다. 대부분이 유괴되거나 가족이 팔아넘긴 아이들이고, 체중이 늘어나면 안 된다는 이유로 제대로 얻어먹지도 못한다. 전 세계에서 아이들은 눈에 잘 띄지 않기 때문에 특히 인신매매와 노예화의 대상이 되기 쉽다. 많은 저개발 국가에서는 출생등록제도가 제대로 정비되어 있지 않아, 수많은 아이들이 등록에서 누락된다. 이 아이들은 학교에 가거나 사회복지나 의료 혜택을 받을 기회가 거의 없으며, 인신매매의 손쉬운 먹잇감이 된다.

하지만 만약 120만 명만이 인신매매로 노예가 되는 것이라면 840만 명 중 엄청나게 많은 나머지 아이들은 이러한 이동의 과정 없이 노예가 된다는 이야기이다. 예를 들어 아이티에서는 레스타베크(크레올 방언으로 '함께 지내다'라는 뜻이다)라고 불리는 수천 명의 아이들이 가난한 시골집에서 좀 더 부유한 집안으로 보내진다. 원래 이 아이들은 집안일을 하는 대가로 학교에 보내 주기로 되어 있다. 그러나 이런 일은 좀처럼 없다. 오히려 이 아이들은 하루 14시간 이상을 보수도 없이 일하며, 학대받는 일도 허다하다. 집주인들은 아이에 대한 소유권을 주장하지는 않지만 엄격한 통제를 가하며 심지어 폭력을 행사하기도 한다. 아이티 정부는 9만~12만 명의 아동이 레스타베크로 노예나 다름없는 생활을 하는 것으로 추산하지만 ILO는 그 수를 25만 명으로, 유니세프는 30만 명으로 잡는다. 어떤 아이들은 네 살밖에 되지 않으며, 75퍼센트는 여자아이로 이 중 많은 아이들이 성적으로 착취당한다.

아동노예제는 일부 남아시아 국가들에서도 널리 퍼져 있다. 파키스탄의 카펫 산업에는 약 50만 명으로 추산되는 아동이, 인도의 같은 산업에는 30만 명 이상의 아동이 붙잡혀 있다. 그중 일부는 높은 임금을 받게 해주겠다는 업자의 꾐에 빠져 부모가 아이를 넘긴 경우이고 그 밖의 아이들은 유괴당한 아이들이다. 소년들은 임금도 받지 못한 채 일주일 내내 하루 18시간씩 강제노동에 시달린다. 게다가 얻어맞고 고문당하고 몸에 낙인이 찍히기까지 한다. 먹을 것도 제대로 못 먹고 옷도 입은 둥 만 둥 하며 보통 방직기 창고에서 잠을 잔다. 베이거나 다치는 일이 부지기수다.

아동노예제가 성행하는 또 다른 곳은 세계에서 가장 큰 호수 중 하나인 가나의 볼타 호수이다. 이 호수에서 잡히는 물고기는 한때 국내와 수출 시장을 모두 충당했지만, 1960년대 댐이 건설되고 유속이 느려지면서 인근 어촌의 어획량이 급감하고 말았다. 열악해진 새 환경에 직면해 몇몇 어부들은 임금을 주고 성인 일꾼들을 쓰기보다 아이들을 노예처럼 부리기 시작했다. 학교에 보낼 도리는 없고 가계 수입은 겨우 입에 거미줄 치는 것을 면할 수준인 상황에서 일부 부모들은 '선금' 20만 세디(28달러)를 받기 위해 아이들을 일꾼으로 보내는 데 동의하기도 한다. 어부들은 보통 이듬해 부모들에게 40만 세디를 더 주기로 약속한다. 하지만 이 돈은 결코 지불되지 않으며, 아이들은 하루 종일을 그물 수선과 그물을 쳤다 거두어들이는 일, 물고기를 씻고 훈제하는 일, 고깃배를 젓는 일을 하며 보낸다. 6살 남짓되는 남자아이들에게 이 인공호수 밑의 나무둥치에 걸린 그물을 풀라며 강제로 물속에 뛰어들게도 한다. 어부들은 더 빨리 가라앉도록 아이들에게 추를 매단다. 수온이 너무 낮거나 행여 물속에서 아이들이 그물에 얽히기라도 하면, 호숫가에서 물결에 떠밀려 온 이 아이들의 시신을 발견하게 되는 일도 드물지 않다. 이런 아이들의 대부분이 남자아이이지만, 집안일이나 시장에 생선을 내다파는 일을 시키기 위해 여자아이들을 데려오기도 한다. 가나의 다른 노예화된 여자아이들과 마찬가지로 이 여자아이들도 성적으로 학대받는 경우가 많다.

현대 영국과 미국의 노예제

개발도상국들뿐 아니라 북미와 유럽에도 어른, 아이들이 실려 와 노예화된다. 예를 들어 영국에서 노예로 살아가는 사람들의 정확한 규모는 지금도 파악되지 않았지만, 정부가 제공하는 그나마 가장 근사한 추산치에 따르면 1996년 이래 최소한 1만 명의 여성과 4천 명의 아동이 영국으로 팔려 왔다. 2003년 내무부는 영국으로 팔려 와 성적 착취를 당하고 있는 여성의 수가 4천 명에 이른다고 추산했다. 이들 여성 중 대부분이 동유럽, 동남아시아, 아프리카, 브라질 출신이다. 정부는 2004년 '성매매 방지법'과 같은 해의 '이민 및 망명 법'에서 모든 형태의 인신매매를 범죄로 규정했지만, 런던에 본부를 둔 국제반反노예제연합은 영국에서 노예상태로부터 탈출한 사람들이 현재 아무런 보호도 받지 못하고 있다고 보고했다. 돌아가면 어떤 위험에 처하게 될지에 대한 고려도 없이 수많은 피해자들이 불법 이민자로 분류되어 추방되는 상황이 이어지고 있다는 것이다.

보수적인 추산치에 따르면 미국에는 노예신분에 처한 사람이 어느 시점에서든 4만 명이 있으며, 정부의 추산으로는 해마다 1만4천에서 1만 7,500명이 새로이 팔려 와 폭력이나 속임수, 강압에 의해 노예신세로 전락한다. 이들이 노예로 사는 기간은 서로 다른데, 대부분은 2~5년이다. 이들은 〈표 1〉에 나오는 것과 같이 미국 경제에서 5개 부문, 즉 강제 성매매와 향락사업, 가정부 일, 농사, 공장 근로, 호텔과 레스토랑 일에 주로 투입된다. 이들 중 어떤 이는 미국에서 나고 자란 경우도 있지만 대부분은 해외 출신이다. 이들이 도망치는 것을 막기 위해 업주들은 이들의 신분증명서를 압수하고, 작업장을 벗어나거나 가족과 연락을 취하는 것을 금지하며, 체포되거나 추방당하게 하겠다고 협박한다.

해마다 미국으로 팔려 오는 사람들 중 7천 명이 동아시아와 태평양 출신이며 5,500명에 이르는 사람들이 유럽과 유라시아, 5,500명이 남아메리카, 700명이 아프리카, 600명이 남아시아, 200명이 근동 출신이다. 이 중 중국인이 가장 큰 비중을 차지하며 멕시코인, 베트남인이 그 뒤를 잇는데, 인신매매업자들은 주로 같은 나라 사람이나 같은 인종의 사람들을 희생양으로 삼는다. 미국의 인신매매 적발 건수에서는 멕시코가 다수를 차지한다. 미국이 최근 몇 해 들어 국경 수비를 강화하면서 수많은 멕시코인들이 음성적 경로를 통해 국경을 넘을 수밖에 없게 되었다. 밀입국 알선책들은 과도한 비용을 청구하고 이 금액을 상환하기 위해서는 노예계약을 맺지 않을 수 없다. 어떤 사람들은 불법적으로 밀입국하는 것이 사실이지만 모두가 불법 이민자인 것은 아니다. 많은 사람들이 합법적으로 입국하지

경제 분야	비율(%)
성매매(아동 성매매 포함)	49
가정부 일	27
농사	10
공장 근로	5
레스토랑/호텔 일	4
연예업	3
기타	2

〈표 1〉 미국에서의 노예 노동의 형태 (출처: 프리더슬레이브, UC 버클리, 2004년)

만 빈곤과 영어를 할 줄 모른다는 약점 때문에 인신매매업자들에게 쉽사리 착취당한다.

　이런 사업은 인구가 많고 상당 규모의 이민자 사회가 형성되어 있는 주들, 이를테면 캘리포니아, 플로리다, 뉴욕, 텍사스 등지에서 주로 번성한다. 이 주들은 모두 국제 여행객들이 중간 기착지로 들르게 되는 곳이다. 1999년에서 2004년 사이에만 다양한 인종과 민족 출신의 남녀, 어린이 약 2만 명이 연루된 131건의 강제노동 사례가 언론에 보도되었고, 2004년까지 강제노동 사업이 보고된 곳이 최소한 미국 9개 도시에 이른다. 우리는 또한 노예화가 이루어지는 특정 경로를 파악할 수 있다. 예를 들어 중국에서 뉴욕으로, 멕시코에서 텍사스와 플로리다로, 태국에서 캘리포니아로 사람들이 유입되어 노예로 전락하는 것이다. 주요 유입 장소로는 로스앤젤레스, 뉴욕, 마이애미 등과 같은 출입국 항을 들 수 있으며, 여기로 들어온 뒤 사람들은 주요 도시들을 거치는 내부 노선을 따라 이동하게 된다.

　'노예해방선언'이 발표된 지 약 140년이 지났지만 미국에서 노예제는 계속되고 있다. 노예제는 이미 종식되었다는 생각 역시 그만큼이나 굳건히 자리를 지키고 있다. 대부분의 미국인과 유럽인들은 현대에도 노예제가 존재한다는 생각을 받아들이기 어려워한다. 왜냐하면 노예제를 합법적 노예제와 혼동하기 때문이다. 의문이 제기될 수 있다. 왜 이러한 폐습을 그저 고강도 착취의 다른 형태로 부르지 않고 노예제라고 불러야 하는 것일까? 합법적 노예제가 더 이상 존재하지 않는데, 정말 이 사람들을 노예로 생각해도 되는 것일까? 오늘날 노예제를 어떻게 정확하게 정의할 수 있을까? 2장에서는 이 의문들에 대한 답을 제시한다.

2장

또 다른 이름으로

―현대의 노예제에 대한 정의와 형태들

사람들은 이것을 노예제라 하지 않고 다른 이름으로 부를지도
모릅니다. 노예제는 새 이름을 짓는 데 이골이 나 있어서 …
또 다른 이름으로 스스로를 부를 수도 있으며, 여러분이나 저,
우리 모두는 이 오래된 괴물이 어떤 새로운 형태로 둔갑할지,
이 해묵은 구렁이가 허물을 벗고 또 어떤 새로운 모습으로
고개를 내밀지 가만히 앉아서 지켜보아야 할 따름입니다.
프레더릭 더글러스, 1865년

오늘날의 노예들이 자신에 대해 말하는 것을 들어 보면 노예제는 명명백백한 현실이다. "난 노예로 태어났어요." 나면서부터 노예신세였던 모리타니 출신의 살마는 이렇게 말한다. "걷기 시작할 때부터 쭉 난 이 집안을 위해 하루 종일, 매일매일을 일해야만 했어요." 채석장 노예 노동자였던 인도의 람팔의 말을 들어 보자. "내가 노예였다고, 또는 내 부모님이 노예였다고 말할 때 그게 무슨 말인지 알아 주셨으면 해요. … 하고 싶은 걸 하거나 스스로 선택을 할 수 있었던 적이 단 한 번도 없었어요. 그럴 때 아 우리는 노예구나 하고 깨닫게 됐죠." 하지만 노예제에 대한 정의를 내릴라치면 갑론을박이 이어지게 된다. 어떤 관행을 노예제의 범주에 넣어야 하며, 따라서 종식시켜야 할 대상으로 지정해야 하는가에 대해 의견이 엇갈리기 때문이다.

19세기에 합법적 노예제가 폐지된 이후로 '노예제'라는 단어는 여러 다른 것을 지칭하는 데 쓰였다. 이를테면 성매매, 감옥 노동, 저임금 노동,

분리 정책 등에 말이다. 노예제는 거의 모든 문화와 역사에 존재했으며, 시대와 장소에 따라 각각 다르게 '포장되었다'. 포장방식에 비약적인 변화가 일어나기도 하는데, 예를 들어 노예제가 법적으로 허가될 때, 그 허가가 폐기될 때, 인종 구분에 대한 다른 개념이 대두할 때, 노예의 가격이 오르거나 내릴 때가 그러한 때이다. 1815년 이래로 노예제와 관련하여 300개가 넘는 국제조약이 맺어졌지만 노예제에 대해 정확히 똑같은 정의를 내리는 조약은 하나도 없다. 노예제에 대한 많은 정의들이 한 인간이 다른 인간에 대해 갖는 법적 소유권에 초점을 맞추는데, 이것은 19세기의 노예제가 대부분 그러한 형태를 취했기 때문이다. 오늘날에는 국제조약과 규약에서 쓰이는 법적 정의들이 있는가 하면 대중의 마음속에 존재하는 정의들도 있다. 과연 우리는 어떻게 모든 형태의 노예제를 포괄하는 하나의 정의에 다다를 수 있을까?

구노예제 대 신노예제

19세기의 가산노예제라는 특정 형태에 사로잡혀 있으면 최근 역사와 우리의 현 세계에서 벌어지는 인간 구속의 좀 더 큰 줄거리를 놓치게 된다. 우리 대부분의 마음속에 간직되어 있는 상을 버려야 한다. 노예제의 역사는 이음매 없이 매끈하다. 이 역사는 노예제의 법적 폐지와 같은 사건들로 쉼표가 찍혔지만 노예제 자체는 결코 종식되지 않았다. 또한 서로 다른 시대의 다른 문화, 다른 사회에 걸쳐 폭력적 통제와 경제적 착취라는

구노예제	신노예제
전 세계화되지 않은 노예제	전 세계화된 노예
제법적 소유권 주장	합법적–비합법적 소유권 기피
장기간의 관계	단기간의 관계
인종적 차이 중요	인종적 차이 덜 중요
높은 구입비	매우 낮은 구입비
낮은 이윤	매우 높은 이윤
예비 노예 부족	예비 노예 과잉
고정적인 노예들	일회용품과 같은 노예들

〈표 2〉 '구'노예제와 '신'노예제의 차이점

공통의 핵심 요소가 중심을 관통하긴 하지만, 노예제는 다양한 형태로 끊임없이 진화했다. 남북전쟁 이전의 노예제는 그 수많은 형태들 중 하나에 지나지 않으며, 현대의 노예제는 이전과는 매우 다른 주요 특징들을 지니고 있다. 〈표 2〉는 노예제의 '구' 형태들과 '신' 형태들 사이의 주요 차이점들을 정리한 것이다.

첫째로, 현대의 노예제는 전 세계화되어 세계 여러 지역의 노예제 형태들이 점점 더 서로 비슷해지고 있다. 노예들이 이용되는 방식이나 그들이 세계 경제에서 수행하는 역할은 지역을 불문하고 갈수록 유사해진다. 둘째로, 과거의 노예무역이 식민지와 제국 건설의 수단이었다면, 오늘날 노예제는 모든 곳에서 불법이며 거의 대부분 중소 범죄 사업가들의 영역이다. 현재 노예제를 경제의 근간으로 삼는 나라는 어디에도 없다. 현대 노예제가 불법이라는 것은 곧 노예에 대해 법적 소유권을 주장하는 경우가 거의 없다는 것을 뜻한다. 반면 19세기 미국 남부에서는 매도 증서나 권리

증서에 소유권이 명시되었다. 셋째로, 노예를 부리는 기간 또한 줄어들었다. 과거에는 노예신분은 보통 평생을 가는 것이었다. 오늘날에는 한시적인 경우가 많아서 몇 년 혹은 심지어 몇 달 동안만 지속되기도 한다. 넷째로, 노예제는 더 이상 인종 차이에 의존하지 않는다.

나머지 네 가지 차이점은 모두 일회용품과 같은 인간이라는 새로운 현상과 연관된 것이다. 오늘날 노예는 그 어느 때보다 가격이 싸졌다. 1860년 이전 미국 남부에서 노예의 몸값은 수요를 반영했다. 농장 일꾼은 평균 1,000~1,800달러에 팔렸는데, 오늘날로 환산하면 2만~4만 달러에 해당했던 금액이다. 하지만 1850년에 오늘날 돈으로 4만 달러에 해당하는 농장 노예의 몸값이 오늘날에는 채 100달러가 되지 않는다. 세계 몇몇 지역에서는 단돈 10달러에 노예를 살 수 있으며, 전 세계적으로 인간 노예의 평균 몸값은 90달러이다. 시대에 따라 달라지는 통화의 '진정한 가치'를 비교하는 데는 어려움이 따른다는 점을 감안해도 현재의 몸값이 잘해야 남북전쟁 전 미국에서의 가격의 0.25퍼센트밖에 나가지 않는다면, 확실히 상당한 차이라 하지 않을 수 없다.

노예 가격이 역사상 최저 수준으로 떨어졌다는 사실은 수요·공급 간의 균형이 근본적으로 변화했음을 의미한다. 오늘날에는 예비 노예들이 시장에 차고 넘친다. 이것은 곧 이들의 값이 얼마 나가지 않는다는 것을 의미함과 동시에, 가격이 낮아졌다고 해서 노동 능력도 떨어지는 것은 아닌 만큼 이들이 높은 이윤을 창출할 수 있다는 의미도 된다. 1850년 앨라배마에서 노예들이 창출하는 이윤은 평균 약 5퍼센트 정도였다. 오늘날 노예제에서 나오는 이윤은 최소한 두 배에서 많은 경우 800퍼센트에까지 이른다. 남북전쟁 이전 미국의 노예들이 노동으로 자신의 구입비용과 유지비용을 갚는 데는 20년이 걸렸다. 오늘날에는 남아시아의 담보노동자 같은 경우 2년이면 된다.

가격 하락은 노예제의 이윤율을 변화시켰을 뿐 아니라 노예와 주인 간의 관계도 바꾸었다. 과거의 값비싼 노예는 보호받는 투자물이었다. 그에 반해 오늘날의 노예는 값싸며 쓰고 버릴 수 있는, 저수준 생산의 투입물이다. 노예주는 굳이 의료 혜택을 제공하거나 한창때를 넘긴 노예를 돌보아 줄 이유가 없다고 여긴다. 가산노예들이 상당히 중요한 투자물로 간주되고 그러한 취급을 받는 데 반하여 오늘날의 노예들은 쉽게 쓰고 버릴 수 있다. 이러한 일회용품과 같은 특성 때문에 구노예제와 신노예제 간의 또 다른 몇몇 주요 차이점들이 생겨난다. 노예들은 가격이 낮기 때문에 영구적 소유권을 확보할 필요가 없다. 노예 고용은 단기간만 지속된다. 당장 필요가 없는데 노예를 그대로 두는 것은 수지가 안 맞기 때문이다.

현대 노예제의 정의

노예제의 진정한 본질은 노예제에 대한 '포장'이나 정당화에서는 찾을 수 없다. 노예제를 제대로 정의하려면 노예가 된 사람의 삶의 핵심적 특징들을 자세히 관찰해야 한다. 인류 역사의 어느 시대이든 이는 마찬가지이다. 노예들은 자유의지를 잃어버리고 폭력적 통제를 받으며 경제적으로 착취당해 임금 한 푼 못 받는다. 유괴나 납치를 당해서 아니면 꾐에 빠져 노예가 된 사람들도 있고 나면서부터 노예신세인 사람들도 있는데, 이들이 왜 폭력적 통제를 받는 처지가 되었는지를 맥락적으로 설명하는 데는 정치적 · 민족적 · 신화적 · 성적 · 인종적 원인들을 들 수 있겠지만 노예제의 본질은 인간을 폭력으로 통제하고 이들을 이용해 돈을 버는 것이다.

　노예제에서 시간의 길고 짧음은 문제가 되지 않는다는 것을 이해하는 것도 중요하다. 노예신분이 반드시 영구적이거나 평생 동안 가는 것일 필요는 없다. 노예제가 합법적이었을 때조차 그것은 필수 요건이 아니었다. 고대 바빌로니아의 법률과 루이지애나 노예법 모두 한시적 노예신분을 허용했다. 수천년 동안 사람들은 포로로 잡히거나 함정에 빠져서, 강압이나 속임수로, 팔리거나 유괴되어, 약에 취하거나 체포되거나 유혹당해, 강간이나 잔인한 폭력으로 노예가 되었다가 어떤 식이든 탈출구를 찾아 간신히 거기서 빠져나오곤 했다. 건강과 기력이 약해지는 바람에 더는 쓸모가 없어져 풀려난 사람들도 있었다. 때로는 탈출하는 데 몇십 년이 걸리고 어떤 때는 몇 주면 되기도 했지만 그 사람이 노예였다는 사실 자체는 변함이 없었다. 그것은 오늘날도 마찬가지이다.

　노예제의 핵심 특징, 즉 경제적 착취와 지속적인 폭력적 통제에 초점을 맞추면 국가가 인정한 노예제 또는 합법적인 노예제가 '진정한' 노예제라는 생각에서 벗어날 수 있게 된다. 극단적인 착취가 이루어지는 상황에 대해서는 이러한 질문을 던지는 것이 중요하다. "이 사람은 최저 생계비 정도의 임금만 간신히 받고 있는 것은 아닌가?" 또 다른 중요한 질문은 이것이다. "이 사람은 이곳을 마음대로 떠날 수 있는가 아니면 폭력적 통제를 받고 있는가?" 모든 핵심적 특징들 중에서 폭력적 통제가 가장 중요하다. 그것이야말로 모든 노예제의 근간이기 때문이다. 일단 폭력적 통제가 확립되면 노예제는 여러 형태들 가운데 어떤 것이든 취할 수 있다. 부채로 인한 인신구속의 노예제든 계약 노예제든 종교적 관행과 연관된 노예제든 국가가 지원하는 강제노동이든 말이다.

노예제의 역학이 항상 물리적 폭력과 연관되는 것은 아니다. (속임수 때문에 아니면 여권이나 증빙서류를 빼앗겨서 그럴 수도 있지만) 협박이나 심리적 강압 때문에 탈출을 시도하지 못하는 경우도 있다. 사실 이런 식의 심리적 조종은, 노예란 사슬에 묶여 있지만 기회만 생기면 거기서 탈출할 수 있는 사람이라는 통념을 사뭇 뒤흔든다. 노예들은 흔히 자신들이 그러한 처지에 처해 있는 것이 불법이라는 사실을 안다. 하지만 이들은 강압과 심리적 협박 때문에 상황을 받아들일 수밖에 없으며 일단 이들이 자신의 역할을 받아들이고 주인의 뜻에 따르기 시작하면 지속적으로 물리적 제약을 가할 필요가 없어진다. 이들은 자신에게 가해지는 상황을 자신에게 해를 끼치는 고의적 행위로 여기는 것이 아니라, 싫기는 해도 별다를 것도 없는 세상사의 일부로 여기게 된다.

예를 들어 노예신세에 처한 젊은 태국 여성들은 흔히 뚜쟁이와 잘 지내는 것이 훌륭한 생존전략임을 깨닫는다. 뚜쟁이들은 폭력배이지만 오로지 폭력에만 의존하지는 않는다. 이들은 불안감과 의존심을 심어주는 데 선수이고, 한편 젊은 태국 여성들은 문화적 규범 탓에 통제받는 것이나 고분고분하게 남의 말을 따르는 것이 몸에 배어 있다. 태국에서 성 역할은 명확하게 규정되어 있으며, 여성은 으레 한 발 물러서고 자기 주장을 내세우지 않고 순종적이어야 한다고 여겨지고 그런 소리를 귀에 못이 박이도록 듣는다. 어린 소녀는 만약 순순히 따르지 않으면 부모님이 화를 입게 되며, 반드시 빚을 갚아야 하는데 빚을 갚는 것은 그녀 책임이라는 말을 듣는다. 그리하여 노예로 살게 되면서 젊은 여성들은 흔히 자신을 얽매는 족쇄를 의무나 일종의 속죄로 간주하게 된다.

따라서 노예제란 어떤 사람이 폭력이나 폭력의 위협, 또는 심리적 강압으로 타인의 통제를 받고, 자유의지와 자유롭게 이동할 권리를 잃어버리며, 경제적으로 착취당하고 간신히 생계를 이어갈 정도의 임금만을 받는 관계로 정의될 수 있다. 노예들은 타인의 이익을 위해 강제로 노동하며 그곳을 떠날 수 없다. 어떤 면에서 이것은 협의의 정의이다. 여기에는 사람들이 노예제라고 부르는 많은 것들, 이를테면 형편없는 임금으로 근근이 살아가는 저임금 작업장의 노동자들이 포함되지 않는다. 이것은 예를 들어 저임금 작업장이나 중매결혼에 착취가 존재함을 부정하는 것은 아니다. 착취는 전 세계에 걸쳐 하나의 스펙트럼을 이루는데, 노예제는 그 극단에 존재한다. 하지만 아무리 결정을 내리기가 어렵고 아무리 착취당하고 있다 해도 어떤 사람이 그 상황을 스스로 떠날 수 있다면 그것은 더 이상 노예제가 아니다.

노예제가 여러 다양한 형태를 취한다는 것은 곧 그것의 근본적인 성격이 잘 드러나지 않을 수 있음을 의미하기 때문에 노예제에 대한 명확한 정의를 내리는 것은 필수적이다. 노예주는 물론이고 노예제를 보고도 못 본 척하는 지역사회 모두 수많은 방법으로 이 범죄를 은폐하고 정당화한다. 종교, '자발적' 참여, 보장 '지불', '계약서'상에 나타나는 묵인 또는 여러 가지 그럴듯한 근거들이 노예와 노예주 관계를 둘러싸고 벌어지는 사

유형 ○ – 예 × – 아니오	자유의지 상실	노동력 전횡	폭력 또는 폭력의 위협
부채로 인한 인신 구속	○	○	○
강제노동	○	○	○
강제 성매매	○	○	○
카스트	○	×	○
아동 학대	○	×	○
불법 이민 노동	○×	○×	○×
장기 밀매	○×	×	○×
옥중 노역	○×	○×	○×
성매매	×	○×	○×

〈표 3〉 노예제를 정의하기 위한 기준들

회나 공동체의 논의의 일부로 이용될 수 있다. 수세대에 걸쳐 노예신분으로 살아온 집안이 있는가 하면 바로 지난주에 노예로 전락한 사람도 있다. 자국민을 노예로 삼는 정부들이 있는가 하면 무력분쟁 때문에 생겨난 노예들도 있다. 현대의 노예제의 여러 사례들이 각각 고유의 국지적 특징들을 갖기는 하지만 그것의 보편적 특성을 이해해야 비로소 명확한 입법과 조치가 가능해진다. 그래서 〈표 3〉에서는 노예제의 핵심 특성을 기준으로 일련의 학대 유형들을 검증해 보았다.

노예제를 정의하는 핵심 속성들을 이해하면 우리는 문화적 · 종교적 · 사회적 · 정치적 · 민족적 · 상업적 · 심리적 영향들을 반영하는 매우 다양한 형태들에 이 요소들이 어떻게 들어가 있는지를 고려할 수 있게 된다. 특정 노예와 노예주 관계의 형태를 결정하는 데 영향을 미치는 많은 요소들은 각각 나름의 특성을 지닐 수 있다. 하지만 동시에 그것은 그 관계가 존재하는 공동체나 사회를 반영하는 일반적 패턴을 따른다. 이것이 노예제를 역사적으로도 이해하고 오늘날의 모습으로도 이해해야 하는 이유 중 하나이다. 모든 형태의 노예제가 공통적으로 지니는 근본적 속성을 읽어 내고, 개개의 사례에서 노예제가 취할 수 있는 원동력과 다양한 형태들을 분석하고 이해해야 하는 것이다.

오늘날의 노예제의 형태들

전 세계적으로 볼 때, 오늘날의 노예제는 4가지 형태가 주를 이룬다. 그 하나는 구노예제와 가장 가까운 형태인 가산노예제로, 피해자들은 사로잡혀서 혹은 나면서부터 아니면 돈에 팔려서 영원히 노예로 지내게 되며, 노예주들은 흔히 이들에 대한 소유권을 주장한다. 이 형태는 주로 북부와 서부 아프리카에서 발견되며, 현대 세계에서 이런 유형의 노예들은 그리 많지 않다.

두 번째 형태는 부채로 인한 인신구속 노예제 또는 담보노동이다. 현대의 노예제 가운데 가장 일반적인 형태로, 피해자들은 자기 자신을 담보로 돈을 빌리지만, 그 대가로 제공해야 하는 노동의 기간이나 성격은 명시되지 않으며 그러한 노동으로 부채 원금이 줄어들지도 않는다. 채무자의 노동은 얼핏 보기에는 부채를 변제해 나가는 것처럼 보일 수 있지만 허위 계산이나 어마어마한 이자율 때문에 부채 청산은 영원히 요원한 일이 된다. 부채로 인한 인신구속에서는 많은 경우 노예의 노동이 (그리고 그 자신의 삶이) 부채에 대한 담보가 된다. 부채는 남편에게서 아내로, 부모에게서 자녀로 넘어가는데, 부채가 청산될 때까지 채무자의 모든 노동력은 채권자의 담보재산이 되므로 채무자는 자신의 노동으로는 결코 부채를 상환할 수 없다.

부채로 인한 인신구속 노예제는 남아시아에서 가장 흔해서, 인도에는 (1976년 담보노동 금지법으로 위법이 되었음에도) 담보노동자가 1천만 명 남짓 되며, 네팔과 파키스탄에서도 수천 명이 넘는다. 인신구속은 심각한 질병이나 흉작과 같은 위기상황이 발생할 때 시작된다. 가난한 집안은 약품이나 충분한 식량을 구입할 만한 재원이 없다. 돈을 빌려 주겠다는 제안이 들어오면 이들은 대개 자신이 노예가 될 위험이 있다는 사실을 알면서도 목숨을 부지하기 위해 계약조건도 명확하지 않은 그 제안을 받아들이고 만다. 고용주가 이들의 임금에서 시설비와 생활비를 제하거나 일을 잘못했다며 벌금을 물리기 때문에 빚은 계속 늘어만 간다. 만약 이들 가족이 도망치려 하면 노예주의 부하들이 구타와 강간, 강제 퇴거 등으로 앙갚음을 한다. 담보로 잡힌 아이들은 때로는 다른 계약인들에게 팔리기도 하며 여성 노동자들은 성폭행을 당하는 경우가 허다하다. 이들은 벽돌 공장, 정미소, 카펫 직조 공장, 자수 공장, 채석장 등에서 일한다. 이런 채석장에서 담보노동을 할 때 노동자들은 사용할 도구를 스스로 구입해야만 하며 계약인이나 채석장 주인에게서 돈을 빌리도록 종용당한다. 생산량을 최대화하기 위해 4살에서 14살에 이르는 아이들마저 부모를 따라 하루 14시간씩 돌짐을 나르며 일해야만 한다.

세 번째 형태는 계약 노예제이다. 이 유형은 가장 급속히 증가한 노예제 형태이며 오늘날 두 번째 큰 비중을 차지하는 유형이다. 이 계약 노예제는 현대의 노동관계 뒤에 숨어 있다. 작업장이나 공장에 고용되는 것으로 계약을 맺지만, 막상 현장에 오면 노동자들은 노예신세가 되고 만다. 계약 노예제는 동남아시아, 브라질, 몇몇 아랍 국가들, 그리고 인도의 일부 지역에서 가장 흔히 발견된다.

네 번째 유형은 강제노동이다. 모든 노예제가 일종의 강제노동이긴 하지만, 이 용어는 그중에서도 특히 개인이 아니라 정부나 그 밖의 '공공' 단체에 의해 운영되는 노예제를 의미한다. 예를 들어 중앙아시아의 우즈베키스탄에서는 학생들을 해마다 3개월간 목화농장에 보낸다. 아이들에게는 선택의 여지가 없고 일한 대가로 쥐꼬리만 한 임금을 받거나 아예 아무것도 받지 못한다. ILO는 강제노동에 대한 이와 같은 정의에 두 가지 요소를 추가해 다음과 같은 유형론을 제시했다.

국가나 무장 세력에 의해 가해지는 강제노동. 군사집단이나 반군집단에 의해 자행되는 강제노동, 공공 노역에 대한 강제동원, 감옥에서의 강제노동이 여기에 포함된다.

강제로 자행되는 상업적인 성적 착취. 개인업자에 의해 강제로 성매매나 그 밖의 다른 형태의 상업적인 성적 활동에 종사하는 여성과 남성, 아동이 여기에 포함된다.

경제적 착취를 위한 강제노동. 성 산업 이외의 분야에서 개인업자나 기업에 의해 가해지는 모든 강제노동이 이에 해당한다. 일부 불법적 활동에서는 물론이고 농업, 공업, 서비스업에서 자행되는 강제노동이 여기에 포함된다.

이 유형론에서 '강제노동'은 '노예제'와 동의어가 되며, 노예제를 다루는 오늘날의 대부분의 문헌에서 강제노동은 주로 처벌의 위협 아래 누군가에게 강제되어 비자발적으로 수행되는 모든 작업 혹은 서비스를 의미한다. ILO는 또한 강제노동의 6개 지표를 제시했다.

노동자에게 가해지는 위협이나 실제 물리적 상해

일터나 제한된 지역으로 이동의 자유가 제한되거나 감금당함.

부채로 인한 인신구속. 노동자는 부채나 대부를 상환하기 위해 일하며 임금을 받지 못함. 고용주는 음식이나 편의시설을 높은 가격에 제공하여 노동자가 부채에서 벗어날 수 없도록 하기도 함.

사전에 맺은 협약을 위반하는 임금 체불이나 지나친 임금 삭감.

노동자가 떠나거나 자신의 신분과 지위를 증명하지 못하도록 여권과 신분증명 서류를 압수 보관.

비정규 이민자 상태인 노동자에게 당국에 고발하겠다고 위협함.

실제로 이 요소들은 흔히 두 개 이상이 결합되어 나타나는데, 국제반노예제연합은 이들 지표 중 하나만 나타날 경우에는 더 철저한 조사가 필요하며 두 개나 그 이상에 해당하면 곧 강제노동이라 해야 한다고 주장한다.

오늘날의 노예제에는 이 밖에도 (5장에서 논의되는) 제의적 노예제와 같은 몇몇 소수 형태들이 있다. 하지만 널리 퍼진 오해가 하나 있는데, 이른바 '인신매매'라는 또 하나의 주요 형태가 존재한다는 생각이다. 인신매매는 그저 사람들이 노예가 되는 메커니즘 또는 경로일 따름이다. 그것은 노예화의 한 과정 자체이지, 그 과정의 조건 또는 결과가 아니다. 또한 그것은 세계의 노예제의 전체 가운데 작은 한 부분에 불과하다. 현재 인신매매로 노예가 된 사람은 전 세계에서 약 250만 명 정도이며 이는 전체 노예 인구의 10퍼센트에 조금 못 미치는 수치이다. 노예신분에 처한 사람들 대부분은 한곳에 정착한다. 이들은 한곳에서 다른 곳으로 옮겨진 적이 없다. 다만 산업화된 국가들과 중동에서는 높은 비율의 노예들이 인신매매되어 그 비율이 약 75퍼센트에 이른다. 아시아, 라틴 아메리카, 사하라 이남의 아프리카에서는 인신매매 피해자가 전체 노예의 25퍼센트 이상이 된다.

인신매매

그렇다 해도 인신매매는 전 세계적인 문제이다. 모든 대륙과 대부분의 나라가 이 문제와 무관하지 않다. 아프리카는 주로 인신매매 피해자들이 나오는 근원지이며 아시아는 근원지이면서 동시에 도착지이다. 중부 및 동남부 유럽은 주로 피해자들이 나오는 근원지이고 이 피해자들은 대개는 서유럽으로 흘러 들어간다. 라틴 아메리카와 카리브 해 지역은 피해자들이 나오는 근원지이고 북미는 라틴 아메리카와 카리브 해 지역에서 인신매매된 사람들이 흔히 도착하는 곳이다.

해마다 약 80만 명의 성인 남녀, 어린이들이 국경을 넘어 인신매매되어

변수	미국무부기구	국제노동기구	유엔마약범죄국
인신매매 피해자 수	2007년 전 세계에서 80만 명	1995~2004년 지역 내와 국제 간 245만 명	추산치 없음
착취 유형	상업적(성매매) 66% 경제적(강제노동) 34%	상업적(성매매) 43% 경제적(강제노동) 32% 혼합형 또는 기타 25%	상업적(성매매) 77% 경제적(강제노동) 23%
성과 연령	여성 80% 미성년자 50%	여성 80% 미성년자 40%	여성 77% 남성 9% 미성년자 33%

〈표 4〉 여러 기관에서 추산한 국제 인신매매 관련 수치

노예가 되며, 인신매매는 현재 마약 밀매, 무기 밀매에 이어 조직범죄에서 세 번째로 큰 수입원이다. 80만 명의 피해자 가운데 대략 80퍼센트가 여성이며 50퍼센트가 어린이이다. 이들은 여러 경제 분야에 투입되지만 대개 가게 되는 곳은 성 산업이다. 〈표 4〉에 나타나듯이 강제노동에만 시달리는 사람들은 상대적으로 소수이다.

하지만 80만 명이라는 수치조차도 인신매매의 극히 일부에 불과하다. 가난한 나라에서 부유한 나라로 (가난한 남반구에서 부유한 북반구로) 팔려 가는 것 말고도 오늘날 노예화의 여정은 몇 가지 다른 수준에서도 이루어진다. 한 국가 안에서 더 가난한 지구에서 더 부유한 지구로, 한 지역 내에서 더 가난한 나라에서 더 부유한 나라로 이동이 이루어지는 것이다. 예를 들어 매년 인도로 팔려 오거나 인도 내에서 혹은 인도를 통해 인신매매되는 사람의 수는 20만 명으로 추산되는데, 이 중 10퍼센트만이 국경을

넘어 인신매매된 사람들이고 나머지 90퍼센트의 인신매매는 인도 각 주들 사이에서 이루어진다.

이 복합적인 인신매매의 한 예는 대서양 간 노예무역의 중심 근원지라 할 수 있는 서아프리카에서 이루어지는 노예 아동들의 이동이다. 이곳의 옛 노예해안에서는 아동들이 국내로도 국외로도 팔려 나간다. 서아프리카와 중앙아프리카에서만 매년 20만 명의 아동이 인신매매된다. 그중에서도 가장 가난한 아이들은 농사일에 종사하게 되는데, 이를테면 말리나 부르키나파소에서 가나로 팔려 가며, 그런가 하면 가나 아이들은 가정부로 나이지리아나 카메룬으로 팔려 가고, 나이지리아와 카메룬 아이들은 가정부나 성 노리개로 유럽이나 북미로 팔려 간다. 아이들은 계속하여 이 나라에서 저 나라로 옮겨지면서 다양한 형태의 노예신분을 겪으며 세계의 이곳저곳으로 가게 된다.

이러한 다층적 과정에 대한 알맞은 정의를 찾는 것은 까다로운 일이다. 하지만 몇 년간의 협상 끝에 지난 2000년 유엔은 '인신매매, 특히 여성과 아동 인신매매의 방지, 억제, 처벌을 위한 의정서'를 내놓았다. 최초로 국제사회가 인신매매를 어떻게 정의할 것인지 합의를 보게 된 것이다. 이 의정서는 2003년 12월 25일 발효되었고, 인신매매를 다음과 같이 정의한다.

착취를 목적으로 위협이나 폭력 행사, 강압, 유괴, 사기, 기만, 힘이나 약점의 악용, 또는 피해자를 통제할 수 있는 사람에게 보수나 혜택을 주는 등의 수단을 통해 사람들을 모집, 수송, 이송, 은닉, 인수하는 행위로, 착취에는 타인의 성매매 감취, 성적 착취, 강제노동, 노예제나 그와 유사한 관습들, 장기 적출이 포함된다. 불법적 수단이 확립되어 있을 경우 피해자의 동의 여부와는 무관하다.

따라서 인신매매란 강제나 속임수로 누군가를 노예로 만드는 범죄이며, 피해자가 인신매매업자를 따라가기로 동의했건 안 했건 간에 범죄행위이다.

이 동의의 문제는 매우 중요한데, 왜냐하면 많은 인신매매 피해자들이 한 나라에서 다른 나라로 밀입국하는 데 동의하면서 그들의 여정을 시작하기 때문이다. 어떤 사람들은 유괴되어 자신의 의지와는 상관없이 타지로 실려 가기도 하지만, 다른 수많은 사람들은 돈을 벌 수 있다는 꾐에 빠져 밀입국 알선책에게 돈을 주고 국경을 넘었다가 알고 보니 열악한 작업장이나 윤락업소 또는 가정부 자리에 팔려 거기서 번 돈으로 밀입국 성사비를 지불해야 한다는 사실을 깨닫게 된다. 성공적으로 국경을 넘고 입국심사소를 통과하려면 밀입국 희망자들의 협조가 필요한 경우가 많기 때문에 이들에 대한 통제는 목적지 국가에 도착한 이후에야 본격화된다. 이동 과정에서 이들은 신분증명 문서들을 빼앗기고, 이동 중 밤을 보내는 임시 거처의 문은 굳게 잠긴다. 음식도 잘 주지 않고 '보스'는 밤새 거의 한숨도 자지 못하게 한다. 이렇게 며칠만 지나면 수면부족과 굶주림, 고립감으로 이들의 정신은 타격을 입어 혼란과 의존심이 어느새 자리를 잡는다.

미국과 같은 목적지 국가에 도착하여 의지가지없는 타향에서 신분증명서도 없고, 말도 안 통하고, 배는 고프고, 혼란스럽기 짝이 없는데, 협박까지 받으면 이들은 자신들이 이제는 정말로 노예라는 사실을 깨닫게 된다. 인신매매업자들은 이동과 일자리 알선 과정에서 든 비용으로 이들이 막대한 빚을 지게 되었다고 알려 온다(물론 사기이다). 인신매매업자들은 그 빚이 엄청나며 그것을 갚기 위해서는 시키는 일은 무엇이든 해야 한다고 피해자들에게 못 박는다. 통제의 수위가 높아지면서 피해자들은 자신들이 처한 열악한 근로 조건과 자유의 박탈을 완연히 깨닫게 된다. 노예제의 전매특허라 할 수 있는 폭력적 통제의 위협을 받기도 한다. 발각되면 그 지역 경찰이 와서 체포하고 마구 다룬 뒤 심지어 죽이기까지 한다는 말도 듣는다. 피해자들이 자신의 상황을 받아들이도록 하기 위해 강압과 폭력, 심리적 속임수가 거듭 동원된다. 왜냐하면 인신매매업자의 목표는 겁에 질려 고분고분히 말을 듣는 일꾼을 만드는 것이기 때문이다. 따라서 일단 통제에 굴복하면 인신매매 피해자들에게는 노예시대가 시작된다.

모집 시점에서 피해자가 동의한다는 사실 때문에 밀입국 알선과 인신매매 사이의 차이가 흐지부지되기 쉽다. 하지만 유엔의 '국제 조직범죄에 관한 협약'에 규정된 정의에 따르면 밀입국 알선은 "그 나라의 국민이나 영주권자가 아닌 사람이 직·간접적인 재정적 또는 물질적 혜택을 얻기 위해 한 국가에 불법적으로 입국하는 것을 알선하는 행위"이다. 또한 (허위 여행증서를 사용하는 것과 같이) 인신매매업자의 많은 행위들이 밀입국 알선에도 사용되긴 하지만 인신매매는 단순히 "한 국가에 불법적으로 입국하는 것을 알선하는 행위"를 넘어선다. 밀입국 알선과 인신매매 모두 이익을 위해 인간을 이동시키는 것과 관련이 있지만, 밀입국 알선에서는 이민자와 알선자 간의 관계가 보통 목적지 국가에 도착하면 종료된다. 그리고 범죄자들이 얻는 이익은 전적으로 이민자의 밀입국을 알선하는 과정에서 생겨난다. 인신매매의 경우에는 밀입국 알선은 노예화를 위한 전주곡이자 연결로에 지나지 않는다. 다시 말해 인신매매는 밀입국 알선에다가 과정 초기에는 강압과 사기, 끝에는 노예화를 더한 것이다.

사실, 인신매매에는 많은 범죄들이 포함되어 있어, 이 때문에도 밀입국 알선과는 크게 차이가 난다. 인신매매의 과정에서 자행되는 중대 범죄로는 폭행과 구타, 강간, 고문, 유괴, 인간 판매, 불법 감금, 살인, 노동권 박탈, 사기 등을 들 수 있다. 하지만 인신매매는 보통은 처벌받지 않는 범죄이다. 예를 들어 미국에서는 해마다 1만 7천 명이 팔려 와서 노예생활을 한다. 살인사건 역시 미국에서는 매년 1만 7천 건에 이른다. 하지만 미국의 전국 살인사건 해결률은 약 70퍼센트이다. 인신매매 사건 해결률과 한번 비교해 보자. 미국 정부가 발표한 바에 따르면 해마다 인신매매와 노예사건이 해결되는 비율은 채 1퍼센트에도 미치지 못한다. 2005년 법무부가 116명을 인신매매와 노예화 혐의로 기소했는데, 이 중 45명만이 유죄판결을 받았다. 2006년에는 111명을 기소했을 뿐이다.

그러나 이처럼 적발률과 유죄판결률이 낮은 것은 법률 자체에 문제가 있기 때문이 아니다. 2000년 클린턴 대통령은 '인신매매와 폭력 피해자 보호법', 일명 '인신매매 피해자 보호법'에 서명하여 인신매매가 전 세계적 문제라는 새로운 인식의 출발을 알렸다. 이 법률은 한 세기도 전에 제정된 노예제 법령에 기반을 두고 만들어진 것이었다. 이 법은 강제노동에 대한 정의를 확대하여 21세기의 여러 노예제 형태들을 포괄하도록 한 것으로, 비자발적 노역, 예속인 제도, 노예제에 대한 기존의 제재에 인신매매, 성 인신매매, 강제노동, 증서 노예제(인신매매 전략의 하나로 증서들을 주지 않거나 파기하는 것) 등의 새로운 범죄들을 추가하였다. 이 법률은 또한 밀입국 알선과 인신매매를 구분하여 인신매매된 사람들을 무허가 이민자가 아니라 범죄의 피해자로 간주하여야 한다는 점을 명시하였고, '강압'의 정의를 확대하여 심리적 조종을 여기에 포함시켰다.

처벌 부분에 대해 말하자면, 이 법률은 노예제 관련 범죄의 형량을 10년에서 20년으로 (살인, 유괴, 성적 학대 등이 연루된 범죄일 경우 종신형으로) 늘렸다. 인신매매범은 피해자에게 완전한 배상을 해야 한다고 규정하였으며 연방 당국에는 인신매매에 대한 대중의 인식을 제고하고 정보 프로그램을 수립할 것을 요구했다. 또한 이 법률은 노예제의 후유증이라는 문제를 제기했다. 이 법률 덕분에 생존자들은 거주지와 심리 상담, 기타 사회복지 혜택을 받을 수 있게 되었고, 이에 더해 새로운 비이민 비자 유형이 생기게 되었다. 매년 5천 명에게 발급 가능한 'T' 비자는 가혹한 유형의 인신매매 피해자이면서 인신매매범에 대한 기소에 참여할 수 있는 사람들에게 적용된다. 3년이 지나면 개인은 영구적 합법 거주 지위로 조정할 수 있다. 끝으로, 인신매매 피해자 보호법에 따라 '인신매매감시방지국'이 설립되었다. 이 기관은 해외의 인신매매를 근절 노력들을 관리하는 임무를 맡고 있으며 2001년부터 매년 '인신매매 보고서'를 발간한다. 이 보고서는 전 세계의 인신매매 방지 정책을 개괄하고, 얼마나 강력히 인신매매 방지에 노력을 기울이는가에 따라 각 국가를 분류해 등급을 매긴다. 이러한 인신매매감시방지국의 활동을 통한 외교적 압박으로 많은 나라에서 새로운 노예제 금지법과 인신매매 금지법이 통과되는 성과를 올렸다.

하지만 인신매매 피해자 보호법이 통과된 이래로 노예제 폐지 옹호자들과 현장 활동가들이 계속 이 법률의 몇 가지 요소에 대해 비판을 가했다. 먼저 이 법률은 혜택을 받으려면 생존자들이 연방 법의 집행에 협조해야 한다는 조건을 내걸고 있다. T 비자로 취업이 허가되고 사회 복지 혜택을 받을 자격이 생기지만, 신청자는 법 집행에 협조하겠다는 문서를 작성해야만 한다. 이는 생존자들을 보호받으며 사회에 복귀할 자격이 있는 개인으로 간주하기보다는 기본적으로 법 집행의 도구로 간주하는 인식이 생겨나는 원인이 된다.

두 번째로, 노예제 반대 비정부기구NGO들은 인신매매 피해자 보호법에 법 집행관들의 훈련과 주 정부와 연방 정부 간의 협조 및 정보 공유를 촉진하기 위한 선도적 방안들이 포함되어야 한다고 주장한다. 대개 강제 노동의 피해자들은 노예업자의 보복이 두려워 법 집행관에게 학대 사실을 밝히기를 꺼린다. 연방 법 집행관들을 생존자들과 그 가족을 보호할 수 없는 경우가 흔하다. 안전한 은신처를 제공하는 데 필요한 법적 수단, 지원, 자금이 없기 때문이다. 따라서 각급 법 집행관들에게는 피해자들을 이해하고 돕기 위한 훈련과 자금이 필요하다. 그리고 인신매매는 거의 전적으로 연방 당국이 처리해야 하는 연방 범죄로 규정되어 있어서 연방과 주 법 집행기관 사이의 협조가 원활히 이루어지지 않는다. 그런데 바로 이 때문에 노예업자들이 여간해서는 수사망에 걸려들지 않는 것이다.

인신매매가 발생하는 원인

그런데 도대체 왜 이 새로운 범죄가 발생하여 성장하게 된 것일까? 인신매매범에 대한 처벌의 경미함, 점점 심해져 가는 빈민들의 박탈과 소외, 제한적인 이민자 법, 인신매매의 현실과 위험성에 대한 정보 부족 등을 포함해 수많은 요인들이 이 범죄의 확장에 책임이 있다. 수많은 피해자들이 더 좋은 직업과 높은 임금을 보장해 주겠다는 거짓 약속에 혹해 인신매매의 구렁에 빠진다. 또한 몇몇 나라들에서는 사회적 혹은 문화적 관습에 그 원인이 있다. 여성과 소녀를 천시하는 사회풍조든 아니면 가난한 집안의 아이를 좀 더 부유한 친구나 친척 집에 맡기는 관습이든지 간에 말이다. 어떤 부모들은 아이들을 팔아넘기거나 아이들이 앞으로 받을 임금에서 '선금'을 미리 떼어 받기로 동의하기도 한다. 이들은 단지 돈 때문만이 아니라 아이들이 지긋지긋한 가난에서 벗어날 수 있을지도 모른다는 희망에서 그렇게 한다.

한 가지 주요인은 이윤을 쉽게 얻을 수 있다는 것이다. 범죄 집단들이 인신매매를 자행하는 것은 이문이 많이 남고 대개 위험성은 적기 때문이다. 다른 '물품들'과는 달리 인간은 몇 번이고 다시 사용할 수 있으며 인신매매에는 큰 자본 투자가 필요하지도 않다. 수익성은 인신매매된 사람들의 '고용주'가 자신이 착취하려는 사람들에게 요구하는 특정한 기술과 자질에 대한 수요에 의해 결정된다. 이 자질은 '고용주'가 인신매매된 사람들을 투입하고자 하는 직종이나 경제 분야에 따라 저마다 다르다. ILO는 이들 인신매매 피해자에게서 얻는 이윤과 전체 노예들에게서 얻는 이윤의 추산치를 발표했다(〈표 5〉와 〈표 6〉 참조).

이 추산치는 인신매매 피해자들에게서 가장 큰 이윤을 얻을 수 있음을 보여 준다. 인신매매된 전 세계의 노예들로부터 나오는 총 이윤은 1년에 약 320억 달러(1년에 한 명의 노예가 평균 1만 3천 달러의 이윤을 창출하는 셈이다)에 이르는 데 비해, 전체 노예들로부터 나오는 이윤은 1년에 440억 달러이다. 창출되는 이윤은 단연 산업국가들이 높아서 전 세계의 인신매매로부터 나오는 연간 이윤의 절반을 약간 밑돌며, 가장 큰 이윤이 나오는 부문은 강제적인 성 착취이다(약 280억 달러).

또한 인신매매의 원인을 좀 더 자세히 살펴보면 한 나라에서 인신매매가 발생할 가능성을 가장 강력히 시사하는 요소들을 파악할 수 있다. 한 나라에서 인신매매가 발생할 가능성에 대한 가장 의미 있는 예측 변수들을 중요한 것부터 순서대로 나열하면 다음과 같다. 국가의 정부 부패 수준, 유아 사망률, 14세 이하 인구의 비율, 식량 생산 수준, 인구밀도, 그 국가가 겪는 분쟁과 사회적 불안의 양. 이것은 인구 압박과 빈곤(유아 사망률과 식량 생산이 그것의 지표가 된다)이 인신매매를 촉진하는 중요한 요인이 된다는 것을 의미한다.

그렇다면 결국 인신매매되는 사람들은 가난하고 불안정과 부패로 허덕이는 국가 출신일 공산이 매우 크다. 예를 들어 세계에서 가장 가난한 국가들, 이를테면 아프리카의 차드와 말리 같은 나라에서 젊은이들이 코트디부아르나 가나와 같은 좀 더 부유한 인근 국가로 팔려 가 가사노동이나 농사일에 투입된다. 동시에 코트디부아르, 가나, 나이지리아의 젊은이들이 꾐에 넘어가 아프리카의 더 부유한 국가들로 팔려 가거나 유럽과 북미

	강제적인 상업적 성 착취의 총 이윤	경제적 착취의 총 이윤	전체 이윤
산업화된 경제	15,388	3,407	18,796
과도적 경제	3,513	145	3,658
아시아 태평양	11,190	2,547	13,736
라틴 아메리카와 카리브 해	2,120	3,554	5,674
사하라 사막 이남의 아프리카	565	194	758
중동 · 북아프리카 경제협력기구MENA	1,125	536	1,661
전 세계	33,902	10,382	44,284

〈표 5〉 전체 노예들에게서 나오는 연간 이윤 (단위: 미화 100만 달러)

	강제적인 상업적 성 착취의 총 이윤	경제적 착취의 총 이윤	전체 이윤
산업화된 경제	13,277	2,235	15,513
과도적 경제	3,283	139	3,422
아시아 태평양	9,536	168	9,705
라틴 아메리카와 카리브 해	572	776	1,348
사하라 사막 이남의 아프리카	118	40	158
중동 · 북아프리카 경제협력기구MENA	1,033	475	1,508
전 세계	27,820	3,834	31,654

〈표 6〉 인신매매된 노예 전체로부터 나오는 연간 이윤 (단위: 미화 100만 달러)

로 보내진다. 동유럽 국가 출신의 젊은 여성들은 북미나 일본에서 일자리를 얻게 해주겠다는 약속에 속아 비행기에 올랐다가 도착하자마자 윤락업소로 끌려간다. 필리핀과 남미의 빈민들은 일본이나 북미로 팔려 간다. 중국이나 인도와 같은 큰 나라들에서는 어른과 아이들이 자국 내의 빈곤한 지역에서 부유한 지역으로 팔려 가 네팔이나 미얀마 출신의 인신매매 피해자들과 합류한다.

우리는 또한 어떤 나라로 인신매매된 사람들이 흘러 들어갈 가능성을 높이는 요소들을 파악할 수 있다. 의미 있는 촉진 요인들을 중요한 것부터 나열하면 다음과 같다. 도착지 국가의 60세 이상 남성 인구 비율, 정부 부패 수준, 낮은 유아 사망률, 식량 생산 수준. 인신매매업자의 관점에서 보면 완벽한 도착지 국가는 비교적 부유하고 돈 몇 푼으로 불법 월경을 눈감아 줄 만큼 적당히 부패한 나라이다. 그리고 물론 노예제와 인신매매를 금지하는 국내법들과 국제협약들이 제대로 시행되는 경우가 거의 없어 노예 사업과 성매매 사업이 별달리 기소당할 우려 없이 막대한 이윤을 올릴 수 있는지 여부도 중요한 요소이다.

그런데 이러한 방식으로 인신매매가 발생할 가능성을 예측할 수 있다면, 우리는 좀 더 포괄적으로 노예제 또한 예측할 수 있을까? 인신매매의 폭발적 증가를 야기한 요인들은 그렇다 치고, 인신매매에 의하지 않은 나머지 90퍼센트의 오늘날의 노예들은 어떻게 그리고 왜 사슬에 묶이게 된 것일까? 어떻게 해서 세계는 지난 몇십 년 사이에 2천7백만 명이 노예신분으로 떨어지는 상황에 이르게 되었을까? 3장에서는 새로운 글로벌 경제에서 노예제가 차지하는 위치를 검토한다.

3장

이윤 창출 체계

—현대의 노예제와 글로벌 경제

돈은 도덕의 척도이고, 노예제가 이윤 창출 체계로서
성공하느냐 실패하느냐가 많은 경우 ⋯ 그것이
존속될 것인지 폐지될 것인지를 결정한다.
프레더릭 더글러스, 1857년

오늘날의 노예들은 쓰고 버릴 수 있는 존재이다. 노예의 몸값은 사상 최저이고, 이제는 워낙 낮은 가격 탓에 많은 새로운 일들에서 노예의 비용효율성이 높아졌다. 이 쓰고 버릴 수 있는 사람들은 또한 전 세계적 현상이다. 서아프리카 출신의 노예들을 파리와 뉴욕에서 찾아볼 수 있고 필리핀 출신의 노예들이 밴쿠버와 사우디아라비아에서 발견되며 동유럽인들, 특히 여성들이 전 세계에 퍼져 노예살이를 하고 있다.

세계 경제의 측면에서 노예제는 별로 가치가 없다. 노예들은 주로 채석이나 농사 같은 저가치 노동에 이용되며, 노예주들이 높은 이익을 얻고 있다고는 해도 전 세계의 노예주 수는 5백만에서 8백만 정도가 고작이며 각노예주가 보유한 평균 노예 수도 소수에 지나지 않는다. ILO가 추산한 약 440억 달러의 이윤은 글로벌 경제라는 대양에서는 한 방울의 물방울이나 다름없다. 하지만 노예제가 한 방울의 물방울이라면 범죄자들은 그 물방울의 흐름을 관리하는 데 이골이 나 있는 사람들이다. 현대의 노예제 문제를 해결하고자 나선 정부들이 눈앞에 직면하게 되는 것은 바로 진정으로 글로벌화된 사업이다.

글로벌화와 소비자

글로벌화의 가장 직접적이고 극적인 충격은 세계 경제에 가해졌다. 수세기 동안 국경을 넘는 돈의 흐름은 각 국가가 통제했지만 1980년대 중반 이러한 통제는 대부분의 국가에서 완전히 종식되고 말았다. 이는 곧 돈이 전 지구를 날아다닐 수 있게 되었다는 것을 뜻했다. 노동자를 고용하거나 해고하는 것, 공장을 팔거나 사거나 대여하는 것, 자금을 투자하거나 전용하는 것이 모두 버튼 하나 누르는 것으로 가능해졌다. 이제 사업은 좀 더 값싼 노동력이 있는 곳이라면 언제 어디라도 재빨리 이동할 수 있고, 어딘가 다른 곳에 임대료가 덜 비싼 공장이 있다면 현재 있는 곳에서 바로 철수할 수 있다. 사업이 세계 전역으로 확산되기 시작하자 정부들은 그 사업이 합법적인 것이건 범죄성의 것이건 아니면 그 둘이 혼합된 것이건 간에 그것의 운영에 대한 통제권을 점점 더 잃어갔다.

역사 전체를 통해 노예제는 변화하는 세계에 유연히 적응했고 오늘날에도 여전히 그러하다. ILO가 밝히듯 노예제와 인신매매는 '글로벌화의 이면'이다. 새로운 형태의 인신구속은 정부의 통제도 거의 받지 않고 노예들과 노예에 기반한 활동들을 전 세계에 퍼뜨린다. 글로벌화의 재정체계와 노동시장의 규제 부재 덕에 노예로 얻는 이윤은 거침없이 국경을 넘나

들고, 정부들로서는 이 돈의 흐름을 막는 것은 불가능하지는 않더라도 매우 어려운 일이 된다. 한 나라의 법은 국경 안에서만 효력을 갖지만 전 세계적인 노예 밀거래는 마치 물이 그물을 빠져나가듯 국경을 자유자재로 넘나든다. 많은 인신매매업자들이 인터넷으로 전 세계 구석구석의 고객들을 찾아내 계약을 맺으면서 사업을 운영한다. 또한 노예제는 어디서든 불법이어서 노예주들은 노예들을 숨기고 이익을 빼돌리는 등 다들 엇비슷하게 남의 눈을 피해 활동해야만 한다. 돈, 상품, 인력이 여러 방향으로 흐르는 것을 의미하는 글로벌 경제에 충실해지면서 노예매매업자들은 점점 더 그들의 '사업'을 비슷한 방식으로 수행하게 된다.

노예들의 흐름은 한데 합쳐지고 또 교차한다. 브라질에서는 인구밀도가 높고 경제 불황을 겪는 지역에서 노예들이 '모집'되어, 배를 타고 1천 마일 떨어진 숲으로 실려 가 목탄을 만드는 일에 투입된다. 여기서 만들어진 목탄은 또다시 1천 마일을 실려가 제철소에서 사용된다. 이렇게 해서 생산된 철은 캐나다와 미국으로 수출된다. 유럽연합은 브라질산 철을 매년 거의 1백만 톤씩 수입해 자동차에서 장난감에 이르기까지 온갖 제품들을 만든다. 미얀마나 라오스 여성들은 태국, 일본, 또는 유럽의 윤락업소로 팔려 간다. 홍콩의 자본이 태국 윤락업소에 자금을 대고 유럽의 투자금이 브라질의 목탄 사업을 지원한다.

오늘날 대부분의 노예 노동은 지역의 내수용 물품 생산을 위한 것이기는 하지만, 노예가 만든 제품들은 전 세계 경제에 스며들고 있다. 인도의 수백만 노예들은 농작물을 재배하거나 돌을 캐거나 그들 자신의 도시와 마을에서 쓸 다른 상품들을 생산한다. 하지만 인도, 파키스탄, 네팔의 아동노예들이 만든 양탄자는 주로 유럽과 미국으로 수출된다. 글로벌화라는 현상이 의미하는 것은 곧 우리가 사는 물건들이 점점 더 세계 전역에서 생산된 부품들을 세계 여러 곳에서 조립하여 만들어진다는 것이다. 하나의 제품이 만들어지기까지는 수많은 단계와 공정을 거치는데, 노예제는 그중 어디에라도 끼어 들어갈 수 있다.

우리가 사용하는 많은 기본 생필품들이 노예들의 손으로 만들어진다. 여러 다른 나라에서 노예제로 생산된 기록이 있는 제품들로는 카펫, 코코아, 면화, 목재, 소고기, 토마토, 상추, 사과 및 다른 과일들, 새우와 다른 생선류, 금, 주석, 다이아몬드와 다른 보석류, 신발, 옷, 폭죽, 밧줄, 양탄자, 쌀, 벽돌 등이 있다. 커피도 노예 노동으로 재배되는 경우가 간혹 있으며, 일부 사탕수수는 노예들을 이용해 수확된다. 콩고에서는 무장 갱단이 마을 사람들을 강제로 동원해 탄탈룸이라 불리는 광물질을 채굴한다. 갱단은 탄탈룸을 수출업자에게 팔고 수출업자는 휴대전화와 컴퓨터 생산에 사용되는 이 물질을 유럽과 아시아로 보낸다. 그리고 투자 부문에도 노예제가 슬그머니 끼어든다. 연금기금이나 상호기금이 노예 노동을 이용하는 회사들에 하청을 준 회사의 주식을 보유하고 있을 수도 있는 것이다.

문제가 더욱 복잡해지는 것은, 어떤 상품이든 실제로 노예가 투입되어 생산되는 비율이 미미하기 때문이다. 예를 들어 목화는 세 대륙에서 노예 노동을 이용해 경작되지만 노예에 의해 경작되는 목화는 전 세계에서 재배되는 목화의 극히 일부에 지나지 않는다. 미국 남북전쟁 이전에는 목화가 주로 노예에 의해 만들어지는 상품이었던 데 비해 오늘날 전 세계에서 노예들의 손으로 수확되는 목화의 양은 기껏해야 전체의 1~2퍼센트에 지나지 않을 것이다.

같은 문제가 초콜릿을 비롯해 다른 많은 상품들에도 적용된다. 코트디부아르에는 코코아를 재배하는 농장이 약 80만 개가 되며, 여기서 전 세계 코코아 공급량의 대략 절반이 생산된다. 대개 말리와 같은 인근의 가난한 나라 출신인 젊은이들이 일자리를 찾아 이곳으로 모여든다. 이런 젊은이들 중 일부는 속임수에 걸려들어 외딴 시골지역의 농장에서 노예로 일을 하게 된다. 노예를 이용하는 농장이 얼마나 되는지는 확실치 않지만 넉넉히 잡아도 5퍼센트에 채 미치지 못할 것으로 추정된다. 농장주들이 코코아를 도매업자에게 넘길 때 노예들이 재배한 그리 많지 않은 코코아는 '자유' 코코아와 뒤섞이게 되는데, 이 둘을 구별할 방법은 어디에도 없다. 이 코코아는 코트디부아르에서 유럽과 북미로 수출되어 초콜릿으로 가공되며, 이때 다른 나라들에서 생산된 코코아들과 뒤섞이면서 어느 것이 노예제로 얼룩진 코코아인지를 알아내기란 더욱 난망한 일이 되고 만다.

이 문제를 해결하고 코코아 공급망에서 노예 노동을 근절하려는 시도 중 하나가 코코아 협약이다. 2001년 체결된 이 협약은 전 세계의 초콜릿 업계, 몇몇 노예제 반대 단체들, 노동조합들과 ILO를 결집시킨다. 이 협약은 전 세계의 코코아 재배지역에서 모든 단체 간의 조약으로 기능하며, 한 업계 전체와 노예제 반대운동 간에 맺어진 최초의 조약이다. 이 협약에 따라 국제코코아기구라는 재단이 설립되었는데, 이 재단은 코코아 생산에서 노예들을 없애고 이들에게 안전망을 제공하는 것을 목표로 한다. 재단은 초콜릿 업계로부터 2002~2006년에 5백만 달러 이상을, 2007~2008년에는 4백만 달러를 받았다. 농장 공동체들은 노예 노동을 이용하고 있음을 인정하고 이를 포기하도록 종용받으며, 농장에서 노예로 지내는 사람이 발견되면 언제라도 도움을 줄 수 있는 보호시설이 준비되어 있다. 이와는 별도로 1백만 달러가 ILO에 전달되어 '상업적 농업에서 아동 노동 착취 근절을 위한 서아프리카 프로젝트'가 출범하면서 이 나라의 유랑 아동 6천 명을 대상으로 한 30개의 시범 프로젝트가 시행되었다. 노예제 근절 사업을 위해 초콜릿 업계에서 총 1천만 달러를 희사한 셈이다.

이에 못지않게 의미 깊은 것은, 이 협약에 코코아 재배에 아동이나 노예 노동을 이용하지 않는다는 "연방법과 충돌하지 않는 공적 보장에 대한 신뢰성 있고 상호 간에 수용할 수 있으며 자발적인 업계 전체의 기준"을 2005년 7월 1일까지 마련한다는 합의가 있다는 사실이다. 여기서는 코코아를 원천적으로 조사하고 인증할 수 있는 시스템들이 제안되었다. 그러나 어느새 시한으로 못 박았던 그날이 찾아왔고, 결국 아무런 결과도 내지 못하고 지나가 버리고 말았다. 2005년에도 시스템은 여전히 논의 중이었고 각국 정부는 조사가 어떤 식으로 이루어져야 하는지를 놓고 아직 합의에 이르지 못하고 있었다. 18개월 후 시범 조사 프로그램이 실제로 시작되기는 했지만 누가 비용을 지불할지는 불명확한 채였다. 지역 정부들은 왜 외부에서 강제된 어떤 것에 비용을 지불해야 하는지 납득하지 못했다. 업계는 비용 중 일부를 부담할 용의가 있었지만 정부들도 책임을 분담해야 한다고 보았다. 게다가 코코아를 사용한 제품의 사업체들 중 상당수가 참여하지 않았다. 현재로서는 회사가 공급망을 감시하고 관리해야 할 법적 책임은 없는 실정이다. 코코아 생산에서 노예제가 이용되지 않도록 보장할 수 있는 최선의 길을 찾기 위한 작업이 여전히 진행 중이다.

몸값과 인구

그런데 어떻게 그리고 왜 현대의 노예제는 글로벌 경제에 굳건히 뿌리를 내리게 된 것일까? 해답의 실마리는 낮아진 노예의 몸값에서 찾을 수 있다. 기록된 역사 전체를 통틀어 노예들은 값비싼 자산 거래품이었다. 4천 년이 넘는 지난 세월 동안 노예의 몸값은 평균 잡아 ― 공급량에 따라 ― 오늘날 금액으로 1만 달러에서 4만 달러 사이를 오갔다. 하지만 1950년 무렵 이래로 엄청난 수의 잠재적 노예들이 시장에 쏟아져 들어왔고 이에 따라 인간이라는 생명체의 평균 가격은 역사상 유례없이 1백 달러 이하로 곤두박질쳤다. 노예가 될 가능성이 있는 사람들은 특히 하루에 1달러 남짓 되는 돈으로 먹고사는 수십억 명의 사람들, 주로 개발도상국들에 집중되어 있는 이들로부터 수없이 나왔다. 이토록 급격한 가격 하락 탓에 노예제의 기본 경제 방정식이 영원히 바뀌어 버렸다. 〈표 7〉은 약 4천 년간 높은 수준을 유지하던 노예 가격이 이처럼 급락한 것을 보여 준다. 현대의 달러화와 고대 바빌로니아나 로마에서 쓰던 화폐의 가치를 명확하게 비교하기는 불가능하지만, 시간이 지나도 변하지 않는 것들을 기준으로 해 노예의 가격이 얼마나 되었는지를 파악하는 것은 충분히 가능하다. 〈표 7〉의 가격지수는 세 가지 척도, 즉 토지 가격, 자유 농업 노동자에게 지급되는 연간 임금, 황소 가격을 결합한 것을 바탕으로 한다.

수세기 동안 노예 한 명을 사는 데 필요한 황소의 수는 두 마리 이하로 떨어진 적이 없다. BC 2000년 수메르에서는 노예 한 명의 가격이 소 두 마리 값과 같았다. BC 800년 그리스에서는 노예 한 명이 소 네 마리 값이

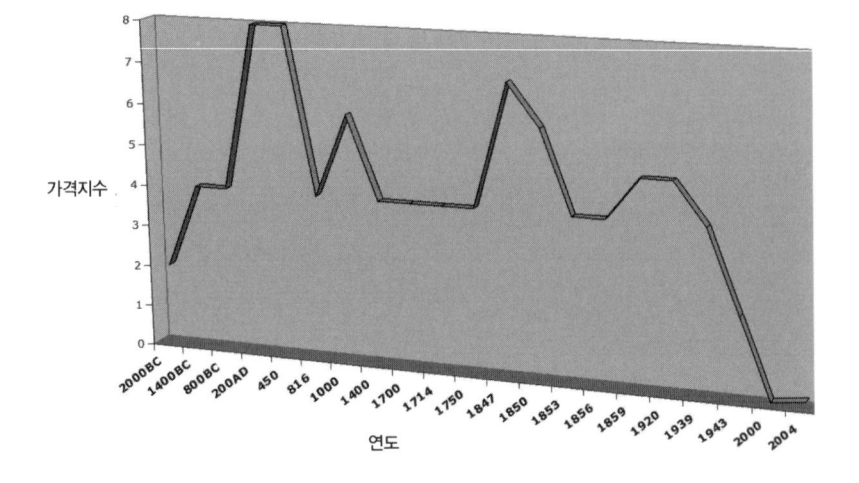

〈표 7〉 노예 가격 추이, BC 2000~AD 2004

나갔고 BC 200년 로마에서는 소 여덟 마리 값이 나갔다. 1847~1859년 미국에서는 노예 한 명의 가격이 소 네 마리에서 일곱 마리 값에 해당했다. 비교적 유사한 오늘날의 상황을 비교해 보면, 북부 인도에서 부채로 농사를 짓는 노예가 된 사람 하나를 얻는 데 드는 비용은 황소 한 마리 값의 5분의 1이다. 토지를 기준으로 하자면, 과거에는 노예 가격이 경작지 하나 값 밑으로 떨어진 적이 결코 없었다. 반면 오늘날 인도에서 노예 한 명을 사들이는 데 드는 비용은 한 사람이 갈 수 있는 단위 경작지 하나 가격의 약 100분의 1에 불과하다. 그리고 임금을 기준으로 하면, 과거의 노예 한 명의 가격은 농업이나 수공업 노동자의 1년 치에서 3년 치 임금 사이를 오간 데 비해 오늘날 인도의 부채로 인한 인신구속 노예의 몸값은 농장 노동자(인도에서 가장 낮은 임금을 받는 노동자들 중 하나이다)의 현지 고용 연간 임금류의 약 12퍼센트에 불과하다.

동일한 흐름이 오늘날 세계의 다른 지역들에서도 일어나고 있다. 코트디부아르에서 노예 한 명의 가격은 가난한 농장 노동자가 받는 1년 치 임금의 4퍼센트를 밑돈다. 몸값이 95퍼센트 이상 하락한 것이다. 1856년의 가격지수 값 4는 오늘날 돈으로 약 4만 달러에 해당하는데, 2001년 코트디부아르에서 농업 노동자의 거래가는 약 40달러였다. 그런가 하면 급격한 경제 변화로 새로운 빈곤과 절망이 초래된 태국에서는 12살에서 15살 사이의 여자아이가 8백 달러에서 2천 달러에 거래된다. 소녀들에게 숙식을 제공하면서 윤락업소를 운영하는 데 드는 비용은 비교적 적은데, 특히 소녀들에게 얼마나 적은 음식이 제공되는지를 생각하면 이해할 수 있는 일이다. 소녀들은 여기서 풀려나려면 자신을 사온 가격의 4배를 갚아야 한다는 말을 듣는다. 거기에다 방세, 식비, 의료비까지도 갚아야 한다. 하루에 열 명에서 열다섯 명의 남자를 받는다 해도 엉터리 계산 때문에 소녀들의 빚은 늘어만 간다. 한 명의 소녀가 한 해에 벌어들인 돈, 남자들이 화대로 지불한 돈은 7만 5천 달러를 넘는다. 노예주의 이윤은 한 해 8백 퍼센트에 이르는 경우가 허다하고 소녀 한 명으로 3년에서 5년은 이 정도 이윤을 올릴 수 있다.

이 새로운 저가 형태의 노예제는 지난 50년 사이에 발전했는데, 몇 가지 흐름이 그것의 출현에 영향을 미쳤다. 먼저 노예 가격의 하락은 제2차 세계대전 이후의 인구폭발과 연관되어 있다. 이 인구폭발은 여러 긍정적인 사건들, 이를테면 전염병의 제어, 아동 보건의 향상, 향후 수십억 인구를 먹여 살릴 번영의 달성 등의 산물이었다. 〈표 8〉에서 보듯 전 세계 인구는 약 50년 사이에 20억 명에서 60억 명으로 폭발적으로 증가했는데, 이 인구증가는 대부분 개발도상국들에서 일어났다. 현재 남반구의 많은 국가들이 젊은 연령층에 심하게 치우친 인구 구조를 보이고 있다. 예를 들어 아프리카 인구의 거의 50퍼센트가 5~24세의 연령층으로, 이는 앞으로도 이곳에서 상당한 인구증가가 일어날 것임을 시사한다. 전 세계적으로 인구 1백만 명 이상의 도시는 현재 426개에 이르는데, 이 중 대부분이 개발도상국에 있다. 뭄바이 한 곳만 해도 거주민이 2천만 명이 된다. 또한 남반구에서는 도시로 대규모 인구이동이 일어나고 있지만 농촌지역의 인구압박은 여전히 심각하다.

잠재적 노예들로 시장이 차고 넘치게 되자 〈표 9〉에서처럼 가격 붕괴가 일어났다. 따라서 인구증가는 노예들의 몸값이 폭락한 이유를 설명하는 데 도움을 준다. 하지만 노예 수가 증가한 이유에 대해서는 충분한 설명이 되지 못한다. 단순히 사람이 많다고 해서 그들이 노예가 되는 것은 아니다. 또 다른 요인은 바로 가난이다. 심각할 정도로 증가한 인구가 그 자체로 저절로 노예화의 가능성을 증대시키는 것이 아니라, 이 인구가 자원에 대한 압박을 증대시켜 생산증가가 인구증가에 미치지 못할 경우 빈곤을 악화시킨다. 그리고 이 빈곤 때문에 사람들은 노예가 되는 것을 좀 더 쉽게 받아들이게 되는 것이다.

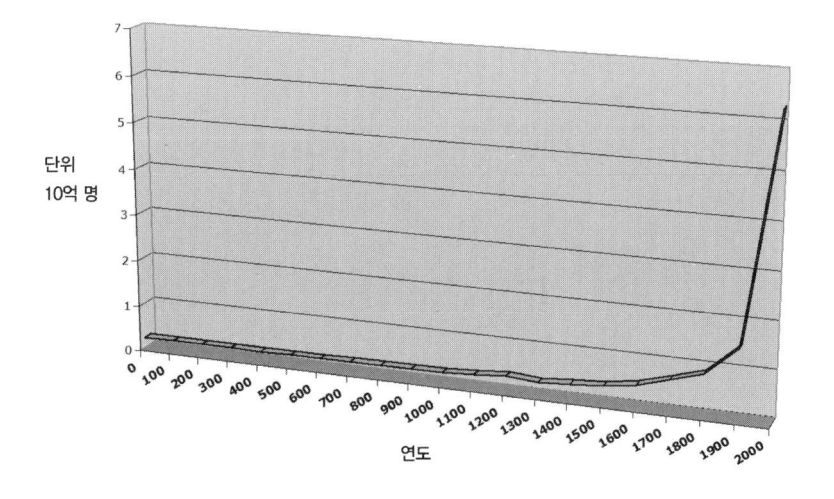

〈표 8〉 AD 1년 이후 세계 인구증가

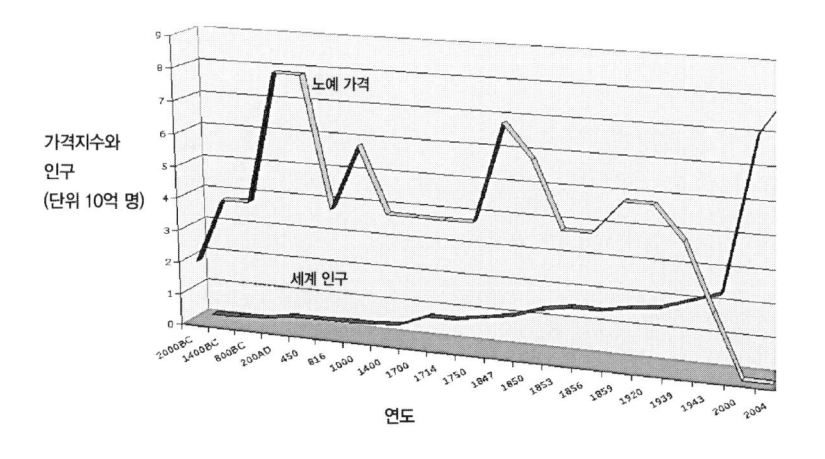

〈표 9〉 인구증가와 노예 가격, BC 2000~AD 2004

가난과 빚

증가하는 이 수백만 명의 사람들을 노예신분으로 몰아가는 요소 중 하나는 바로 그들의 삶을 개선해 줄 것이라 여겨지던 경제 성장이다. 제1차 근대화의 경제 변혁과 그에 이은 글로벌화는 개발도상국의 수많은 사람들을 대도심지 주변의 판자촌으로, 그리고 심각한 사회적 경제적 곤궁으로 몰아넣었다. 이들처럼 뿌리 뽑히고 가난한 사람들이야말로 잠재적 노예들이 솟아나는 화수분이다.

세계 인구와 마찬가지로 글로벌 경제 역시 1945년 이후 팽창했다. 개발도상 지역의 식민지들이 독립국이 되면서 이들 국가 중 많은 나라의 경제가 서구 사업체들의 확산에 개방되었다. 경제는 글로벌화되고 기하급수적으로 성장하여 많은 이윤을 가져다주었다. 하지만 세계의 몇몇 지역은 이러한 성장에 끼지 못했다. 과거와 같은 최저생계 수준의 빈곤이나 훨씬 더한 극빈 상태에 허덕이며 모든 주민이 뒤처진 곳들이 전 세계 곳곳에 있다.

사실 글로벌 경제의 급격한 변화는 개발도상 지역의 수많은 사람들의 가난과 곤궁을 증가시켰다. 아프리카와 아시아, 그리고 남미의 많은 지역에서 지난 50년은 내전이나 식민 열강으로부터의 독립전쟁으로 피투성이가 되었던 시기였고, 흔히 유럽과 북미의 강대국들의 지원을 받는 지도자와 엘리트들에 의해 대규모의 자원 약탈이 자행되던 시기였다. 세계시장에 내다팔 것이 별로 없는 국가들은 ― 주로 독재자일 경우가 많은 ― 지도자들이 권력을 유지하기 위해 사들인 무기 대금을 치르느라 부채의 수렁에 빠져들었다. 그러는 사이 전통적인 가족 영농이 대거 폐기되고, 농업은 해외 부채를 상환하는 데 이용될 수 있는 판매용 현금성 작물 재배에 집중되었다.

이렇듯 세계 경제가 성장하고 점점 더 글로벌화되면서 남반구 사람들과 그중 많은 이들의 생계수단인 소규모 영농에 심대한 충격이 가해졌다. 마을 사람들 모두의 소유인 공유지가 사라지고 도시 노동자에게 값싼 식료품을 제공한다는 명목으로 농가 수입을 저하시키는 정부 정책이 시행되자 수백만 명의 농민들이 파산하여 자신의 땅을 떠나야만 했다. 대도시 주변의 슬럼과 판자촌에서 살아가는 이들처럼 뿌리 뽑힌 사람들은 수백만 명에 이른다. 이들은 일자리를 찾아 도시로 몰려오지만, 자신과 마찬가지로 고향을 등진 수천 명의 사람들과 일자리를 놓고 피 터지게 싸워야 한다는 사실을 깨닫게 된다. 수입도 거의 없고 안정적인 직업도 없는 이들은 무력한 데다 몹시 취약하다.

사다리 아랫부분에는 두 단계의 가난이 있다. 사다리 제일 밑바닥에는 하루에 1달러 혹은 그도 안 되는 돈으로 먹고사는 10억 명의 사람들이 있다. 이들은 모두 개발도상국 사람들이다. 또한 이들은 대부분 도시와 소도시 외곽에서 살아가면서, 인류 역사 대부분의 기간 동안 상례常例였던 하루 벌어 하루·사는 삶을 영위한다. 이 정도의 가난에 처한다는 것은 과연 어떤 것인가? 경제학자 제프리 삭스는 이를 이렇게 묘사한다.

극빈이라는 것은 생존에 필요한 기본적 요구를 가정에서 해결하지 못한다는 것을 뜻한다. 이들은 만성적으로 기아에 시달리며, 의료 혜택을 받지 못하고, 안심하고 마실 수 있는 물과 위생시설 같은 생활편의 시설이 부족하고, 아이들 일부 혹은 전부를 교육시키지 못하며, 기본적인 주거환경 ─ 비를 막아줄 지붕, 조리용 난로에서 나오는 연기를 빠져나가게 할 굴뚝 같은 것 ─ 이나 신발과 같은 기본적인 의류를 갖추고 있지 못할 수도 있다.

이것은 선택의 여지가 없는 삶이다. 모든 행동의 목표는 그날그날의 생존일 수밖에 없으며 그 목표마저도 달성하지 못할 수도 있다. 절박함에 내몰려 이 가족들은 생존을 위해서라면 무슨 일이라도 할 태세가 되어 있다.

이보다 한 단계 높은 것이 하루에 1~2달러로 살아가는 사람들로, 때로는 '차빈곤moderate poverty'으로 불리기도 한다. 이들 중 많은 사람들이 개발도상국의 대도시 주변의 거대한 판자촌에서 살아간다. 예를 들어 멕시코시티의 인구는 2천만 명인데, 이 중 절반가량이 판잣집이나 판지와 나뭇조각으로 얼기설기 지은 가건물에서 기본적인 시설도 갖추지 못한 채 살고 있다. 이들 가구 중 많은 수가 가족 영농에서 수출용 현금성 작물을 재배하는 플랜테이션 농업으로 전환된 농촌 지역을 떠난 경제적 난민들이다.

마을과 교회를 중심으로 뿌리를 내린 영세농민으로서 그들의 삶은, 몇 세대에 걸쳐 갈아오던 토지를 잃으면서 산산조각이 나고 만다. 일자리를 찾아 그들은 도시로 이주하지만 결국 수백만 명의 다른 사람들과 경쟁하는 처지가 되었음을 깨닫게 될 뿐이다. 판자촌에는 이웃도 없고, 교회도, 시골 마을의 전통 풍습도 없다. 갱단들이 슬럼의 대부분을 통제한다. 정부는 이들 가난하고 주민등록도 되어 있지 않은 시민들에게 시간을 들이거나 주의를 기울이지 않고, 이등 시민으로 밀쳐 내 버릴 따름이다. 이러한 양상이 개발도상 지역 전체에서 반복해 나타나며, 리우, 뉴델리, 마닐라, 방콕, 그 어디이든 그것의 결과는 극도의 취약함이다.

몇몇 국가적 혹은 전 세계적 정책들 또한 이들 곤궁하고 뿌리 뽑힌 사람들을 위협한다. 예를 들어 미국 정부는 자국 농민들에게 보조금으로 해마다 190억 달러를 지출한다. 목화 재배업자들에게는 매년 40억 달러가 지원되는데, 이들이 재배하는 목화의 가치는 기껏해야 30억 달러에 지나지 않는다. 인도, 베냉, 말리, 부르키나파소, 토고(모두 노예제가 강하게 뿌리 내리고 있는 나라들이다)의 목화 재배업자들이 이처럼 보조금을 받는 사람들과 상대가 될 리 없다. 이들이 실제로 미국의 농부들보다 낮은 비용으로 목화를 재배할 수 있다고는 해도, 미국 농부들이 작물 판매와 정부 지원금 양쪽으로 수입을 올리기 때문에 시장에서 승리를 거두는 것은 결국 미국 농부들이다. 유럽 국가들도 세계 시장에서 자국에 유리한 조치들을 만들어 내 자국 농민들의 주머니에 돈을 쏟아 부어 준다.

농업 보조금의 예에서처럼 글로벌 경제가 가난한 나라들의 숨통을 조이면, 사람들이 선택할 수 있는 사항은 점점 더 적어진다. 노예의 길이 남아 있는 선택지 중 하나가 될 수 있다. 〈표 10〉은 오늘날 세계에서 나타나는 빈곤과 노예제 간의 상관관계를 보여 준다. 이 표에서는 193개 국가를 국내총생산GDP을 기준으로 한 빈부 수준에 따라 몇 개의 그룹으로 나누었다. 가장 가난한 나라들이 노예제의 수준이 가장 높다는 것을 쉽게 알 수 있는데, 인신매매의 영향만 아니었다면 이러한 패턴이 완벽히 들어맞았을 것이다. 국제 인력 시장에서는 곤궁한 사람들이 가난한 국가에서 좀 더 부유한 국가들로 팔려 간다. 그 결과 가장 부유한 국가들에서 상당한

국가 내에서 노예제의 정도

	노예제가 존재하지 않음	극소수의 노예제 존재	지속적이지만 낮은 수준의 노예제	몇몇 부문에 정규적인 노예제 존재	많은 부문에 노예제 존재
극빈	0	3%	49%	32%	16%
차빈곤	14%	17%	24%	17%	28%
낮은 수입	21%	33%	39%	2%	5%
중간 정도 수입	30%	55%	10%	5%	0
부국	20%	30%	30%	11%	9%

〈표 10〉 193개국에서 빈곤의 수준과 노예제 수준

수준의 노예제가 발견되는 것이다.

점진적인 경기 하락도 노예제를 초래할 수 있다. 노예제는 대부분 세계의 빈곤한 지역에서 발생하는데, 이 가난한 나라들이 가난한 것은 많은 경우 시민들이 경제 통제력을 상실한 데 기인한다. 이러한 일은 때로는 부패한 지도자들이 나라를 장악할 때 발생한다. 이런 지도자들을 '클렙토크라트'라고 부르는데, 클렙토크라트 중에서도 으뜸은 아마도 라이베리아의 예전 독재자였던 찰스 테일러일 것이다. 테일러는 병원 장비들에 심지어 학교의 책상과 전등까지 매각하는 등 나라를 거의 통째로 팔아먹다시피 했다. 수천 명의 사람들이 총구 앞에서 다이몬드를 캐는 노예로 전락했다. 마침내 라이베리아에서 축출되었을 때, 그는 30억 달러를 챙겨 도망쳤다.

라이베리아가 노예제의 정도가 심한 데 더해 해외 부채가 30억 달러에 이르는 것은 우연의 일치가 아니다. 노예제의 정도가 심한 나라들 중 많은 수가 '채무 과잉'으로 허덕이고 있다. 유엔은 세계 38개국을 '고高채무' 국가로 분류하였는데, 이는 곧 이 나라들이 국제 대출기관에 감당할 수 없을

국가 내에서 노예제의 정도

	노예제가 존재하지 않음	극소수의 노예제 존재	지속적이지만 낮은 수준의 노예제	몇몇 부문에 정규적인 노예제 존재	많은 부문에 노예제 존재
고채무 국가	3%	5%	42%	26%	24%
그 외 모든 국가	25%	36%	26%	8%	5%

〈표 11〉 204개국의 부채 수준과 노예제 수준

정도의 부채를 지고 있음을 뜻한다. 제프리 삭스가 설명하듯, 고채무 국가는 "한정된 세수稅收를 새로운 투자의 자금원으로 쓰기보다는 부채를 갚는 데 사용해야 한다. … 과거의 부채가 미래의 성장 전망을 짓밟아 버리는 것이다". 국가 수입의 많은 부분이 부채 상환을 위해 국제 은행들로 들어가야만 한다.

　해외 부채와 노예제 간의 상관관계는 아주 명확하다. 거대한 부채를 지고 있는 국가는 노예제를 경감시킬 가능성이 큰 것들 — 학교, 법 집행, 경제성장 — 에 자금을 쓸 여력이 없다. 〈표 11〉은 204개국에서 나타나는 해외 부채와 노예제 간의 연관성을 보여 준다. 고채무 국가들은 사하라 이남의 아프리카에 집중되어 있으며, 모리타니, 가나, 니제르, 콩고와 같이 노예제가 성행하는 나라들이 여기에 포함된다. 부채 부담이 별로 크지 않은 나라들에 존재하는 지속적이지만 낮은 수준의 노예제는 인신매매로 노예들이 북미와 유럽의 부유한 국가들로 흘러 들어간다는 사실을 반영한다.

　빈곤과 국가 부채의 수준이 대략적인 상황을 조성하지만 그렇다고 해서 사람들이 자동적으로 노예가 되는 것은 아니다. 인구압박과 마찬가지로 취약성의 증가가 그 자체로 노예화를 '초래'하는 것은 아니다. 넘치도록 수가 많고 취약한 사람들이 노예가 되는 데는 제3의 보조 요소가 필요하다. 바로 정부의 부패이다.

부패

많은 나라에서 노예제의 핵심요소는 정부의 공모 혹은 방관이다. 누군가를 노예로 만든다는 것은 곧 그 사람을 법의 보호를 받지 못하는 상태에 둔다는 것을 의미하며, 미국을 포함한 몇몇 국가에서는 이는 사람들을 감금하고 고립시킨다는 것을 뜻한다. 하지만 정부가 법률 규정을 관철하지 못할 때 시민은 노예로 전락할 수 있다. 〈표 12〉는 177개국에서의 노예제와 정부 부패 간의 연관성을 보여 준다. 국제투명성기구의 연례 보고서는 세계 대부분 국가들의 부패 수준을 수치화하여 상중하 세 단계로 등급을 매긴다. 두 요소 간의 연관성은 강하고도 뚜렷하다. 부패가 심할수록 노예제 역시 심화된다. 인구 중 한 집단의 극심한 경제적, 사회적, 정치적 취약성이 다른 집단의 폭력적 수단을 동원할 수 있는 능력, 그리고 그것을 제약 없이 실행할 수 있는 '권리'와 짝을 이룰 때, 그 결과는 바로 노예제일 수 있다.

이러한 상관성은 부패가 제도화될 때 특히 심각해진다. 노예제는 현재 모든 곳에서 불법이기 때문에 부패한 경찰의 공모야말로 노예제가 뿌리내리고 유지되는 데 없어서는 안 될 요건이다. 서유럽, 캐나다, 미국에서

	노예제가 존재하지 않음	극소수의 노예제 존재	지속적이지만 낮은 수준의 노예제	몇몇 부문에 정규적인 노예제 존재	많은 부문에 노예제 존재
부패 정도 하	47%	53%	0	0	0
부패 정도 중	33%	34%	22%	6%	5%
부패 정도 상	4%	19%	44%	19%	14%

〈표 12〉 177개국의 부패 수준과 노예제 수준

는 법 집행 노력에도 불구하고 노예제가 발생하지만, 다른 많은 나라에서는 바로 경찰의 활동 때문에 노예제가 성장한다. 지역 경찰에 얼마간의 돈만 상납하면 체포될 걱정 없이 폭력을 휘두를 수 있다. 때로는 경찰 자신이 가외의 돈을 받고 노예잡이가 되어 도망친 노예를 추격해 처벌하는 등 폭력을 제공하기도 한다. 뇌물은 지휘계통을 타고 올라가 정치가와 정부 관료들의 손에까지 들어간다. 그러면 법 집행이 오히려 체계적인 위법행위를 보호하는 구실을 하게 되는 것은 시간문제이다.

예를 들어 어떤 조사자는 일본 경찰이 조직범죄에 '관용적'이라는 사실에 주목했고, 미주기구에 제출하는 일본 인신매매 관련 보고서에서 연구자들은 "도움을 청하러 온 여인을 경찰이 인신매매업자들에게 돌려보낸다. … 탈출은 거의 불가능하다"고 지적했다. 일본에서 노예제는 도처에 만연해 있으며 공식적으로 묵과된다. 경찰의 부패는 태국에서 노예제를 감소시키는 데 가장 큰 걸림돌 중 하나이기도 하다. 이 나라에서는 큰 이익이 될 만한 경찰 명령이 최고가를 제시하는 응찰자에게 팔리고, 노예주들이 정기적으로 상납하는 돈이 다른 범죄자들이 바치는 돈과 함께 경찰과 정부 관료들의 주머니로 흘러 들어간다. 또한 모스크바에서는 매달 얼마씩만 가져다 바치면 정부의 세금부터 경찰 조사, 화재, 절도, 공공기물 파손, 차량 검사, 주차위반 딱지에 이르기까지 온갖 것들을 신경 쓰지 않을 수 있다. 갖다 바쳐야 하는 액수의 크기는 사업의 규모와 합법성 여부에 따라 결정된다.

인도에서는 부채에 의한 인신구속 노예제 체계 안에서, 부패한 경찰이 노예주들을 보호해 주면서 뇌물을 받고 기소를 막아 준다. 성 인신매매의 경우 부패한 경찰관들이 희생자 운송을 도와주고 이들을 노예로 만든 자들을 보호한다. 인도 경찰들이 노예주 편에 설 수밖에 없는 정황은 얼마든지 이해할 수 있다. 높은 인플레이션으로 허덕이는 나라에서 경찰관의 월급이 10달러 내지 20달러라면, 가외로 매달 1백 달러를 벌 수 있는 기회란 가난뱅이가 부자가 될 수 있는 기회나 다름없다. 상관들이 그렇게 하도록 등까지 떠민다면, 경찰이 뇌물을 받는 것은 그야말로 식은 죽 먹기가 아닐 수 없다. 지주, 고리대금업자, 사업가, 소도시나 마을의 세력가들은 보통 자신의 사업에 노예를 이용한다. 노예가 된 사람들은 대개 타지 출신의 이주민들, '하층' 카스트 또는 계급 사람들, 차별받는 인종 또는 종교 집단이기 때문에 이들의 편에 서는 것은 득보다 실이 많다.

이런 종류의 부패가 만연해 있다면, 중앙정부가 해야 할 일은 한도 끝도 없다. 하지만 정부의 무사안일주의가 경찰의 부패와 결합하면서 인도의 상황은 악화되고 있다. 인도의 각급 정부들은 한결같이 국내의 모든 형태의 노예제와 연관된 인신매매업자와 노예주들을 체포해 처벌하는 데 한 번도 성공한 적이 없다. 이것은 부채로 인한 인신구속 체제와 관련해 특히 그러하다. 25년도 더 전에 인도는 인신구속을 금지하는 매우 뛰어난 법률을 제정하여, 누구든 다른 사람을 강제로 인신구속으로 몰아넣거나 그런 상태에 둔 혐의로 유죄판결을 받은 사람에게는 3년의 징역형과 벌금을 부과하도록 했다. 하지만 기소된 수백 건의 사건에서 유죄판결을 받은 노예주가 실제로 징역을 산 경우는 하나도 없었다. 오늘날 이 혐의로 유죄판결을 받은 사람에게 부과되는 벌금은 보통 1백 루피(2달러가 채 안 된다)에 불과해, 법은 있으나 마나 한 것이 되고 말았다. 마찬가지로 파키스탄 역시 1988년 부채로 인한 인신구속 노예제를 금지하는 강력한 법안을 제정하였고 수많은 사건들이 수면 위로 떠올랐지만, 단 한 사람의 범죄자도 유죄판결을 받지 않았다. 노예가 된 사람들은 주로 인권단체의 활동으로 자유를 얻게 될 수도 있지만, 노예주는 결코 처벌받지 않는다. 오히려 예전에 노예였던 사람들과 그들을 해방시켜 준 사람들이 앙갚음이나 괴롭힘을 당할 위험이 매우 크다.

노예제와 그것의 경제적 영향 예측하기

그렇다면 우리는 어떤 나라에 노예제가 존재할 것인지 여부를 예측할 수 있다. 다른 요소가 동일하다면, 인신매매의 성행, 정치적 권리지수의 증가(이는 학대의 증가와 일치한다)와 함께 평균 인구의 증가와 많은 부채는 모두 노예제가 몇몇 경제 분야에서 정규적 요소가 될 가능성을 증대시킨다. 반면 1인당 국내총생산과 인간개발지수의 증가 그리고 부패 수준의 감소는, 다른 요소가 동일할 경우, 모두 그 나라에 노예제가 존재하지 않을 가능성을 증대시킨다.

　이런 식으로 노예제의 존재 여부를 예측할 수 있다면, 그것의 경제적 영향 또한 예측할 수 있을까? 답은 '그렇다'이다. 한 국가에서 노예제의 정도는 그 자체로 그 나라의 경제와 인간개발의 수준을 나타내는 지표이다. 노예제 관계의 기본적 경제 구성요소가 변화하면서 노예들이 취급되는 방식, 그리고 이들이 지역 경제 그리고 글로벌 경제 내에 자리 잡는 방식 역시 변했다. 하지만 노예 몸값의 전례 없는 하락은 노예와 노예주 관계 외에도 수많은 결과들을 가져왔다. 특히 국가 경제의 성장을 저해했다. 오늘날 노예제는 경제에 걸림돌이어서 경제 발전을 가로막는다.

　2006년 로버트 스미스는 인간과 경제의 발전을 촉진하거나 저해하는 것으로 생각되는 기존의 여러 가능 요소들을 분석했다. 때로는 문화와도 연결되는, 국가의 지역별 분류 외에도 부패, 민주주의 수준, 내부 갈등의 정도, 국가 부채의 양 등이 그러한 요소들이다. 결과는 명료했다. 그의 통계 실험에 따르면 각 지역에서 국가 간의 인간개발의 차이를 가장 잘 설명하는 요소는 바로 노예제였다. 다른 요소들 역시 나름의 역할을 했지만 노예제는 민주주의 발달 정도, 국가 부채의 수준, 내부 갈등 정도, 부패 정도보다 더 중요했다. 노예제는 노예들의 삶을 망치는 것만이 아니라 가난한 나라의 모든 시민들이 겪는 경기 침체, 높은 문맹률, 짧은 수명의 원인이 된다.

　노예제는 경제 사다리를 구성하고 경제·사회 발전에 영향을 미치는 방식들, 그 중에서도 두 가지 중요한 방식에서 지역 경제를 왜곡한다. 첫 번째는 노예화된 노동자들 탓에 같은 경제 분야에서 일하는 자유노동자들의 임금이 하락할 수 있다는 것이다. 오늘날 노예는 대부분 원재료를 재배하거나 가공하는 생산 사다리의 하층부에서 활용된다. 노예화되지 않은 최빈곤 노동자들에게 노예화된 노동자들은 심각한 경쟁상대일 수밖에 없다. 노예제가 경제를 왜곡하는 두 번째 방식은 노예화된 노동자들과 그 가족들이 지역 경제에서 소비자 역할을 하지 못함으로써 발생한다. 노예주가 노예화된 노동자로부터 이윤을 얻어 그 혜택을 누리는 것이 사실이지만, 이들은 일반적인 노동자들과는 달리 지역의 의식주 등의 산업에 좀처럼 그 이윤을 사용하지 않는다. 마찬가지로 노예화된 가정들 역시 학교에 학비를 내 교사들이 월급을 받을 수 있게 하거나, 의료 시설 등 지역 경제의 일부이면서 동시에 지역 공동체에 혜택이 되는 서비스들을 이용할 가능성이 매우 적다.

따라서 노예들은 노예주에게 많은 돈을 벌게 해줄 수는 있지만, 한 나라의 경제에 걸림돌이 되기 쉽다. 그들은 국가 생산에 기여하는 바가 별로 없고 그들이 일하는 분야는 경제 사다리의 최하층, 즉 더럽고 위험한 기초적 저기술 직종에 집중되어 있다. 그들의 노동으로 창출된 가치는 범죄자들이 챙겨 주머니를 불리고, 필수품에 그 돈을 쓰는 일도 별로 없다. 노예들은 자산을 획득할 능력이 없다. 자유민인 노동 빈곤층에게 그러하듯 자산 획득은 경제적 자율성을 성취하는 데 결정적인 요소이다. 그렇다면, 범죄자들에게는 그렇지 않겠지만, 노예란 경제적으로 일종의 낭비이다. 노예들은 한 국가의 경제에 기여하는 바가 거의 없으며, 그 나라의 시장에서 아무것도 구입하지 않는다. 이들은 사용하지 않은 경제적 자산이다. 우리가 노예제를 종식시키기 위해 가난과 싸우듯이, 가난의 종식에 일조하기 위해 노예제와 싸울 필요도 있다.

　　로버트 스미스의 분석은 또한 성차를 기준으로 하면 노예제로 인간개발을 더 적절히 설명할 수 있다는 사실을 보여 준다. 그런데 현대의 노예제를 모양 짓는 데서 성이 담당하는 특별한 역할은 무엇일까? 여성에게 노예경험은 남성과 어떻게 다른 것일까? 4장에서는 오늘날 세계 전역에서 노예로 살아가는 수백만 여성과 소녀들이 겪는 인신구속의 역학에 대해 검토한다.

4장

그들만의 고난
—여성과 소녀들이 겪는 현대의 노예제

남자들에게도 노예제는 끔찍한 것이다. 하지만 여성들에게는
훨씬 더 끔찍하다. 모든 사람에게 지워지는 짐에 더하여
여성들은 그들만의 부당함과 고난과 굴욕을 겪어야만 한다.

헤리엇 제이콥스, 1861년

여성노예제에는 단일한 얼굴이 없다. 여성노예화는 여러 기원을 갖고 있고, 여기에는 가난, 가정에서의 혹은 결혼 내에서의 성적 학대, 유괴, 해외 취업사기 등이 포함된다. 노예제에 대한 여성들의 경험도 마찬가지로 다양해서, 갈취, 사회적 고립, 여권 도난, 강제 마약 중독에서부터 구타, 고문, 처형 시늉, 은밀한 또는 공개적인 성폭행, 굶주림, 강제 결혼, 낙태, 우울증, 가족을 살해하겠다는 노예업자들의 협박, 여러 노예주들 사이에서 이리저리 팔려 다니는 일에까지 이른다. 그리고 노예생활에서 벗어난 후의 그들의 삶은 모두 다르다. 자녀 양육에 힘을 쏟는 이가 있는가 하면 성매매에 몸담기로 결정하는 이가 있고, 감옥에 가는 사람, 가족에게 버림받는 사람, 에이즈에 걸리는 사람도 있다. 태국에서 일본으로 인신매매되어 팔려 간 깨오라는 여성은 이들의 경험이 정말 다양할 수 있음을 이야기한다. "다른 여자들하고 얘기해 보면, 하는 얘기가 저마다 다 다를 거예요."

하지만 이처럼 경험의 폭넓은 차이에도 불구하고 여성들이 털어놓는 모든 이야기에서 일관되게 나타나는 노예경험의 공통된 충격감이 존재한다. 역시 태국에서 일본으로 팔려 간 누라는 여성은 강제 성매매를 겪은 여성이라면 누구나 받게 되는 충격에 대해 증언한다. "자기를 사랑하지도 않는 남자들하고 연달아 잠자리를 같이하는 걸 견딜 수 있는 사람은 세상 어디에도 없을걸요." 증언 당시 임신 7개월이던 누는 자신과 같은 환경에 태어난 모든 소녀들에 대해 절망에 찬 한마디를 던진다. "곧 아기를 낳을 거예요. 딸이 아니면 좋겠어요. 나처럼 살면 안 되잖아요." 이와 비슷하게, 캄보디아 안에서 팔려 다닌 여성 디나는 자신의 삶에서 "수천 명의 크메르 여성들과 세계 곳곳의 다른 여성들이 처한 상황"을 본다. 여성노예들은 같은 '상황'에 처해 있다. 그런데 이 '상황'이란 대체 무엇인가? 오늘날 여성노예제의 수많은 얼굴들은 어떤 모습을 하고 있는가?

서구에서의 강제 성매매

국제 인신매매 가운데 가장 잘 알려진 것은 인신매매로 강제 성매매에 끌려든 여성들의 경우이다. 국제 인신매매 사례 중 최소한 절반이 성적 착취와 관련된 것이며, 강제적인 경제적 착취의 대상은 56퍼센트가 여성인 데 비해 강제적인 성적 착취의 대상은 98퍼센트가 여성이다. 이들 여성 중 많은 수가 취업 제의를 받아들여 허위 계약서에 서명하면서 노예의 길로 빠져들기 시작한다. 이들은 해외 취업을 위한 여행비를 빚졌다는 말을 듣고, 고객을 상대하여 돈을 갚아야만 한다. 노예주들은 폭력을 쓰고, 굶기고, 사회로부터 고립시켜 여성들이 자기 말을 계속 듣게 만든다. 그리고 흔히 이들 여성들에게는 이중의 족쇄가 채워져 있다. 윤락업소 업주가 가하는 제약만 있는 것이 아니라, 말도 안 통하고 자신들의 법적 권리도 알 수 없으며 경찰도 두려움의 대상인 타국이라는 제약이 이들을 옥죈다.

대부분 더 가난한 나라 사람들이 더 부유한 나라로 팔려 가, 수천 명이 캐나다, 영국, 미국, 서유럽으로 흘러 들어간다. 예를 들어 한국, 태국, 캄보디아, 말레이시아, 베트남 출신 여성들이 캐나다로 흘러 들어가는데, 대부분은 상업적인 성적 착취를 위해 인신매매된 여성들이다. 캐나다 기마 경찰대는 캐나다에 들어오는 인신매매 피해자는 대부분 여성으로, 그 수는 매년 8백 명에서 1천2백 명에 이른다고 다소 보수적으로 추정한다. 최근에 영국 내무부는 지난 18개월 동안 수백 명이 자국으로 인신매매되어 들어왔는데, 그 중 75퍼센트는 성인 여성과 소녀라고 발표했다.

미국의 경우 외국에서 인신매매되어 들어오는 사람의 약 80퍼센트가 여성이며 이들 여성의 70퍼센트가 결국 강제로 성매매에 종사하게 된다. 이들의 출신 국가에는 알바니아, 필리핀, 태국, 나이지리아, 멕시코(노예 무역상의 피난처인 틀락스칼라의 중앙 지역 출신이 많다)가 포함된다. 중심적인 인신매매 조직은 아시아의 범죄 집단 연합들, 러시아의 범죄 집단 연합들, 느슨한 연합을 이루는 라틴 아메리카 범죄 집단들이다. 많은 여성들이 미국에서 정식으로 취업할 수 있게 해주겠다는 거짓 약속에 속아 고국을 떠나며, 주로 '합법적인' 여행증서의 불법적 사용, 가짜 여권, 심사를 거치지 않은 입국이라는 3가지 방법을 이용해 인신매매된다. 여성들은 '알선책'이 떠안긴 부채를 갚기 위해 강제로 일을 해야 하는데, 그 액

수는 1인당 4만 달러에서 6만 달러에 이른다. 할당액을 채우려면, 한 회당 10~25달러로 쳐서 1년에 4천 번의 성매매를 해야 할 수도 있다. 또 어떤 경우에는 12세밖에 안 되는 소녀가 하루에 열 명에서 열다섯 명씩 일주일 내내 남자를 받도록 강요당하며, 하룻밤에 5백에서 1천 달러의 할당액을 채우기도 한다.

매년 유럽 내에서 혹은 타 지역에서 유럽으로 인신매매되는 사람의 수는 1만~5만 명 사이를 오가는 것으로 추정되며 인신매매는 유럽에서 가장 급속히 성장하는 범죄활동이다. 어떤 추산에 따르면 동남부 유럽의 성산업에서 활동하는 타국 여성의 90퍼센트가 인신매매된 여성으로 파악된다. 하지만 대부분의 여성들은 가난한 동구 국가에서 서구로 팔려온 사람들이다. 구소련의 일원이던 국가들 출신의 인신매매 여성 중 3분의 2가 결국 서구로 흘러 들어온다. 유엔은 벨기에, 독일, 그리스, 이탈리아, 네덜란드를 '최상위' 도착지 국가로, 알바니아, 불가리아, 리투아니아, 루마니아를 '최상위' 근원지 국가로 지정했다.

이처럼 동구에서 서구 국가들로 인신매매가 일어나는 과정은 1991년 소련에서 사회주의가 와해되면서 시작되었다. '과도기 국가들'(사회주의에서 자본주의로 전환하던 나라들)에서는 다른 나라에 노예로 팔려 가는 성인 남녀와 어린이들이 폭발적으로 늘어났다. 예전 사회주의 국가들 대부분에서 이 과도기는 경제 불황, 극심한 인플레이션, 높은 실업률, 무력 분쟁으로 얼룩져, 수많은 난민과 경제 유민들이 서유럽으로 들어가려고 발버둥을 쳤다. 인신매매업자들이 거짓 취업 약속을 하고, 부패한 국경 수비대원들은 뇌물을 받고 밀입국을 눈감아 주는 것으로 알려져 있다. 현재

해마다 10만 명에 이르는 여성이 15개의 구소련 국가들에서 인신매매되어 국제 성매매 시장으로 팔려 나간다.

러시아에서는 매년 수만 명의 여성들이 50개국이 넘는 나라들로 팔려 가 성매매에 이용당한다. 유럽연합 소속 국가들로 들어가는 한 가지 주요 육상 통로는 폴란드를 통과하는 '동로Eastern Route'이다. 여성들은 중부 유럽과 서유럽, 그리고 중동으로도 흘러 들어간다. 이스라엘에는 러시아는 물론이고 우크라이나, 몰도바, 터키, 우즈베키스탄, 리투아니아, 벨라루스, 브라질, 콜롬비아, 남아프리카에서 여성들이 들어온다. 공식적으로 이스라엘에 매년 인신매매되어 들어오는 여성의 수는 3천 명이며, 2006년 유엔은 이스라엘을 인신매매의 '최상위' 도착지 국가로 지정했다.

1991년 사회주의의 몰락은 또한 알바니아에서 조직범죄가 흥기하는 원인이 되었는데, 현재 이 나라는 성 인신매매가 일어나는 상위 10개국 중 하나이다. 1989년 이후 알바니아는 동구권 국가들과의 교역이 중단되면서 큰 고통을 겪었다. 1991년 국내총생산은 전년도에 비해 절반으로 급락했고, 전체 아동의 절반가량은 영양실조에 걸렸다. 이후 10년이 넘는 기간 동안 10만 명으로 추정되는 알바니아 성인 여성과 소녀들이 인신매매되었다. 오늘날 알바니아의 성 인신매매 피해자 중 65퍼센트 이상이 인신매매당할 당시 미성년자였으며, 아마 피해자 중 50퍼센트는 자신이 알바니아인이나 외국인과 결혼하거나 약혼해서 외국에서 살게 될 것이라고 잘못 생각하고 고국을 떠났을 것이다. 그 밖에 10퍼센트는 유괴되어서 혹은 강제로 성매매를 하게 된다. 고분고분하게 말을 듣지 않으면 여성과 소녀들은 고문을 당하는 것이 보통이다.

아르메니아 여성들은 아랍에미리트연합으로 인신매매되는데, 아랍에미리트연합에는 약 1만 명으로 추정되는 동유럽, 사하라 이남 아프리카, 남아시아와 동아시아, 이라크, 이란, 모로코 출신 성 인신매매 피해 여성들이 있다. 아르메니아 여성들은 또한 그리스와 터키로도 팔려 가는데, 이 두 나라에는 우크라이나와 몰도바 출신 여성들도 들어온다. 몰도바는 유럽에서 성 착취에 이용당하는 여성과 아동 인신매매의 또 하나의 주요 근원지 국가이다. 이 나라 역시 경제 상황 탓에 인신매매가 성행하게 되었다. 2000년에 몰도바의 국내총생산은 1990년의 40퍼센트 수준으로 떨어졌다. 몰도바는 구소련 국가들 중 평균 임금수준이 가장 낮고 여성의 임금은 남성의 70~80퍼센트에 불과하다. 실업률은 극도로 높은데 특히 여성의 경우가 심해서 실업자의 70퍼센트가 여성이며, 인구의 절반 이상이 빈곤선 이하의 생활을 한다. 결국 여성들은 나라 밖에서 일자리를 구할 수밖에 없고, 성매매업자들은 일부 희생자들을 유괴해 끌고 오기도 하지만 이런 이주민들에게 유혹의 손길을 뻗는다. 최근 몇 년 동안 수천 명의 여성이 인신매매되어 이 나라를 떠났다. 몰도바인 인신매매 피해자들은 대부분 발칸 반도 국가들로 팔려 가며, 그 외에 아시아, 서유럽, 중동으로도 흘러 들어간다.

우크라이나에서도 수많은 여성들이 어쩔 수 없이 고국을 떠나야만 한다. 이 나라에서는 실업자의 90퍼센트가 여성이고, 가장 먼저 해고되는 것도 대개는 여성이다. 인신매매업자들은 매년 3만 5천 명으로 추정되는 여성들을 우크라이나에서 납치해 국외로 끌고 가고, 1998년 우크라이나 내무부는 지난 10년 동안 40만 명의 우크라이나 여성들이 인신매매되었다고 추산했는데, 우크라이나의 연구자들과 NGO 단체들은 실제로는 수치가 훨씬 더 높을 것이라고 생각한다. 우크라이나 영사관들은 인신매매 피해자 1만 1천 명을 귀국시켰고, 국제이주기구IOM는 2000년 이후 2,100명 이상의 우크라이나인 피해자들을 도왔다고 밝히지만 이것은 전체의 극히 일부에 불과하다는 말을 덧붙인다. 유럽과 그 이동以東 지역 전역에서 거의 50개 국가가 도착점 역할을 한다. 독일은 우크라이나에서 인신매매된 여성들이 가장 많이 가는 유럽 국가 중 하나인데, 독일에는 아프리카(주로 나이지리아)와 아시아(주로 태국) 출신 인신매매 피해자들도 많이 들어온다.

아프리카와 아시아에서의 강제 성매매

유럽과 미국에 있는 인신매매 피해자의 수는 어느 정도 추산되지만 아프리카 국가들 내에서 또는 아프리카 밖으로 인신매매되는 사람들 수는 여전히 알 수 없다. 하지만 몇 가지 패턴은 읽어 낼 수 있다. 유엔은 아프리카 국가들에서 인신매매된 피해자들이 주로 코트디부아르, 나이지리아, 남아프리카로 들어가며, 아프리카 밖으로 팔려 나가는 사람들은 영국, 이탈리아, 프랑스, 벨기에, 네덜란드, 사우디아라비아로 간다고 밝힌다. 남아프리카로 팔려 가는 여성과 아이들은 앙골라, 보츠와나, 콩고민주공화국, 레소토, 모잠비크, 말라위, 남아프리카, 스와질란드, 탄자니아, 짐바브웨, 잠비아 출신들이다. 남아프리카에서는 현재 몇몇 거대 범죄 집단들이 여성 인신매매를 자행하는데, 불가리아와 태국의 범죄 집단 연합, 러시아와 중국 마피아, 서아프리카 출신이 주를 이루는 아프리카 범죄 조직들이 그들이다. 여성들은 취업이나 결혼에 대한, 또는 학교에 보내 주겠다는 거짓 약속에 속아 인신매매에 걸려들지만, 때론 그냥 납치당하는 경우도 있다.

유엔은 인신매매가 일어나는 근원지 국가로 나이지리아에 특히 높은 순위를 매겼고, 베냉, 가나, 모로코가 근소한 차이로 그 뒤를 잇고 있다. 약 4만 5천 명의 나이지리아 여성이 지난 15년 사이에 인신매매의 희생자가 되었다(3분의 2는 유럽으로, 3분의 1은 걸프 국가들로 팔려 갔다). 우리는 또한 매년 수천 명의 에티오피아 소녀들이 레바논의 윤락업소로 팔려 가고 짐바브웨 여성들이 영국과 미국에서 강제 성매매에 종사한다는 사실을 안다. 짐바브웨의 인신매매 문제는 2005년부터 심각해졌는데, 이해는 짐바브웨 정부가 강제로 슬럼 지역을 철거하는 운동인 무람바츠비나(정화) 사업을 시행하기 시작한 해이다. 이로 인해 수십만 명이 주거지를 잃었고, 22만 3천 명으로 추산되는 아동, 특히 소녀들이 쉽사리 인신매매에 걸려들 수 있는 처지에 놓이게 되었다. 하지만 성 착취보다 더 많은 것이 바로 아프리카에서 인신매매되어 강제노동에 투입되는 경우이다. 유엔에 따르면 아프리카에서 보고되는 인신매매 건수의 35퍼센트는 강제노동을 위한 것이다. 하지만 아시아에서는 보고된 인신매매 건수 가운데 20퍼센트만이 강제노동을 위한 것이며, 대다수는 성 착취를 위한 것이다. 국제이주기구IOM는 해마다 약 22만 5천 명의 여성과 아동이 아시아에서 인신매매되는 것으로 추산한다. 남아시아에서는 스리랑카 여성들이 사우디아라비아, 쿠웨이트, 아랍에미리트연합, 바레인, 카타르로 팔려 가 성 착취를 당한다. 또한 네팔에서는 1만 2천 명에 이르는 여성과 아동들(아홉 살에서 열여섯 살 사이인 경우가 많다)이 매년 국경을 넘어 인도로 팔려 간다. 20만 명으로 추정되는 여성과 소녀들이 인신매매되어 현재 인도의 윤락업소에 거주하고 있으며 네팔 내에도 수를 알 수 없을 정도의 성 인신매매 피해자들이 있다.

인도의 국립범죄기록국은 자국에 인신매매된 여성과 아동 수가 9,368명이라고 보고하지만, 여성을 상대로 한 상당수의 범죄가 사회적 낙인 탓에 보고되지 않고 묻혀 버린다는 사실을 인정한다. 인도 중앙사회복지부는 훨씬 더 높은 수치를 발표하였는데, 예를 들어 인도의 6개 거대도시에는 1만 명에 이르는 여성과 아동들이 강제 성매매에 이용되고 있으며 이들 가운데 30퍼센트는 열여덟 살도 안 된 나이에 노예신세로 전락한 것으로 추산한다.

유엔은 동남아시아에서 캄보디아를 인신매매가 일어나는 근원지 국가 중 상위에 자리하고 있는 것으로 평가한다. 1991년 유엔 과도행정군이 캄보디아에 들어오면서 성매매는 급상승했다. 도시의 성매매 여성 수는 1991년 6천 명에서 1992년 2만 명으로 늘어났는데, 캄보디아 여성개발협회는 이들 여성 중 절반이 인신매매 피해자라고 주장한다. 여성들은 끊임없이 자국 내에서 인신매매되어 성 착취에 이용되는데 주로 시골에서 수도인 프놈펜과 다른 부도시들로 팔려 가고 그 밖에 태국과 말레이시아로도 보내져 강제 성매매에 종사하게 된다.

유엔이 매긴 근원지 국가 순위에서는 태국의 순위가 매우 높은데, 이 나라는 아시아에서는 근원지, 경유지, 도착지 국가 순위에서 모두 '최상위'에 선정된 유일한 국가이다. 태국 여성과 소녀들은 식당이나 공장에서 일하게 해주겠다는 약속에 속아 시골 마을을 떠난다. 노예 모집상들은 소녀들의 부모에게 앞으로 받을 임금에서 '선금'을 떼어 주는데, 이 돈을 받으면 소녀들은 노예가 되어 윤락업소로 팔려 간다. 윤락업소 주인들은 소녀들에게 그들을 사온 몸값에 이자까지 더한 액수를 몸을 팔아서 갚아야 한다고 윽박지르고, 보통 이들은 몸이나 정신이 망가져서 남자들에게 더 이상 팔리지 않을 때까지는 소녀들을 놓아 주지 않는다. 윤락업소에서는 소녀들을 먹여 살리고 상품가치를 유지하도록 신경을 쓰지만, 소녀들이 병들거나 다치면 헌신짝처럼 내버린다.

수천 명의 여성들이 매년 태국에서 팔려 나가 성매매에 이용당한다. 이들이 가는 곳은 일본, 말레이시아, 바레인, 오스트레일리아, 싱가포르, 미국 등이다. 싱가포르로 팔려 오는 여성과 소녀들 중에는 인도네시아, 말레이시아, 필리핀, 베트남, 중국 출신들도 있다. 그리고 일본에는 필리핀, 러시아, 동유럽 출신의 여성들도 인신매매되어 들어오며, 콜롬비아, 브라질, 멕시코, 미얀마, 인도네시아 출신 여성들도 소규모로 들어온다.

성매매는 일본에서 방대한 산업이다. 일본은 아시아에서 가장 부유한 국가이면서 이 지역에서 가장 큰 인신매매 도착지로, 유엔이 '최상위' 인신매매 도착지 국가로 지정한 것은 동아시아에서 일본이 유일하다. 미 국무부도 여기에 동의한다. 2004년의 '인신매매 보고서'에서 일본은 세르비아, 타지키스탄, 코트디부아르와 같이 가난하고 전쟁으로 피폐화된 나라들과 한데 묶여서 등장하며, 제재를 받을 수도 있는 최악의 단계로 분류될 위험에 처해 있었다. 일본 국민은 세상에서 가장 법을 잘 지키는 사람들로 강도 발생률이 10만 명당 1.3건밖에 안 되는데, 비교 삼아 말하자면 미국의 강도 발생률은 이 수치의 거의 180배에 이른다. 하지만 일본에서 노예제는 번창하고 있다. 현재 '최신 유행 안마' 시술소에서 성을 매수하는 데 드는 비용은 50~90달러이다. 사회 하층으로 내려가면, 거리의 외국 여성을 사는 데 드는 돈은 8~10달러이다. 2001년까지 일본의 성 산업은 매년 200억 달러의 이윤을 창출한 것으로 생각되며, 여전히 급성장 중인 것으로 알려져 있다.

일본에서 노예가 되어 성매매에 종사하고 있는 여성의 총 수를 보수적으로 추정하면 2만 5천 명에 이른다. 덧붙여 말하자면, 일본인 여성과 외국인 남성의 결혼율은 거의 변함이 없는 데 반해 외국인 여성과 일본인 남성의 결혼 건수는 한 해 3만 건 이상으로 치솟았다. 미주기구의 조사에 따르면 이들 결혼의 상당수가 합법적이지만 일부는 "인신매매업자가 꾸민 위장결혼으로, 외국인 여성들을 일본의 성매매 종사자나 음성적인 노동인력으로 만드는 데 이용된다"고 한다.

일본에 있는 수천 명의 외국인 여성들이 비자 기간이 이미 만료되었고 비자 종류도 여행 비자인데, 누Nu가 말하듯이 그녀를 노예로 부리는 사람들에게 비자 만료 문제는 문제도 되지 않는다.

가끔씩 경찰이 비자가 만료되었는데도 체류하고 있는 사람이 있는지 조사하러 나와요. 대개는 정보원들이 단속이 나온다는 소식을 주인한테 미리 알려 주죠. 비자가 만료된 애들은 어디 감춰 두거나 버스 한 대에 몽땅 태워

근처 산속의 호텔로 보내서 경찰이 떠날 때까지 숨어 있게 해요. 어떤 때는 하루 이틀 정도 가게 문을 닫기도 하고요. 비자가 만료 안 된 애들만 경찰 앞에 내놓고 경찰한테 뇌물을 찔러줄 때도 있어요.

정부 추산에 따르면 비자가 만료되고도 일본에 거주하는 불법 체류자가 2004년의 경우 22만 명이었으며, 해마다 수십만 명씩이 더 여행 비자로 입국할 예정이다. 두 경우 모두 강제로 붙들린 여성의 수가 상당할 것으로 생각된다. 하지만 일본의 노예제 문제의 또 다른 부분은 완곡하게 '유흥 산업'이라는 명칭이 붙은 분야로, 윤락업소, 스트립 클럽, 대중목욕탕, 노상 성매매 등이 포함된다. 정부는 '연예인 비자'라는 것을 따로 두어 극장이나 나이트클럽에서 공연하는 가수나 무용수에게 발급한다고 한다. 이것이 사실이라면 일본에는 세계의 다른 모든 곳을 합친 것보다 더 많은 수의 전문 연예인들이 있는 셈이다.

사실상 이 비자는 일본인 남성들의 성적 욕구와 '유흥' 욕구를 충족시켜 주기 위해 수많은 외국인 여성들을 국내로 들여오는 데 이용된다. 1996년에서 2003년 기간에, 발급되는 비자 수는 해마다 두 배 이상으로 뛰었다(〈표 13〉 참조).

2003년에는 대략 8만 명의 '연예인'들이 필리핀에서 일본으로 들어왔고, 몇 해 동안 라틴 아메리카에서도 연예인 비자로 약 4만 명이 들어왔다. 인권단체들과 다른 나라들의 강력한 항의로 일본은 마침내 2005년 3월부터 연예인 비자 체계를 좀 더 철저히 감시하기로 동의했지만, 일본에 들어오는 '연예인' 수가 감소했음을 보여 주는 수치는 한 번도 발표된

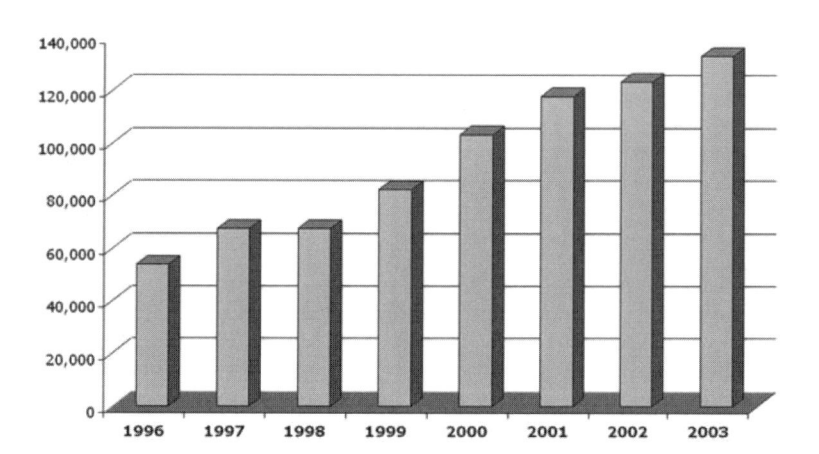

〈표 13〉 '연예인' 비자로 일본에 입국하는 사람 수

적이 없다.

　하지만 일본 정부가 모든 여성 착취를 묵인하는 것은 아니다. 1990년대 후반 일본은 스캔들 하나로 나라가 온통 뒤흔들렸다. 지난 10년 동안 일본의 일부 여학생들이 원조교제를 해왔다는 사실이 밝혀진 것이다. 열다섯에서 열일곱 살밖에 안 되는 어린 여학생들이 휴대전화를 이용해 나이 많은 남성들과 데이트 날짜를 잡았다. 데이트라는 것은 단순히 함께 커피 한잔하는 것일 수도 있고 성적 접촉을 포함하는 것일 수도 있는데, 여학생들은 이렇게 시간을 내준 대가로 돈을 받았다. 고등학교 여학생을 대상으로 한 조사에서 다섯 명 중 한 명꼴로 원조교제를 한 경험이 있다는 사실이 드러났다. 여학생들은 거의 한결같이 유명 브랜드의 옷을 사거나 휴대전화비를 내기 위해 돈이 필요했다고 말했다. 한 여학생이 원조교제를 하다가 매를 맞고 변태적인 성행위를 강요받은 데다 성병까지 옮으면서 이 문

제는 순식간에 뜨거운 논란의 대상이 되었다. 대부분의 일본인들이 충격을 받은 것은 중산층 여학생들이 여기에 참여했다는 사실이었다. 즉각적으로 법령이 제정되고 보호방안이 시행되었지만, 바로 그 순간에도 이들 일본 여학생들과 거의 나이가 비슷한 수천 명의 외국인 여성들은 여전히 강제 성매매에서 벗어나지 못하고 있었다.

성매매

일본의 '원조교제' 스캔들은 혼동을 일으킬 때가 많은 성매매와 강제 성매매 간의 관계에 대해 생각해 보게 한다. 일본 여학생들이 어린아이들이었던 데 반해 — 그리고 국제법상 아동은 성적으로 학대당할 수 없는 것으로 합의되어 있는 데 반해 — 성인 성매매의 경우는 노예제 반대론자들 내에서도 다소 논란이 되고 있다. 이 논란에서 중심이 되는 문제는 바로 모든 성매매가 노예제의 일종으로 간주되어야 하는가이다.

이 논쟁의 한쪽 진영에 있는 사람과 단체들에는 몇몇 페미니즘 조직들과 신앙에 기반을 둔 단체들이 있는데, 이들은 성을 파는 여성은 모두 노예라고 생각한다. 예를 들어 미국에 근거지를 둔 여성인신매매근절연합 CATW은 모든 성매매는 폭력에 의해서건 사회적·경제적 압박에 의해서건 간에 어떤 식으로든 강제성을 띠고 있으며, 자발적으로 성매매 여성이 되려는 사람은 아무도 없다고 주장한다. 이러한 논리에 따르면 성매매는 노예제와 마찬가지로 근절되어야 할 것이어서, CATW는 관련 입법을 할 때 성매매와 성 인신매매를 한데 묶어서 다룰 것을 요구한다. 성매매의 합법화에 반대하면서 이들은 성매매가 합법인 곳들, 이를테면 독일, 네덜란드, 오스트레일리아의 몇몇 주들을 지적하며 합법화는 범죄자들이 보다쉽게 사업을 운영할 수 있는 환경을 만들어 낸다고 주장한다. 성매매 근절을 지지하는 다른 단체들로는 보호프로젝트, 이퀄리티나우, 미국가족계획연맹 등이 있다.

　논쟁의 반대편 진영에는 인권, 공중보건, 노동, 이주에 초점을 맞추는 조직들이 자리하며, 여성인신매매반대세계연맹, 성노동자네트워크프로젝트가 여기 속한다. 이들은 강제 성매매와 자발적 성매매 사이에 차이가 있음을 인정하고, 전체가 아니라 일부 성매매가 노예제라고 주장한다. 1999년에 한 NGO 단체는 "성인 여성은 (성매매와 같은) 불법활동에 몸담는 데 동의할 수 있다. 그런 활동에 몸담도록 강제한 사람이 아무도 없다면, 인신매매는 존재하지 않는 것이다"라고 밝혔다. 이 진영의 일부 지지자들은 만약 할 수 있는 일들 중 성매매가 최선의 선택이라면, 여성은 보호받으며 '성노동'에 종사할 수 있도록 허용되어야 한다는 입장을 견지한다. 또 일부는 성매매 합법화를 홍보하는데, 정부가 성매매를 통제할 수 있게 되면 규제와 감독이 가능해진다는 것이 그 이유이다. 성매매가 합법화되면 성매매는 음지에서 나와 양성화된다. 논쟁의 이쪽 진영에 있는 사람들이 보기에 성매매의 합법화는 성노동의 여러 위험한 측면들을 완화시키고 강제 성매매를 보다 확연히 식별 가능하게 해준다.

　인신매매반대세계인권계획의 책임자인 앤 조던 역시 "현재 연방법으로 모든 노예업자를 기소하고 모든 피해자를 보호할 수 있지만 이 법은 대상 범위가 넓어서 성매매를 인신매매와 동일시하여 자원을 인신매매를 근절하는 쪽보다는 성매매를 근절하는 쪽으로 돌리고 있다"고 지적한다. 연방정부의 조사와 기소라는 무기가 성매매와의 전쟁에 동원되면서 모든 형태의 노예제를 뿌리 뽑는다는 가장 큰 목표로부터 멀어지고 있다는 것이다.

이 논쟁의 두 진영 사이에 합의가 이루어진 사항도 몇몇 있다. 본인의 동의에 의하지 않은 또는 강제적인 성매매는 노예제이며 반드시 종식되어야 한다는 점에는 누구나 동의한다. 청소년이 성매매에 종사해서는 안 된다는 것 역시 마찬가지이다. 또한 양측 모두 과거 성매매가 법으로 허용되었던 스웨덴에서 새로 제정된 법률이 어떤 결과를 가져올지 예의 주시하고 있다. 이 새 법률에 따르면 성을 파는 것은 합법이지만 그것을 구매하는 것은 불법이다. 성을 구매하는 것만을 범죄로 정한 것은 남성과 여성 사이의 힘의 불균형을 바로잡으려는 시도에서 나온 것이다. 이 법을 통과시킬 때 스웨덴 의회는 성을 파는 여성과 그것을 사는 남성 사이의 경제적·사회적 관계를 불평등한 것으로 보고, 여성의 몸을 살 수 있는 남성의 능력은 일종의 남성 우월권으로 간주하여 저항하고 제어해야 한다고 생각했다.

이와 같은 독특한 접근방식은 최근 윤락업소를 합법화하고 정규화하여 인신매매되어 성매매에 종사하게 되는 여성에 대한 수요를 줄이고자 한 독일과 네덜란드의 법률과 대비를 이룬다. 예컨대 독일에서는 2002년 성매매가 합법화되었는데 이는 노예제를 종식시키려는 데에도 일부 목적이 있었다. 합법적인 거래로서 성매매는 좀 더 안전해지고 위생도 개선될 것으로 예상된다. 하지만 유엔은 여전히 독일을 성적 착취를 위해 인신매매된 여성들이 — 주로 중부 유럽과 동유럽 출신들이다 — 흘러 들어가는 '최상위' 도착지 국가로 지정하고 있으며, 2006년 유럽 의회는 2006 월드컵 개최를 앞두고 성 인신매매가 증가할 수도 있다는 우려를 표명했다(비록 이런 현상이 발생했다는 증거는 결국 찾을 수 없었지만 말이다).

스웨덴은 소비 부문에서 성매매와 인신매매에 대한 수요를 없애고자 노력하고 있다. 독일과 네덜란드는 그와는 달리 인신매매범을 체포함으로써 공급체계 내에서 노예들로 운영되는 성매매를 감소시키고자 한다. 현시점에서는 이 중 어떤 접근방식이 실효를 거둘지 아무도 확실히 알지 못한다. 스웨덴의 법안에 대해 성매매를 음성화하고 인신매매 희생자들에게로 수요가 몰릴 것이라는 비판이 있지만 이를 증명할 만한 증거는 아직 없는 실정이다. 스웨덴 정부는 이 법률로 성매매로 착취당하는 여성의 수가 감소했다고 말하지만 이 역시 이용 가능한 증거가 거의 없다. 이와 마찬가지로 오스트레일리아 퀸즐랜드 주에서 윤락업소를 합법화한 것 역시 노예제를 감소시켰다는 주장과 증가시켰다는 주장이 맞서고 있는 형편이다.

가사노동

중국에서 성적 착취는 강제적인 가사노동과 결합하여 강제 결혼의 관습을 형성한다. 베트남과 북한에서 유괴되어 온 여성들이 존재한다는 보고가 있긴 하지만 이 관습은 대개 중국 여성이 그 대상이 되며, 중국의 한 자녀 낳기 정책에도 일부 원인이 있다. 1979년 도입된 이 정책 탓에 태아가 여아일 경우 낙태를 하는 결과가 빚어지면서 인구상에 성비의 불균형이 초래되었다. 여성이 부족한 지역에 사는 남성들은 다른 지역에서 유괴해 온 여성을 돈으로 사서 신부로 삼는 방법을 써왔다. 여성에게 가해지는 폭력에 대한 유엔 특별조사위원회의 한 보고서는 여성에 대한 유괴와 매매가 1980년대 중반부터 증가하였으며 일부 중국 마을들의 경우 강제 결혼이 전체 결혼의 30~90퍼센트에 이른다고 밝혔다. 일단 결혼하면 여성들은 이동의 자유를 박탈당하는 것은 물론, 강간당하고 가사노동까지 억지로 떠맡아야 한다.

사실, 성 인신매매보다 덜 알려지긴 했지만 여성과 소녀들이 노예가 되어 가사노동을 해야만 하는 상황은 세계 전역에 널리 퍼진 현상이다. 짐바브웨 여성들은 시골에서 도시로 실려 와 강제 가사노동을 하며, 수천 명의 스리랑카 여성들이 — 또한 말레이시아, 인도네시아, 필리핀, 소말리아, 에티오피아 여성들도 — 레바논으로 팔려 와 개인 가정들에서 가내노예로 일한다. 이들은 흔히 합법적으로 레바논에 입국하지만 입국한 뒤 자신들이 덫에 걸린 것을 깨닫게 된다. 예를 들어 베아트리체 페르난도는 스물세 살 때 레바논에서 하녀를 구한다는 광고를 보고 지원을 했다. 그녀는 번 돈을 부모님과 세 살 난 아들에게 송금해 줄 생각으로 고국 스리랑카를 떠났다. 하지만 베이루트에서 그녀는 가내노예가 되었다.

베이루트의 직업소개소에서 여권을 빼앗겼어요. … 레바논 남자와 여자들이 우리 앞을 지나가며 마치 진공청소기처럼 우리 몸을 이리저리 살펴봐요. 전 어느 부잣집 마님한테 팔렸는데 그분은 나를 어느 아파트 건물 4층에 있는 으리으리한 자기 집으로 데려가요. 해야 할 일이 끝이 없어요. 창문, 벽, 욕실을 닦아요. 카펫을 빨고 바닥을 반질반질하게 닦고 가구를 청소하죠. 20시간이 지나도 끝난 게 아니에요. 저녁밥을 주지 않아서 쓰레기 더미를 뒤져요. 직업소개소에 전화를 하려 해도 지금 주인 마님이 전화를 못 쓰게 해놨어요. 아파트에서 도망치려는데 문도 잠가 놨어요.

경비원들은 그녀가 도망치려 하면 총을 쏘라는 지시를 받았고, 그녀는 마침내 아파트 4층 발코니에서 뛰어내려 탈출했다.

하지만 가내노예의 대부분은 어린아이들이다. 전 세계적으로 가내노동은 세밀히 조사되거나 법률로 규제되는 경우가 드물고, 통계자료도 얻기 힘들다. 하지만 ILO는 전 세계에 최소한 1천만 명의 아동이 가사노동에 강제로 투입되어 있으며 일부는 여덟 살 정도밖에 안 되는 것으로 추산한다. 이러한 형태의 노예제에서 얻어지는 가치는 한 해당 70억 달러에 이르며 가내노예의 약 90퍼센트는 열두 살에서 열일곱 살 나이의 소녀들인 것으로 추정된다. 가내 아동노예의 수는 인도네시아에 70만 명, 브라질에 56만 명, 필리핀에 30만 명, 방글라데시에 30만 명, 파키스탄에 26만 5천 명, 케냐에 20만 명, 스리랑카에 10만 명에 이른다. 아이들은 일주일 내내 하루에 15시간 혹은 그 이상을 일하고, 가혹한 조건 아래 아주 적은 임금을 받거나 아예 받지 못하며, 이동의 자유가 거의 혹은 전혀 없고, 학교에도 가지 못하고 종종 성적 착취를 당하기도 한다. 결국 가내노동은 상업적인 성 노동으로 이어지는 경우가 흔하다.

인도에도 수백만 명의 노예화된 가내 일꾼들이 존재하는데, 이 나라에서 아이들은 흔히 집안 빚을 갚기 위해 고향 마을에서 먼 곳으로 보내져 일하게 된다. 이 대부금은 이자율이 턱없이 높아서 단 한 푼의 보수도 못 받는 경우가 허다하다. 부채는 흔히 집안의 동생들이나 그 집 아이들에게로 대물림된다. 인도의 많은 가내 일꾼들이 — 어떤 경우는 일고여덟 살짜리 아이들도 있다 — 밤낮으로 일하고 부엌 바닥에서 선잠을 자며 먹다 남은 음식으로 끼니를 때우고 휴일이나 휴식시간조차 갖지 못한다.

이러한 형태의 노예제는 좀 더 부유한 국가들에서도 찾아볼 수 있는 문제이다. 미국에서도 이것은 두 번째로 빈도가 높은 강제노동의 형태인데, 값싸고 마음대로 이용할 수 있는 가사 도우미에 대한 수요, 가사노동 부문에 대한 법적 보호 장치의 미비, 노동 조건에 대한 감시 부재가 이를 부추기고 있다. 미국에 있는 수천 명의 가내노예들 중에는 브라질, 코트디부아르, 에티오피아, 네팔, 가나, 인도 출신의 여성들이 포함되어 있으며 이들의 취약성은 고용주가 가내노동자를 미국으로 데려오는 것을 허용하는 이민 정책에 의해 더욱 커진다. 비자에는 보통 가사노동 노동자들이 원래 주인과 그대로 함께 지내지 않으면 추방당하게 된다는 조건이 있다. 이러한 조건 사항 때문에 노동자들은 학대 사실을 알리지 못하기가 십상이다.

예를 들어 로셀린 오디네와 크리스티나 엘랑위는 워싱턴 DC에서 동포인 카메룬인들에게 잡혀 살면서 각각 2년 반과 5년 동안 가내노예로 지냈다. 미국에서 학교를 다니며 아이 돌보는 일을 하게 해주겠다는 약속에 속아 이들은 각각 14살과 17살에 카메룬의 고향 집을 떠났다 하지만 미국에 도착해서 이들은 학교를 다니지 못했다. 크리스티나는 이렇게 말한다. "처음에 약속하기로는 여기 도착하면 바로 학교를 다니게 해준다고 했어요. 도착한 건 2월이었어요. … 그해가 다 가도록 그 사람들은 학교에 보내주지 않았어요. 이듬해가 되자 전 학교에 보내 달라고 했죠. 그 사람들 하는 말이 기다려야 한대요." 학교는커녕 이들은 돈도 받지 못하고 장시간 노동을 해야 했다. "일주일 내내였어요"라고 크리스티나는 회상한다. "새벽 5시부터 아마 자정이나 새벽 1시쯤까지 온갖 일을 다 했어요. 일어나서 애들 준비시키고, 샤워시키고, 아침 만들어 주고, 계속해서 청소, 요리, 집안사람들 빨래, 다림질 같은 집안일 하고, 또 애들이 학교에서 돌아오면 점심 주고…. 그러고도 돈 한 푼 못 받았어요." 이 여성들은 구타와 언어폭력에 시달렸고, 로셀린은 성희롱까지 당했다. 크리스티나가 생각하기에 자신이 이때 노예로 지낸 것은 확실했다. "나는 내가 노예였다고 생각해요. 왜냐하면 그렇게 오랜 시간을 돈도 못 받고 일했고, 학교도 못 갔으니까요. 그곳을 떠날 수도 없었어요."

이 여성들을 잡아 두고 있던 사람들은 결국 유죄판결을 받았다. 로셀린을 잡아 두었던 사람들은 9년 징역형에 배상금 10만 달러를 그녀에게 지불하라는 판결을 받았다. 크리스티나를 잡아 둔 사람들은 5년간의 보호관찰에 체불된 임금 18만 달러를 그녀에게 지불하는 형을 받았다. 이 판결을 전후로 미국에서는 이와 같은 유형의 다른 사건들이 수도 없이 등장했다. 2006년 5월 미 법무부는 사람을 노예처럼 부린 죄목으로 위스콘신의 한 부부에게 유죄를 선고했다. 기소에 따르면 이 부부는 한 여성을 19년 동안이나 노예상태로 잡아 두고 일주일 내내 장시간의 노동을 강요했다. 이들은 이 여성에게 말을 듣지 않으면 미국에서 추방되거나 감옥에 가게 하겠다고 협박하는가 하면, 사람들이 집을 찾아오면 억지로 지하실에 숨어 있게 했다. 정부는 이 부부에게 강제노동과 미등록 외국인 은닉 혐의로 유죄판결을 내렸다. 2006년 11월 이 두 사람은 각각 4년의 징역형을 선고받았다.

미국 외에도 영국과 유럽에는 수를 알 수 없는 가내노예가 존재한다. 멘데 나제르는 열두 살 때부터 약 6년 동안 수단의 수도 카르툼의 한 집안에서 가내노예로 갇혀 지내면서 매 맞고 성적 학대를 당하고 먹다 남은 음식을 먹었다. "굉장히 힘든 일을 해야 했어요." 이제 그녀는 이렇게 회상한다. "온갖 일을 다 해야 했죠. 집하고 넓은 마당을 청소하고 손으로 옷을 빨고 주인마님 아이들을 돌보고 …. 하는 일마다 트집을 잡아 매질을 했어요." 열아홉 살에 그녀는 런던으로 옮겨져 수단 외교관 집에 넘겨졌는데, 여기서 그녀는 "새 주인에게 복종하고 [수단에서] 했던 일들을 그대로 하라"고 지시를 받았다.

세바는 여덟 살 나이에 고국 말리를 떠나 프랑스에서 가내노예제를 경험했다. 한 부부가 그녀의 부모에게 그녀를 보모로 일하게 하면서 그 대가로 돌보아 주고 공부도 시키겠다고 약속하고는 파리로 그녀를 데려갔다. 그러나 약속과 달리 그녀는 노예가 되어 매 맞고 고문당하고 집안 잡일들을 해야만 했다.

학교는 보내 주지 않고 그 사람들 집에서 매일 일만 해야 했어요. 일이란 일은 다 했어요. 집을 청소하고 음식을 만들고 아이들을 돌보고 아기를 썻기고 먹이고 했죠. 매일 아침 7시 이전에 일을 시작해서 밤 11시쯤 끝났어요. 쉬는 날은 하루도 없었어요. 그 사람들이 먹고 남긴 음식을 먹었고요. … 먹을 걸 찾아 먹기라도 하면 그 여자가 날 때렸어요. … 빗자루, 부엌 도구 같은 걸로 때리거나 전깃줄을 채찍처럼 휘둘러 댔어요.

세바가 자유를 얻은 것은 어느 이웃 한 사람이 그녀가 매 맞고 학대당하는 소리를 듣고 어찌어찌해서 그녀와 말을 나누게 되면서였다. 그녀의 몸에 나 있는 상처를 보고 나서 그 이웃은 경찰과 현대노예제반대프랑스위원회CCEM에 연락했다.

사람을 노예로 만드는 여성, 해방시키는 여성

세바는 '주인어른'보다는 '주인마님'이 가했던 가혹한 대우들을 기억한다. 그녀가 기억하기로 노예제가 제대로 돌아가도록 온통 마음을 쏟는 것은 바로 그 집의 여자였다. 사실, 사람을 노예로 만들거나 인신매매해 팔아넘기는 일에서 여성이 상당히 많은 역할을 한다는 사실은 남성이 여성을 노예로 만든다는 단순한 이미지를 뒤흔든다. 여성들은 성인과 아동 가내 일꾼들을 노예로 부리는 데서 중요한 역할을 한다. 또한 여성 인신매매업자의 비율도 증가하고 있다. 일부 여성은 그 자신이 인신매매의 피해자였다가 이어서 — 인신매매의 메커니즘을 속속들이 경험한 상태로 — 인신매매 현장에 자발적으로 다시 나타나 모집인이나 알선인 역할을 한다. 다른 사람들은 협박당해서, 또는 인신매매업자들에게 진 빚을 얼마간이라도 줄이기 위해 어쩔 수 없이 모집활동에 참여한다. 대개 여성 인신매매업자들은 남성보다 훨씬 더 신뢰감을 주기 때문에 여성과 소녀들이 쉽사리 가짜 취업 제안에 속아 넘어가 노예의 여정을 시작하게 된다.

예를 들어 중국에서는 점점 더 많은 여성들이 인신매매 사업, 특히 희생자를 찾아내고 유괴하는 일에 관여하고 있다. 여성 모집책들은 많은 경우 그들 자신이 예전에 인신매매의 피해자였던 사람들이다. 인도에서는 인신매매업자들 중 많은 수가 나이 많은 여성들이다. 어떤 이들은 예전에 성매매 여성이었던 사람들이고 또 어떤 이들은 여전히 강요된 성매매를 하면서 자신을 대신할 사람을 찾아 주고 거기서 벗어나려는 사람들이다. 어느 보고서에 실린 자료는 인도에서 인신매매 과정에 연루된 사람 가운데 약 절반은 여성임을 보여 준다. 또 다른 보고서에 따르면 캄보디아에서는 인신매매범의 3분의 2가 여성이며, 일본에서는 윤락업소 구실을 하는 바를 여성들이 운영한다. 누Nu가 말하듯이 말이다. 태국에서 미용사 친구의 말을 들었다가 이 길로 들어서게 된 누는 '엄마(여성 윤락업소 관리자)'의 관리를 받았다. "엄마는 혼날 줄 알라면서 도망칠 생각은 꿈에도 하지 말라고 을러댔어요. 도망치려 했던 애들은 다시 잡혀 와서 실컷 두들겨 맞거나 다른 데로 팔려 버렸다고요." 일본으로 팔려 온 다른 태국 여성들의 수많은 증언에서도 처음 그들을 꾄 사람과 이어 그들을 노예로 만든 사람들은 여성이었다. 누치라는 여성이 겪은 일은 전형적인 한 예이다.

나리타 공항 입국 수속처에서 업자가 나더러 어떤 줄에 가서 서라고 하더니 자기는 다른 줄에 가서 섰어요. … 그런 다음 우리는 택시를 타고 도쿄의 어느 호텔로 갔어요. 그 여자가 나보고 앞으로 아이스라는 이름의 태국 여자가 주인으로 있는 태국 음식점에서 일하게 될 거라고 하더라고요. … 그 사람들이 나한테 하는 말이, 빠져나갈 길이 없으니 그냥 운명으로 알고 받아들이래요. 아이스한테 많이 얻어맞았는데, 주로 발로 닥치는 대로 걸어찼어요. … 엄마의 딸이라는 여자가 나더러 예전에 몇 번 받아 봤는데 도저히 견딜 수가 없었던 취하고 지저분한 개망나니 같은 남자를 또 받으라고 하면서 따귀를 때리는 거예요.

누치는 여자 업자로부터 아이스에게 넘겨진 뒤 다시 대만인 '엄마'에게 넘겨지고, 심지어 그 윤락업소 관리인의 딸한테서도 학대를 당했다.

발칸 반도 서부 전역에서는 인신매매업자의 4분의 1 이상이 여성으로, 대부분이 피해자들을 국경 너머로 팔아넘기는 일에 종사하며, 알바니아, 보스니아 헤르체고비나에서는 모집책 가운데 여성이 절반을 넘는다. 몰도바에서는 현재 인신매매 과정에 가담하는 사람 중 절반 이상이 여성이다. 알라나라는 여성은 몰도바에서 러시아로 팔려갔는데, 그녀를 가두고 성매매를 강요한 사람이 여성이었다고 회상하며, 러시아로 팔려 간 또 다른 몰도바 여성인 밀레나는 자기에게 보모 일을 해보라고 설득했던 돌리나라는 소녀가 한 짓을 다시 떠올린다. "그 애는 나보고 한 달에 4백 아니면 5백 달러는 벌 수 있고 일도 별로 어렵지 않다고 했어요. … 모스크바에서 우린 어느 아파트를 찾아갔어요. … 내가 돌리나한테 물었어요. '여기서 아기 돌보는 일을 하는 거야?' 그랬더니 그 애가 '그래, 여기서'라고 대답했죠." 잠시 후 돌리나가 어디론가 사라지더니 러시아 남자 다섯이 들이닥쳤고, 밀레나는 강제로 성매매를 해야 하는 처지가 되었다.

하지만 다른 쪽 끝에는 노예를 해방시키는 과정의 중심에 여성이 서 있는 경우들이 존재한다. 러시아에서 독일로 인신매매되어 팔려 간 여성 이리나는 자기를 도우려 했던 어느 소녀에 대해 이야기한다. "타티아나라는 이름의 예쁜 러시아 소녀가 뚱쟁이들한테서 내 가짜 여권하고 진짜 서류들을 전부 훔쳐 내서 날 도망치게 해주려고 했어요. … 하지만 나중에 그 소녀가 날 도와줬다는 이유로 살해당한 걸 알게 됐어요." 2000년, 소네바르사(인도 우타르프라데시의 채석장 마을)의 거주민 220명이 자신들의 노예주에게 반기를 들었는데 이 자기해방 운동에는 그들 자신이 말하듯, 여성이 중심에 있었다. 초티라는 여인은 여성들이 "혁명을 일으킬 때 굉장히 큰 역할을 했다"고 말하며, 샤이암칼리라는 여인은 "우리도 밥벌이를 하니까 … 자유를 쟁취하려 싸울 때 우리한테도 똑같이 해야 할 일이 있는 거죠"라고 설명한다.

하지만 사람을 노예로 만드는 것과 해방시켜 주는 것의 과정에서 여성이 수행하는 직접적인 역할 말고도, 젠더는 여러 특정한 문화적 방식으로 현대의 노예제와 긴밀히 연결되어 있다. '섹스(생물학적 구분)'와 '젠더(사회적으로 구성된 남녀의 역할)'라는 용어를 구별하여, 우리는 젠더라는 렌즈를 통해 노예제를 검토하고 여기서 여성들만이 겪는 취약성, 충격, 결과들을 발견해 낼 수 있다.

공급과 수요

젠더는 노예제의 공급과 수요 양측에 모두 영향을 미친다. 공급의 젠더 역학은 여러 측면을 갖는다.

■ 여성이 열등하다는 이데올로기가 극단적인 빈곤과 공존할 때, 여성의 몸이 상품으로 간주되는 것을 허용하는 치명적인 조합이 생겨난다. 예를 들어 네팔에서 지참금 지불이라는 사회적 관습은 신부의 부모가 몇 년 치 수입에 해당할 수도 있는 선물을 신랑 집안에 해야 한다는 것을 의미한다. 지참금을 넉넉히 준비하면 집안 형편이 기울 정도가 되다 보니 딸들은 골칫거리처럼 여겨지게 되어, 특히 가난한 집안에서는 하나의 실행 가능한 생존 전략으로서 기회만 닿으면 달갑지 않은 집안의 여자나 소녀들을 팔아 버리려 할 수도 있게 된다. 인신매매업자들이 '지참금 없는' 결혼을 할 수 있다는 거짓 약속을 하면 부모는 특히 쉽게 넘어가 딸을 넘긴다.

■ 여성의 사회적 역할이 가치를 평가받지 못할 때 이들은 노동 인력에서 배제된다. 많은 국가들에서, 특히 시골 마을에서 여성은 보수도 없이 집안 돌보는 일에만 종사한다. 보수를 받는 경제적 역할을 하지 못하기 때문에 여성은 남성 가족에게 의존하게 되고, 이들 남성 가족이 사망하거나 직업을 잃게 되면, 혹은 경제적 지원이 끊기게 되면 여성은 곤경에 처한다. 예를 들어 스물일곱의 나이에 네팔에서 인도로 팔려 간 아니타는 자신의 곤경에 대해 이렇게 말한다. "작년에 남편이 다른 여자를 첩으로 들였

어요. 얼마 안 있어 나를 때리고 괴롭히기 시작하더니 애들까지 돌보지 않더라고요. 애들을 데리고 집을 나가는 게 상책이다 싶었어요. 농부들한테서 야채를 사다가 마을 시장에서 파는 걸로 생계를 이었죠.” 아니타는 야채를 팔려고 버스에 올라 다른 승객이 건네준 음식을 받아먹었다가 인신매매당하고 말았다. 음식은 약을 탄 것이었고, 깨어나 보니 인도에 와 있었던 것이다.

■ 여성이 보수를 받는 일자리를 얻을 때 그들의 선택은 여성에게 한정된 범위의 ‘여성용’ 직업만을 허용하는 사회적 조건 탓에 제한되며, 이들 직업은 대개 보수가 적다. 심지어 부유한 국가들에서조차 여성은 이류의 지위에 머문다. 일본에서 밑바닥 수준 이상의 직업을 얻는 여성의 수는 그리 많지 않아서, 여성이 최초로 대기업 사장의 자리에 오른 것은 2006년의 일이다. 여성의 임금은 남성에 비해 현저히 떨어지며, 정부, 사업체, 또는 다른 기관에서 벌어지는 구조적인 여성 차별을 개선할 수 있는 법적 장치는 이 나라에 존재하지 않는다.

■ 여성의 불평등한 교육 기회도 이들이 좀 더 높은 수입을 얻을 수 있는 가능성을 한층 더 제한한다. 남성이 특혜를 받는 문화에서 여성과 소녀들은 남성과 소년들보다 적게 교육을 받으며, 집안일을 하고 가족을 돌보기 위해 학교를 중퇴하는 일이 더 빈번하다. 가난하고 가진 기술이 없는 여성 노동자들은 경기가 침체될 때 인원 삭감과 실업의 고통을 가장 먼저 겪는 사람들이다. 취업과 교육의 기회의 박탈로 곤궁에 빠지면서, 이처럼

여성화된 빈곤과 성 불평등의 피해자가 된 여성들은 취업하게 해주겠다는 거짓 약속을 내세우는 인신매매업자들에게 보다 손쉽게 속아 넘어가게 된다.

■ 일부 전통적인 공동체 사고방식과 관습들은 여성에 대한 폭력을 용인한다. 세계 어느 곳에서든 학대와 근친상간, 가정폭력, 결혼생활의 파경은 여성과 소녀들이 자신의 상황에서 벗어나는 것을 더욱 가망 없게 만들어, 결국 이들은 인신매매범의 말을 눈 딱 감고 믿어 보기로 한다. 일본에서 가정 폭력이 법의 제재를 받게 된 것은 겨우 2002년의 일이며 경찰은 남편이 아내를 폭행하는 것을 으레 무시하고 넘어갔다. 마찬가지로 짐바브웨 사회에서 여성의 낮은 지위는 여성에게 가해지는 폭력을 영구화시킨다. 또한 인도에서는 인신매매업자들이 여성에게 가해지는 폭력, 성적 착취, 원하지 않는 결혼에 대한 공포와 같은 현실을 이용해 소녀들을 농락한다. 최근의 한 보고서는 뭄바이에서 노예생활을 하는 여성들 가운데 조사에 응한 사람들 중 거의 절반이 이런저런 유형의 가정 파탄이 인신매매의 직접적 원인이 되었다고 밝혔음을 보여 준다. 이런 가정 파탄 중 가장 흔한 것이 남편이나 다른 가족이 폭력을 휘두르는 것이다. 이 보고서의 결론은 "빈곤과 가정 내에서 이루어지는 여성과 소녀들에 대한 학대가 상호작용하여 성 인신매매의 위험성을 증대시킨다"는 것이다.

이 모든 요소들이— 지참금 관례, 남성 친척에 대한 의존, 취업과 교육 기회의 결여, 폭력 — 인도에는 다 함께 나타나는데, 비하르 주의 마을들에서 수천 명의 여성들이 인신매매되어 들어오는 우타르프라데시 주에서는 특히 더 그러하다. 이곳에서 경제적으로 여성에게 불리한 성 역할은 여성들이 노예가 될 가능성을 증대시킨다. 문화적 규범으로 인해 아들은 곧 경제적 이득을 뜻하게 되고 딸은 지참금을 딸려 보내야 하는 짐 덩어리가 된다. 종종 여성들은 돈이 아니라 곡물로 임금을 받고, 받는 임금도 남자들보다 적으며 수입을 늘릴 경제적 기회도 적다. 마을 밖에서 다른 일을 찾아볼 수 있는 기회도 별로 없다. 따라서 남자가 가정을 떠나 버리거나 일할 수 없게 되거나 집에 돈을 보내지 못하게 되면, 여자들은 식구를 먹여 살릴 길이 막막할 수밖에 없다.

한편, 인도에서는 성에 대한 편견으로 소녀들이 학교에 가는 것이 허용되지 않을 때가 많다. 소녀들은 가축을 돌보거나 땔감으로 쓸 나무나 소똥을 모으는 일과 같이, 해도 해도 끝이 없는 집안일들을 해야 하기 때문에 학교에 갈 여력이 없다. 산더미 같은 집안일이 어깨를 짓누르는 데다 집에서는 앞날에 별 희망도 없어 보이는 소녀들이 집에서 도망칠 궁리를 하거나 결혼을 약속하는 젊은 사내의 꼬임에 쉬 넘어갈 수 있다. 소녀들을 인신매매하는 자들은 지긋지긋한 집안일에서 벗어난 삶을 꿈꾸는 이들의 희망을 교활하게 이용하는 경우가 많다. 그리고 마지막으로, 남편으로부터 버림받거나 학대당한 인도 여성들은 마을 공동체에서도 배척당하는 일이 흔하다. 가족들은 집안의 위신에 더 누가 될까 두려워 도움을 주기를 꺼릴 수 있으며, 그렇다고 도움을 받을 수 있는 곳이 따로 충분히 있는 것도 아니다.

이들 공급 요인들이 전 세계적으로 젠더에 의해 형성된다면, 수요 요인들 역시 마찬가지이다. 어떤 연구자의 설명에 따르면, 인신매매와 노예제는 "교육과 경제적 향상에 대한 동등한 권리와 기회를 부정당한 여성들이 공급되면서 촉진"되며 "여성과 아동의 몸에 대한 수요"에 의해 추동된다. '몸'에 대한 수요는 수십억 달러에 달하는 섹스와 유흥 산업의 성장과 연계되어 있을 뿐 아니라 부유한 국가들에서 외국인 노동자들로 하여금 가사 도우미와 돌보미 역할을 수행하도록 하는 경향이 늘어나는 것과도 연계되어 있다. 예를 들어 신흥 산업화 국가들, 이를테면 싱가포르나 홍콩에서는 교육 수준이 높은 중산층 여성들이 노동인력으로 진입하면서 외국인 가사 도우미에 대한 수요가 늘어났다. 하지만 성 선별적인 이주정책과 규제 위주의 이민법으로 인해 여성의 합법적 이주는 제한을 받는데, 유엔은 이에 대해 이렇게 설명한다. "인신매매에 대한 여성의 취약성이 더 커지는 것은 합법적으로 이주할 수 있는 길이 열려 있지 않은 데에 기인한다." 또한 대개 여성은 남성에 비해 합법적 이주 기회에 대한 정보를 접할 기회가 적으며, 이주에서 초래될 수 있는 위험성에 대한 인식도 훨씬 떨어진다.

이러한 요인들로 인해 여성은 대안적인 이주 방법을 찾아보고 불법적인 경로를 통해 입국할 가능성이 더 크며, 이는 인신매매업자의 손에 걸려들기 딱 좋은 조건이 된다. ILO는 정규적인 이주 기회가 확대되면 인신매매는 줄어든다고 확언한다. "입국 요건을 자유화하면 잠재적 피해자들이 인신매매의 위험에서 벗어날 수 있다"고 밝히면서 ILO는 비자의 발급조건들을 폐지한 이후 유럽연합 가맹 국가들에서의 여성 인신매매가 곧바로 감소한 사례를 인용한다.

젠더에 따른 노예경험들

일단 인신매매되어 노예가 되면 여성들은 여성만이 겪는 다양한 학대를 끊임없이 경험하게 된다. 성형 수술을 강요받는 것에서부터 강제 낙태와 성폭력에 이르기까지 말이다. 크리스틴은 미국 안에서 인신매매당한 여성인데, 자기를 노예로 만든 사람들이 성폭력을 이용해 여성들을 분열시켜 지배하는 과정을 이렇게 회상한다. "그자들은 엄마와 할머니가 보는 앞에서 우리를 강간했어요. 우리가 보는 앞에서 할머니와 엄마를 강간했고요. … 그자들은 우리가 우리 눈앞에서 엄마, 자매, 딸, 할머니가 유린당하는 게 우리 잘못 때문이라고 느끼도록 하고 싶어 했어요." 많은 여성들에게 이처럼 폭력으로 노예가 되는 과정 안에는 여성으로서 사회적 지위에 변화가 일어나는 것이 포함된다. 아니타는 '매춘부'라는 낙인이 찍혔던 것을 기억한다. "그 사람들이 내 머리를 잘랐어요. … 머리가 짧게 잘렸으니, 사창가를 벗어나도 누구나 내가 매춘부라는 걸 알아볼 거라는 걸 알았죠. 우리 문화에서 짧은 머리는 노는 여자라는 표시거든요."

네팔에서 인도로 인신매매되어 팔려 간 여성 리타는 어떤 여인들은 사람들의 따가운 눈총 때문에 도망치기를 아예 포기한다고 덧붙인다.

내가 팔려 간 곳에는 다른 자매들도 많이 있었어요. 난 그 애들한테 여기 있으면 안 된다고 말했죠. "가자! 네팔로 가야지. 이런 일을 하고 있으면 안 돼, 가자!" 그렇게 사정했어요. 신참 애들은 그러자고 맞장구를 쳤지만 열대여섯 해 동안 거기 있던 애들은 가고 싶어 하지 않았어요. 경찰이 왔을 때

난 그 애들에게 여기서 떠나자고 빌었어요. "가자, 여기 있지 말자." 그렇게 말했죠. 하지만 그 애들은 가지 않겠다고 했어요. "네팔로 간다고 뾰족한 수가 있어? 가봤자 꼬락서니만 우습지. 우리는 이렇게 팔려 와서 매춘부가 됐어. 거기서 우릴 받아들여 줄 리가 없어. 우린 안 가." 그러더군요. "간다고 해도 돈을 벌어야 갈 거야." 단속 나온 경찰들조차도 원하는 사람만 데리고 가겠다고 하더군요.

실제로 리타는 여성으로서 자신의 정체성에 깊은 흔적을 남긴 일련의 경험들을 기술한다. 인신매매업자들은 다이아몬드를 밀매하는 데 그녀가 필요하다고 거짓말을 했다. 국경 수비대원들이 "여자는 남자만큼 철저히 검사하지 않는다"는 것이다. 인도에서 처음으로 겪은 사건들 중 하나는 바지를 긴 스커트로 갈아입도록 한 것이었다. 그리고 그녀는 노예경험에 대해 공개적으로 질문을 받는 것에 대해 여성이 느끼는 공포를 이렇게 설명한다.

네팔에 돌아온 후 변호사들과 경찰한테 죽도록 시달렸어요. 그들이 질문하는 방식은 마치 상처를 헤집는 것 같아요. 그 사람들은 우리한테 알면서 그곳에 간 것은 아니냐고 묻죠. "자기가 좋아서 그 짓을 한 거야." 그 사람들은 그렇게 생각해요. 그런 데서 온갖 고통과 고초를 다 겪고 돌아오면, 이제는 경찰하고 소장을 만들어 제출해야 해요. 그곳의 남자들은 우리한테 이렇게 묻죠. "몇 명하고 잤어?" 그곳에서 돌아온 뒤에 자와켈 경찰서에 가서 어떤 남자랑 소장을 썼는데, 거기에는 다른 남자들이랑 남자애들도 많았어요.

그 경찰관들은 남들이 다 보는 앞에서 그런 질문을 받는 게 이런 어린 여자한테 얼마나 끔찍한 일일지 생각해야 하는데, 그러질 않아요. … 그 사람들은 공개적으로 우리에게 수치를 줘요. 이것 때문에 더 괴로운 거예요.

이쯤 되면 네팔 소녀들과 여성들은 경찰에 구출된 것이 아니라 오히려 체포되었다고 해야 할 지경이고, 인도와 네팔에는 그나마도 몇 명 안 되는 여성 법 집행관들은 여성 대상 범죄에 대한 훈련이 되어 있지 않아, 리타와 같은 여성이 다른 여성에게 노예경험을 털어놓을 수 있는 여지를 주지 않는다.

노예신분에서 벗어난 뒤에도 공개적으로 수치를 당한 리타의 기억은 아르메니아에서 아랍에미리트연합으로 팔려 갔던 알리나라는 여성에게서도 되풀이된다. 그녀는 경찰의 출동으로 노예에서 해방된 후 공개적으로 차별을 받았던 경험을 이렇게 묘사한다. "가장 수치스러웠던 일은 예레반 공항에서 일어났어요. 누구 할 것 없이 나를 속된 말로 창녀 취급 하더군요. 그때부터 내 삶은 완전히 바뀌어 버렸어요. 보시다시피 난 이제 거리의 여자예요. 진짜 창녀가 된 거죠." 사회 주류로 다시 편입되지 못하는 탓에 여성들은 또다시 인신매매되거나 아니면 — 알리나처럼 — 스스로 선택해 성노동에 종사할 위험에 처한다.

노예신분에서 벗어난 후 리타와 알리나가 겪은 체험은 성에 따라 달라지는 노예제의 또 하나의 측면을 일러 준다. 그것은 바로 노예제에서 탈출한 후에도 여성에게는 남성보다 더 커다란 낙인이 찍힌다는 사실이다. 여성들은 이러한 배척을 낯선 이들만이 아니라 가족들로부터도 당한다. 아니타는 이에 대해 이렇게 말한다.

> 처음 집으로 돌아가 가족한테 갔을 때 아주 불편했어요. 마을 사람들은 날 조롱했고요. 우리 문화에서는 여자가 하룻밤만 없어졌다가 나타나도 사람들이 쑥덕대요. 난 두 달 동안이나 사라졌다가 나타났고요. 우리 집안은 브라만 계급이어서 특히 더 견디기 어려웠어요. 그래서 지금 난 카트만두에서 살아요. 그곳에서 가정집 하인으로 일하죠. 아이들은 내가 잡혀갔을 때 애들 아빠가 데려가서 지금도 볼 수가 없어요. 새 엄마가 우리 애들한테 못되게 군다고 하는데, 남편은 내가 갔던 곳 때문에 애들을 나한테 보내 주려 하지 않아요.

인도와 네팔의 집안들은 가문의 명예를 지키기 위해, 여성에게 가해진 잔혹행위를 사실로 인정하지 않는 경우가 많으며, 그에 대해 계속 공개적으로 밝히는 여성은 — 혹은 그러지 않는 여성들조차 — 흔히 집안 사람들에게 따돌림을 당한다.

이 때문에 대부분의 네팔인 피해자들은 노예에서 풀려난 이후에도 인도를 떠나지 않는다. 한 연구자는 2006년에 "많은 사람들이 고향에 돌아가 봤자 도움도 환영도 받지 못한다는 사실을 알고서 인도에 그대로 눌러앉게 된다"고 적었다. 이 연구자는 또한 고향으로 돌아간 여성들은 "배척당하거나 시설에 수용되거나 극심한 빈곤에 빠지거나 자포자기하여 다시 성매매에 종사하게 될지도 모르는 불확실한 미래를 맞게 된다. … 이들이 배척당하는 원인은 네팔 사회에 존재하는 '더러운 물품' 관념에 근거를 두고 있는데, 이러한 관념 탓에 결혼하지 않고 처녀성을 잃은 소녀는 이유를 막론하고 가치가 없는 것으로 여겨진다"고 덧붙였다. 네팔로 돌아온 여성 중 많은 수가 카트만두의 보호시설에서 머물고 있다.

여성이 특히 쉽게 인신매매의 대상이 되는 것은 전 세계에 만연해 있는 구조적인 성 불평등 때문이다. 질리언 블래켈이 설명하듯, "가정과 사회에서 여성의 불평등한 지위, 빈곤의 여성화, 여성을 재산, 상품, 하인, 성적 대상으로 간주하는 유해한 고정관념은 여성 인신매매가 일어나는 근원적 원인들 중 일부에 속한다". 여성에게 가해지는 폭력에 대한 유엔 특별조사위원회는 이에 덧붙여 "여성에게 충분한 권리가 부여되지 않는 것이 '여성 인신매매의' 기본적인 원인 요소가 된다. … 경제적, 정치적, 사회적 구조가 … 여성에게 불리하게 되어 있다."고 밝힌다. 그런데 성 불평등이 현대의 노예제에 심층으로부터 영향을 미친다면, 다른 정체성의 차이들은 마찬가지로 부정적인 영향력을 지니고 있을까? 5장에서는 인종, 종족, 종교라는 렌즈를 통해 노예제를 검토한다.

5장

한 핏줄

—현대의 노예제에서 인종, 종족, 종교의 측면들

노예 소유주의 규칙은 "하느님께서는 모든 민족의
인간들을 하나의 핏줄로 만드셨다"는 하느님 말씀의
이 근본적 진리에 위배되며, 하나의 핏줄이라면 곧
모든 인간은 같은 핏줄이라는 말이 된다.
조너선 블랜처드, 1845년

기나긴 노예제 역사의 순간들에서, 노예들이 자신과는 다르다는 사실 덕분에 노예주들로서는 한결 쉽게 폭력과 잔혹함으로 노예들을 전면적으로 통제할 수 있었다. 19세기 미국 남부에서는 노예제의 인종주의적 요소가 워낙 강해서 약간의 유전적 차이로도, 예를 들어 혈통의 8분의 1이 흑인이고 8분의 7은 백인이라 해도 평생 노예살이를 해야 했다. 그와 비슷하게 노예제와 종교가 합쳐져, 무슬림 세계에서 온 사람들은 메카로 순례를 떠날 때 노예를 데리고 가곤 하며, 메카에 도착하면 여비를 마련하기 위해 그 노예를 팔아 버리기도 한다. 이런 관행은 20세기 초까지도 계속되었다. 오늘날 노예제는 인종적, 종족적, 종교적 차이와는 점점 더 무관해지고 있다. 인종, 카스트, 부족, 종교는 얼핏 보기에 노예제의 결정 요소인 것처럼 보이기도 하지만, 이러한 차이들은 대개 그저 사람들이 노예상에게 넘어갈 가능성을 크게 만들 뿐이다. 이러한 차이들보다 훨씬 더 중요한 것은 경제적 차이라는 현실이다. 대부분의 노예주들은 자신들이 노예를 사용한다는 사실에 대해 해명이나 변명을 해야 할 필요를 느끼지 못하며, 노예를 선택할 때 다른 기준을 적용한다. 문제가 되는 것은 "그들이 올바른 종족, 올바른 종교에 속하는가?"가 아니라 "그들이 곤경에 처해 있고 잘 속아 넘어가는가?"이다.

분명 어떤 문화들은 다른 요소보다 인종적 구분에 의해 나누어져 있다. 예를 들어 일본 문화는 일본인은 다른 어느 누구와도 다르다고 힘주어 강조하며, 따라서 일본에서 노예가 되어 성매매를 하는 사람들은 일본인보다는 태국인이기 쉽다. 하지만 여기서도 중심 되는 차이는 경제적인 것이다. 일본인 여성들은 그만큼 곤경에 처하거나 절망적이지 않고, 태국인들은 같은 태국인을 인신매매하기에 태국 여성들을 배에 실어 일본으로 데려올 수 있다. 하지만 대부분의 국가들에서 인종, 종족, 종교적 차이가 현대의 노예제를 전적으로 규정하지는 않는다 해도, 소수의 몇몇 국가에서는 여전히 중심적 요소인 것이 사실이고 몇몇 다른 나라들에서는 노예제를 정당화하는 구실로 이용되기도 한다. 니제르, 모리타니, 가나, 인도, 태국, 나이지리아, 중국에서는 인종, 종족, 종교의 차이에 대한 인식이 아직도 노예와 자유인을 나누는 구분 기준이 되고 있다.

세습노예신분

오늘날 대부분의 노예는 인생의 어느 시점에, 유괴나 취업시켜 주겠다는 거짓 약속 등 다양한 방법에 걸려들어 노예가 된 사람들이다. 하지만 전 세계에는 태어나면서부터 노예신분인 사람들도 수백만 명에 이른다. 니제르, 모리타니, 말리, 차드와 같은 아프리카 나라들에서는 노예신분이 여전히 종족에 의해 결정되어 세습된다. 니제르에서는 노예제가 몇 세기 동안 이어져 온 관습인데, 나면서부터 노예인 사람이 4만 3천 명에 이를 것으로 추정된다. 이 노예들은 이 나라의 여덟 종족 가운데 4개 종족 출신 사람들로, 폭력과 세뇌를 통해 고분고분 말을 듣도록 만들어지고, 어린 나이에 부모와 생이별한다. 노예제는 니제르가 프랑스로부터 독립을 선언한 1960년에 법으로 금지되었지만, 아직도 형식적인 금지에 그치고 있다.

여성과 소녀들은 집안일을 하고 남자는 소와 염소 무리를 돌보고 아이들은 주로 이 사람 저 사람에게로 넘겨진다. 타마다는 나면서부터 노예였던 니제르 사람인데, 세습노예로 산 자신의 삶을 이렇게 이야기한다.

나는 나면서부터 노예였어요. 엄마와 할머니처럼요. 아주 어릴 때 엄마하고 헤어졌어요. … 기억 날 때부터 난 매일매일 일을 했어요. 늘 바삐 움직였어요. 수수를 빻고 빨래하고 요리하고…. 땔감을 모으고 물을 길어 오고 하며 동이 틀 때부터 어두워지고도 한참 지날 때까지 일했어요. … 나이가 들면서 주인마님의 아이들을 돌보기 시작했고 그다음엔 집안 잡일들을 해야 했죠. … 주인어른은 날 자주 때렸어요.

타마다는 열여덟 살이 되던 2003년에 탈출했다. 같은 해, 니제르에서 노예 소유는 30년의 징역형까지 받을 수 있는 처벌 대상이 되었다. 하지만 새로운 법률로도 바뀐 것은 거의 없었다. 2004년 9월 투아레그족 족장인 아리살 아그 암다그는 부족민이 소유한 7천 명의 노예를 풀어 주겠다고 문서로 약속했다. 무슬림으로서 자신의 종교적 신념에 따라 노예 소유는 용납할 수 없다고 주장하며 그는 상속받은 노예들을 풀어 주고 싶다고 말했다. 이나테스 마을에서 열린 기념식에서, 니제르에서 벌어질 최초의 대규모 노예 해방의 날짜가 2005년 3월 5일로 잡혔다. 하지만 대규모 노예 해방은 일어나지 않았다. 그 대신 3월 5일 암다그는 군중 앞에 서서 자신에게는 노예가 한 명도 없다고 선언했다.

'구'노예제의 인종주의는 모리타니에서도 그대로 유지되고 있다. 모리타니 인구는 세 개의 주요 집단으로 나뉘는데, 지배층인 아랍 베르베르족(무어족), 하라티네라고 불리는 노예와 노예 후손들, 보통 아프로 모리타니인이라 불리는 몇몇 아프리카 흑인 부족 집단이 그것이다. 아랍 베르베르족은 여러 세대 동안 가산노예를 보유해 왔다. 나면서부터 족쇄에 얽매인 노예와 그 자녀들은 주인집 남자들의 재산으로 치부된다. 노예 가족은 보통 주인집 안에서 기거하며, 일하고도 임금은 한 푼도 못 받고, 이동의 자유가 없다. 이들은 아주 어려서부터 일을 시작하는데, 주로 가축을 치고 곡식을 빻고 집안일을 한다.

셀레카 민트 아흐메드 레베이드와 우물케르 민트 마흐무드는 모리타니아에서 태어난 세습노예이다. 셀레카는 재산으로 상속되어 여러 '주인어른들'을 전전했다고 말한다.

두 살 때 내 첫 주인이 나하고 엄마를 갈라놨어요. … 주인은 자기 아버지한테서 나와 엄마를 물려받았지요. … 아주 어릴 때는 염소들을 돌봤고,

일곱 살 때쯤부터는 주인 아이들을 돌보고 집안일들을 했어요. 요리하고 물 길어 오고 옷 빨고 하는 것들요. … 열 살 때 마라부트(북아프리카 이슬 람교의 성직자, 은수자 — 옮긴이)에게 넘겨졌는데, 이분은 다시 자기 딸에 게 노예로 쓰라고 결혼 선물로 날 주었어요. 돈은 한 푼도 못 받고 온갖 일을 다 해야 했고요, 일을 제대로 못 하면 매를 맞고 욕을 먹었어요.

셀레카는 자신이 노예라는 것을 깨달은 뒤, 2000년에 스무 살의 나이로 탈출했다. "이건 뭔가 잘못됐다는 생각이 들었어요. 다른 사람들이 어떻게 사는지 봤거든요." 그녀는 그렇게 설명한다. 이후 셀레카는 인권 단체인 SOS슬레이브의 도움으로 고향에 돌아가 자기 어머니 우물케르를 풀려나게 하기 위해 애썼다.

하지만 우물케르의 경우에는 노예신분에서 벗어나는 것이 더 어려웠다. 처음에 그녀는 주인을 떠나려 하지 않았다.

난 평생 노예로 살았어요. 썩 괜찮은 노예였지요. … 셀레카가 날 찾아왔을 때 난 가지 않겠다고 했어요. 난 이미 늙고 쓸모없는 여편네니까요. 하지만 그때 주인어른의 부인들이 그 애에게 욕을 퍼붓기 시작해서 셀레카가 울었어요. 난 화가 나서 떠나겠다고 했어요. 셀레카가 날 돌봐 주겠다고 약속했지요.

우물케르가 자기는 '늙은이'라며 처음에 선뜻 자유를 받아들이지 않은 것은 이 유구하고 뿌리 깊은 노예제 형태를 상징한다. 사람들을 노예로 사고팔고 사육하는 관습이 모리타니에 생긴 것은 13세기부터로, 이 시기에 아랍인들이 아프리카인들을 이슬람으로 개종시키기 위해 이 나라에 침입해서는 여성과 아이들을 납치하고 새로운 노예 '카스트'를 만들어 냈다. 오늘날에도 노예제도는 이 나라의 사회구조와 문화 속에 깊이 스며들어 있다. 살마가 설명하듯이 말이다. 모리타니에서 세습노예로 태어난 살마는 많은 노예들이 탈출은 아예 꿈도 꾸지 못한다고 증언한다.

나는 나면서부터 노예였어요. … 엄마 아빠도 어느 집안의 노예였고 그분들의 부모님도 노예였죠. … 난 언제나 자유에 대해 생각했어요. 다른 노예들은 자유를 얻는 걸 두려워했어요. 어디로 가야 하는지 무슨 일을 해야 하는지 누구한테 이야기를 해야 하는지 몰라 겁이 났던 거예요. … 우리 집안사람들이건 다른 집안사람들이건 아직도 노예로 사는 사람들을 많이 알아요. 우리 집안에서 나보다 먼저 탈출한 사람은 없는 걸로 알아요. 내가 첫 번째였던 거죠. 우리 엄마 아빠는 노예로 돌아가셨어요.

일부 노예들은 '자유를 얻는 것을 두려워'하고, 모두가 어릴 때부터 아랍 베르베르족 주인들을 모시는 것이 자신들의 의무라고 믿도록 배우며 자란다. 대부분이 족쇄에 묶인 채 평생을 보낸다.

모리타니에서 노예제가 처음 폐지된 것은 1905년으로, 프랑스 식민 통치자들이 주도한 것이었고 이후 1961년 10월에 유엔에 가입하면서 다시 한 번 폐지되었다. 노예제는 1981년 구국군사위원회에 의해 세 번째로 폐지된다. 하지만 상황이 근본적으로 변한 것은 아니다. 한 사회학자의 관찰에 따르면 법률 체계가 "경제적, 이데올로기적, 상징적인 복잡한 관계망 속에 깊이 새겨져 있는 '노예' 지위를 폐지하기에는 충분치" 않았다. 법 집행을 위한 조항이 없어서 주인들은 여전히 노예들에게 임금을 지불하거나 어떠한 종류의 사회보장도 제공할 필요가 없었고, 금지령에는 주인들이 어떻게 보상을 받는다거나 노예들이 어떻게 재산을 얻을 수 있는지에 대해서는 언급이 없었다.

이 조치는 노예제 폐지라는 법적 허구가 지속될 수 있게 해주었다. 그러다 2003년 모리타니는 노예 소유를 벌금이나 징역형으로 처벌할 수 있는 법률을 통과시켰다. 하지만 기소된 노예주는 단 한 명도 없었다. "거기선 법에 뭐라 적혀 있든 아무 상관이 없어요. 법률 적용을 안 하니까요." 살마의 말이다. "어쩌면 노예제 같은 건 없다고 적혀 있을지도 몰라요. 하지만 그건 사실이 아니에요." 2007년까지 정부는 노예제는 존재하지 않는다고 공식적으로 주장했으며, 언론에서 '노예'라는 단어를 쓰는 것을 금지하는 등 이를 밝히려는 어떠한 시도도 적극적으로 막았다. 노예제 반대 운동가들은 활동을 하다가 감옥에 갔다. 상황을 공식적으로 부인하는 탓에 이 나라에 도대체 얼마나 되는 노예가 존재하는지 계산하기가 어렵지만, 대개 2만 명에서 많게는 4만 명에 이르는 노예가 있을 것으로 추정된다.

2007년에 모리타니의 상황은 급작스럽게 변했다. 나이 많은 종신 대통령이 무혈 쿠데타로 물러나고 과도정부가 들어서면서 공정하고 자유로운 선거가 이루어졌다. 노예제 반대 운동가들과 예전에 노예였던 사람들이 용기를 얻어 공직에 출마했고 몇몇은 관직을 얻었다. 2007년 말에 이르자 새로 선출된 정부는 국제 노예제 반대 단체들과 협조하여 노예제를 근절하는 계획에 착수했다. 새 법률은 노예제를 범죄로 규정했으며 노예주들은 사상 처음으로 기소당하여 법정에 섰다.

의례적 노예제

모리타니에서 종족에 근거한 노예제가 오랜 전통이었던 것처럼, 다른 서아프리카 국가, 즉 가나에서는 종교에 근거한 노예제가 여러 세기 동안 존재해 왔다. '트로코시'(에웨족 말로 '신들의 아내' 또는 '신들의 노예'를 뜻한다) 제도는 두 부계집단, 즉 통구와 안로 북부와 남부의 에웨족, 그리고 그레이터아크라의 당메족에서 성행한다. 지역 단체들의 추산에 따르면 현재 5천에서 2만 명의 가나 여성이 트로코시로 지내며, 주로 볼타 주의 시골 지역 사람들이다. 열 살 미만의 아이들이 전체의 10퍼센트를 차지한다. 트로코시 관습은 토고나 베냉과 같은 서아프리카 국가들, 그리고 나이지리아 남서부에도 얼마간 존재한다.

이러한 의례적 노예제는 속죄를 중심으로 형성된다. 성소를 지키는 주술가들은 처녀인 딸 — 주로 여덟 살에서 열여섯 살 사이의 — 을 바쳐야만 집안의 친척이나 조상들이 지은 죄를 용서받을 수 있다고 주장한다. 이 죄라는 것은 살인에서 좀도둑에 이르기까지 다양할 수 있다. 일단 소녀를 바치면 주술사는 이들을 노예로 만들고 계속해서 아기를 배게 한다. 소녀들은 도망치려 하면 매를 맞고, 교육도 받지 못하고 음식도 제대로 먹지 못하며 기본적인 의료 서비스도 받지 못한다. 대부분의 소녀들은 3년에서

10년 동안 노예로 지내고 일부는 평생을 노예로 살기도 한다. 이들이 사망하면 가족은 다른 처녀 딸을 바쳐야 하고, 혹시나 풀려난다 해도 트로코시였던 여성은 결혼할 수 없는 것으로 간주된다. 니제르의 노예제처럼 트로코시 제도도 세습된다. 트로코시에게서 태어난 아이는 누구나 노예가 되며, 주술사가 사망하면 트로코시는 다음 주술사가 물려받는다.

1996년에서 2006년 사이에 인터내셔널 니즈-가나라는 단체는 가나의 볼타와 그레이터아크라 지역에 있는 130개 이상의 성소에서 3천5백 명의 노예를 해방시켰다. 하지만 1997년에서 1999년 사이에 해방된 2천 명의 트로코시 가운데 거의 90퍼센트가 성소로 되돌아갔다. 가족과 지역사회로부터 낙인찍히고, 밥벌이를 하려 해도 아무도 받아주는 이가 없는 상황에 직면한 이들에게 독립이란 곧 굶어 죽는 것을 뜻했다. 또한 일부는 신들을 거역해 벌을 받으면 어쩌나 두려워하기도 했다.

트로코시 관습은 1998년 가나에서 금지되었지만 금지령의 시행은 실효성이 없었다. 어떤 가나인들은 트로코시의 자녀들은 인류를 구원할 운명을 타고났다고 주장한다. 다른 사람들은 트로코시 제도가 법을 대신해서 질서를 유지한다고 주장한다. 또 어떤 사람들은 트로코시가 노예가 아니라 여사제라는 주장을 굽히지 않는다. 가장 목소리를 높이는 것은 아프리카르네상스전도단으로, 이 관습이 그들 조상의 종교를 유지하는 것이라 말하는 한편, 가나 헌법 제21조(종교의 자유를 보장하는 항목)를 인용한다. 토고와 베냉은 이 관습을 금지시키기 위한 조처를 거의 취하지 않는데, 그 바람에 가나의 주술사들이 이 나라들에서 소녀들을 데려오는 실정이다.

비슷한 제도가 남아시아에도 존재한다. 네팔에는 데우키(신에게 바쳐진 소녀) 제도가 있는데, 약 1만 7천 명의 소녀가 여기에 속해 있다. 딸이 없는 부유한 집안에서는 가난한 시골 집안에서 어린 소녀를 사다가 사원에 자기네 공양물로 바친다. 이 소녀들은 사원의 신에게 종으로 봉헌되어 결혼이 금지되며, 종종 생계를 잇기 위해 성매매에 종사하게 된다. 이보다 훨씬 더 널리 퍼져 있는 것이 인도의 데바다시(신들의 종) 제도로, 힌두 전통의 일부이다. 사춘기 이전의 소녀들이 가족과 마을 장로들에 의해 옐라마 여신에게 봉헌되어 사원의 사제들에게 바쳐진 후 성적으로 노예화된다. 이 소녀들은 여덟에서 열두 살 나이에 성 노예가 되기 시작하여 성인이 된 후에도 사제들의 재산으로 간주된다. 가족들이 소녀를 바치는 것은 여신에 대한 헌신의 마음 때문이기도 하고, 여신이 언짢아하지 않을까 두려워서이기도 하며, 집안의 액을 막아 보려는 바람에서이기도 하다. 이 관습은 특히 인도의 두 주에서 성행하는데, 약 1만 7천 명의 데바다시가 있는 안드라프라데시 주와 약 2만 3천 명이 있는 카르나타카 주가 그 두 곳이다. 카르나타카 주에서는 1984년, 안드라프라데시 주에서는 1988년에 이 관습이 금지되면서 데바다시의 전체 수는 줄어들었다. 하지만 1990년대 초까지도 카르나타카 주 한 곳에만 약 5만 명의 데바다시가 있었다.

신들의 '아내'로 공표되면서 데바다시들은 정상적인 결혼이 금지된다. 그 대신 이들은 신을 섬기는 사제나 신도들의 성적 대상이 되며, 이 남자 저 남자를 전전하며 첩 생활을 하게 된다. 임시 '남편'은 데바다시나 그녀가 낳은 아이를 부양해야 할 공식적 의무가 없다. 어떤 이들은 잠시 머물 처소를 마련해 주기도 하지만, 대부분의 데바다시는 부모와 함께 산다. 전통적으로 데바다시는 사원 안에서 살게 되어 있지만 지금은 지켜지지 않는 곳이 많다. 이들은 성관계의 대가로 돈을 받지도 못해서, 생계를 이으려면 농경지나 공사판에서 저숙련 노동을 해야 한다. 중년의 나이가 되어 성 노예로 살아야 하는 기간이 끝난다 해도, 이들에게는 이미 낙인이 찍혀 있다. 데바다시라는 지위는 벗어던질 수 있는 것이 결코 아니며, 정상적인 결혼을 하지 못한다는 것은 결국 여생을 극도의 빈곤 속에서 보내야 한다는 것을 뜻한다. 데바다시가 낳은 아이들 또한 아비 없는 자식이라는 이유로 차별을 받는다. 때로는 데바다시 역할이 다음 세대로 대물림되기도 하지만, 대개 이 아이들은 성매매에 종사하게 되기가 쉽다.

인도의 거의 모든 데바다시가 '지정 카스트'에 속한다. 즉 정식 카스트 제도 안에도 들지 못하는 가장 낮은 사회적 범주에 있는 사람들인 것이다. 예전에는 '불가촉천민'으로 불렸던 이들은 오늘날 '달리트'로 불린다. 상층 카스트 출신으로 데바다시가 되는 사람은 없다. 그런데 사실, 이를 통해 데바다시들이 산출되는 것 외에도 인도의 카스트 제도는 다른 수많은 형태의 노예화의 토대가 되는 기성의 위계서열을 만들어 낸다.

종족적, 종교적 위계서열

공식적으로는 불법화되었지만 인도에는 여전히 내부적인 힌두 '카스트' 제도가 존재하여 사람들이 태어나면서부터 사회적으로 서열이 매겨진다. 인도의 2001년 인구조사에 따르면 '지정 카스트'에 속하는 인구는 거의 1억 7천만 명에 이르러서 인도 전체 인구의 약 16퍼센트를 차지한다. 카스트에 따른 차별은 모든 정치적, 경제적, 사회적 관계들을 틀 짓는다. 가장 낮은 카스트 층에 속하는 사람들인 달리트는 사회에서 분리되어, 토지를 소유할 수도, 교육을 받을 수도, 일자리를 얻을 수도 없다. 전통적으로 달리트에 속하는 사람들에게는 마을의 어렵고 힘든 일들(청소, 쟁기질, 가축이나 사람들의 오물 치우기)이 맡겨졌는데, 돈 한 푼 받지 않고 이 일들을 해야 했고 만약 그러지 않으면 쫓겨나거나 배척당하거나 폭행을 당했다.

달리트들은 인도의 노예들 가운데 큰 비율을 차지한다. 같은 카스트에 속한다 해도 어떤 이는 노예이고 어떤 이는 자유민일 수 있지만, 카스트 제도는 인도 사회에서 너무나 강력한 사회적, 문화적 특성이어서 한 NGO는 그것을 "여성과 아동 인신매매 배후에 있는" 중요 요인으로 지목한다. 인도의 전체 담보노동자 가운데 최소한 80퍼센트는 가장 차별받는 카스트 출신이며, 비하르에서 인신매매된 아동 노동자의 대부분, 첸나이의 아동 가내노동자 중 70퍼센트, 강제 성매매에 종사하는 인도인 피해자 가운데 약 60퍼센트 역시 그러하다. 특히 우타르프라데시 주와 비하르 주는 카스트 이데올로기 측면에서 '전통'을 고수하고 있다. 이 두 지역에서 카스트 차별은 문화적 관습과 뒤섞이는데, 첫딸은 강제로 성매매를 시키는 관습이 있는 우타르프라데시 주의 베디아 부족의 경우가 특히 그러하다. 이 관습의 한 결과로, 베디아족 사람들은 젖먹이 여자아이를 유괴하다 길러서 첫딸로 삼은 다음 아홉 살쯤 되었을 때 성매매를 시키는 것으로 보고되고 있다,

사실, 주변화된 집단에 — 토착민이건 부족 집단이건 난민이건 이주민이건 간에 — 속하는 사람들은 세계 어디서나 인신매매와 노예화의 표적이 된다. 예를 들어 석유로 돈을 번 사우디아라비아와 쿠웨이트에서는 무슬림 아랍인이 스리랑카의 힌두교도와 필리핀의 기독교도, 나이지리아의 무슬림을 노예로 삼는다. 또한 주변화된 집단을 표적으로 삼는 경향에는 종족적 요소도 있다. 이들의 고국에서 벌어지는 종족 차별이 이주의 근본 원인이 되어 사람들을 인신매매업자의 손 안에 밀어 넣는다고도 할 수 있는 것이다. 루마니아, 불가리아, 알바니아에서는 집시와 같은 소수 집단의 일원이라는 것은 이미 하나의 위험 요소이며, 네팔의 경우 네팔인 노예들은 대부분 고지 부족 집단(이를테면 타망족, 마가르족, 셰르파족)이나 낮은 카스트 출신이다. 태국에서는 태국인 노예 대부분이 태국 시민권을 지니지 못한 북부 고지 부족 출신이다. 사회적 배제와 경제적 착취에, 이들 고지 부족의 여인과 소녀들은 노예신분으로 전락할 가능성이 더 크다.

종족 차별은 이주 뒤에 사람들이 어떤 처우를 받는지를 좌우하기도 한다. 예를 들어 라트비아와 에스토니아에 거주하는 러시아 혈통의 이주민은 정규적인 직업을 구하는 데 어려움을 겪는다. 정규 노동 시장에서 소수 집단이 겪는 이러한 차별의 문제는 이들이 인신매매에 걸려들 위험성을 높인다. 한 유엔 보고서는, 보다 일반적으로는 중부 유럽과 동유럽에서 서유럽으로 인신매매된 여성들이 '외국인'으로 인종차별을 겪는다고 설명하며, 다른 연구서는 타인에게 강제적인 가사노동을 시키는 것은 인종적 또는 종족적 위계서열상에서 자신의 위치를 과시하고 싶은 욕망과 연계되어 있을 수도 있다는 가설을 제시한다.

종족적 차이는 공급의 한 요인인 것처럼 수요의 한 요인이기도 하다. 발칸 지역에서 인신매매된 여성은 피부색과 인종적 특성에 따라 가격이 달라지며, 2003년 국제이주기구IOM는 태국의 윤락업소를 찾은 고객들은 "대부분 인종적 또는 종족적 위계서열로 각각의 집단의 순위를 매겼다"고 보고했다. 이 위계서열은 "짙은 피부색 하면 으레 더럽고 교양 없고 촌티 나는 것으로 여겨 사회적으로 멸시하는 것"에 의해 형성된다. 미얀마와 태국 북부 출신의 가무잡잡한 여인들은 최하급으로 취급되어 가격도 떨어진다. 또한 내부의 카스트 제도에 더하여, 피부색에 따른 서열화 역시 인도 노예제의 특징에 속한다. 국제이주기구는 피부색이 검은 여인과 소녀들은 이 서열상에서 최하층에 자리하며, 유럽의 백인이 최상으로 간주된다고 보고한다. 이처럼 멸시당하는 탓에 피부색이 검은 사람들은 강제로 성매매에 종사하게 될 가능성이 더 커진다.

따라서 모리타니의 세습적인 인신구속만큼 노예신분제에 결정적 영향을 미치는 것은 아니더라도, 인종과 종족 역시 노예제의 공급과 수요에서 일정한 역할을 하는 것이 사실이다. 종교 또한 그러하다. 세계의 수많은 나라들에서 종교는 전적으로 인신구속 제도를 결정짓지는 않는다 해도, 노예와 자유민을 나누는 기준선을 형성한다. 인도의 힌두 카스트 제도처럼 사회적 배제와 경제적 취약성을 만들어 내거나 가나와 인도에서처럼 의례적 노예제를 형성하는 역할을 하는 것 말고도, 종교는 그 교리를 적용하는 데 도가 튼 인신매매업자와 노예주들에게 하나의 무기가 된다.

종교적 정당화

인신매매업자와 노예업자는 인신구속을 전적으로 종교적인 제의로 전환하는 것은 아니고 다만, 자신들의 활동을 용이하게 하는 데 종교를 이용한다. 예컨대 파키스탄에서 종교는 노예화에서 결정적 요소가 아니지만, 노예가 된 벽돌공 중 많은 수가 기독교인이며 노예주 가운데 많은 사람이 무슬림이다. 네팔에서는 무슬림 지역에서 노예제가 더 성행하는데, 이는 이슬람의 교리가 노예제도를 요구해서가 아니라 이슬람 사회에서 이혼한 여성은 흔히 버림받은 사람으로 취급되어 쉽사리 협박하여 마을에서 데리고 나가 강제로 성매매를 시킬 수 있기 때문이다.

태국에서는 노예주들이 또 다른 세계적 종교, 즉 불교를 이용한다. 우선 이들은 불교의 어떤 교리를 적용하여 성매매 여성과 관계를 갖는 것을 정당화한다. 성매매를 승인하는 것처럼 보이는 것은 '비하야' 즉 승려를 위한 계율들 가운데 열 가지 종류의 아내를 열거하고 이 중 처음 셋을 "때때로 즐기거나 관계하는 데 쓰는 아내들"로 여긴 부분이다. 다음으로 동남아시아에서 가장 널리 퍼진 불교 형태인 소승불교에서는 여성을 남성보다 열등한 것으로 규정한다. 여성은 열반의 상태에 들 수 없고, 여성으로 태어났다는 것은 전생에 많은 죄를 지은 업보라는 것이다. 노예주들은 여성과 소녀들이 지금 이렇게 노예가 되어 학대당할 만큼 전생에 끔찍한 죄를 저지른 것이 틀림없다고 믿도록 조장한다. 세 번째로, 불교의 가르침에 근거를 둔 태국의 또 다른 문화적 믿음을 ─ 인생의 고통과 고난을 체념하고 받아들이라는 ─ 이용하여, 노예주들은 여성들에게 자신의 업보를 받아들이고 그것과 타협하여 운명에 묵묵히 따르라고 종용한다. 이러한 종교 전통의 적용이 시골의 가난한 지역에 사는 일부 부모들처럼 딸을 상품으로 여기는 부모의 시각과 결합할 때, 그리고 자신들이 부모에게 우주적인 신체상의 빚을 지고 있다고 생각하는 태국 아이들, 특히 소녀들의 믿음과 결합할 때 노예주들은 훨씬 더 손쉽게 젊은 여성들을 먹잇감으로 삼을 수 있게 된다.

　노예신세를 받아들이도록 종용하는 데 태국 노예주들이 종교를 이용하는 것은 유럽의 나이지리아인 인신매매업자들도 쓰는 전략이다. 이곳에서는 인신매매업자들이 서아프리카의 부두교를 이용해 여성들의 탈출 의지를 꺾는다. 서유럽에서 취업하게 해주겠다는 제안을 받아들이고 나서 나이지리아를 떠나기 전에 여성과 소녀들은 입문 의식을 치른다. 입문 의식에는 얼굴과 손에 문양 그려 넣기, 손을 '주주(조각상)' 위에 올려놓는 의식, 피를 마시는 의식이 포함되기도 한다. 흔히 이들의 머리카락과 손톱 자른 것을 마법 주머니에 집어넣는데, 이것으로 노예주가 그들의 영혼을 지배할 수 있게 된다고 믿는다. 이들은 앞으로 고용주를 위해 열심히 일할 것이며, 자신들의 진짜 이름을 입 밖에 내지 않을 것이며, 도망치지도, 경찰에 신고하지도 않을 것을 신들에게 맹세해야 한다. 유럽에 도착하면 이들은 약을 탄 음식이나 음료를 먹고 잠든 뒤 ― 주로 윤락업소로 ― 팔려간다. 유럽에 도착해서 말을 고분고분 듣지 않으면 여성들은 신체적 폭력과 함께 강제로 새로운 의식을 치르게 되기도 한다. 이들을 붙잡고 있는 사람들 ― 보통은 윤락업소의 '마담'들 ― 은 말을 안 들으면 신들이 벌을 내리거나 목숨을 빼앗을 것이라고 협박하는가 하면, 도망치면 가족에게 반드시 저주가 내릴 것이라고 을러댄다.

거짓말에 속아 1998년에 북부 나이지리아의 고향 마을을 떠난 고아, 조이 우비우비는 부두교 의식을 치르면서 피를 마셨던 것을 기억한다. 그 후 유럽에서 지내던 어느 날 그녀를 잡아 가둔 사람이 말하기를, 그 의식의 의미는 그녀가 도망치려 하면 주주가 그녀를 죽일 거라는 것이라고 했다. 조이가 말하듯, 이렇게 해서 그녀는 '할 수 없이' 성매매 여성이 되었다.

우리는 아주 멀리멀리 갔어요. 그전에 내가 가본 데는 고작해야 이웃마을이나 장터였죠. 그곳에 도착해서 하얀 옷을 차려입은 남자 몇 명을 만났어요. 여자도 한 명 있었는데, 여사제였죠. … 그 사람들이 나더러 신발을 벗으라고 하고는 피를 가져오더니 마시라 했어요. 나한테 좋은 거니 마시라 하면서 마셔도 안 죽는다 했어요. 내가 그걸 마시니까 그 사람들이 내 몸과 손에 무슨 문양 같은 걸 그렸어요. 그러고는 양의 눈알을 주더니 꼭 먹어야 된대요. … 유럽에 가려는 사람은 누구나 꼭 이걸 해야 한다고 했어요. 다 먹고 나니까 손을 주주 위에 올려놓으라 그래요. … 그리고 나서 차에 태우더니 곧바로 배 있는 데로 갔어요. … 홍등가에서 내가 물었어요. "어떤 종류의 일이에요?" 그들이 대답했죠. "몸 파는 일." … 어떤 남자가 만약 내가 경찰한테 가거나 경찰에 체포되면 경찰은 나를 나이지리아로 추방할 거고 그러면 자기가 직접 나이지리아로 와서 나를 죽일 거라고 했어요. … 그 사람들이 그러는데, 오기 전에 내가 마신 것들하고 내가 주주 위에 손을 올려놓은 일 때문에, 만약 내가 누구한테라도 가거나 도망치려 하면 주주가 날 죽일 거래요. 그래서 나는 할 수 없이 그 일을 하게 됐어요.

조이는 서아프리카 이주민들이 많이 모여 사는 암스테르담의 궁핍한 베일머 지구에서 3년 동안 노예로 지냈다. 그녀는 아기를 갖게 되었는데 그 아기를 지우라는 말을 듣고는 탈출을 결심했다.

중국에서는 노예제와 종교의 아주 다른 혼합이 벌어진다. 태국 노예주들이 여성들이 노예신세를 받아들이도록 조종하는 데 불교의 가르침을 이용하고 나이지리아 인신매매업자들이 부두교를 이용해 여성들이 탈출을 시도하는 것을 막는다면, 중국 정부는 종교적 믿음을 죄수노동을 정당화하는 데 이용한다. 지난 20년 동안 중국의 국가 감옥 체계는 대부분 라오가이勞改(노동을 통한 개조)라는 제도로 전환되었다. 마오쩌둥의 지도 아래 있던 1950년대 중국 공산당에 의해 창안된 라오가이 제도는 '범죄자를 재교육시키는 것'을 목표로 하며 죄수들을 값싼 노동력 자원으로 활용한다. 라오가이 제도 내에는 3개의 기본 시설, 즉 재소자 노동 개조소(라오가이), 노동을 통한 재교육소(라오자오勞教), 강제노동 실습장(지우예就業)이 있다. 라오가이 연구재단은 중국 전역에 1,045개의 수용소가 있는 것을 확인하고 이 수용소들에 현재 1백만 명 이상의 인원이 수용되어 있는 것으로 추정하는데, ILO는 수용자 수를 26만 명으로 추산한다.

수용소는 실제로는 공장이어서, 이익이 많은 수출 시장을 겨냥한 주요 소비재 제품을 생산하며 임금은 한 푼도 지불하지 않는다. 각각의 수용소는 두 개의 이름, 즉 감옥 이름과 공적으로 내세우는 이름을 갖고 있다. 예를 들어 상하이 시립 감옥은 상하이 인쇄 문구 공장으로도 불린다. 유죄 판결을 받은 범죄자들이 재소하는 동안 자신을 관리하는 데 드는 비용을 일을 해서 지불해야 한다는 것은 얼핏 합리적으로 보일 수도 있지만, 실상은 그게 아니다. 특히 라오자오 수용소의 경우는 더욱 그렇다. 라오가이 수용소의 죄수들은 정식으로 체포되어 재판을 받고 형을 선고받았을 수도 있지만 라오자오는 법적 절차를 필요로 하지 않는다. 라오가이 제도에서 라오자오 부분은 1980년대 초반에 부활하여, 이로써 정부는 정식 기소나 재판 없이 반대자들을 체포하여 3년까지 구금할 수 있는 권리를 갖게 되었다. 라민 페잔은 정부가 라오자오를 사용하는 방식에 대해 다음과 같이 설명한다.

(중국은) 라오자오를 국가 안보에 위협이 된다고 생각하거나 비생산적이라고 간주하는 사람들을 구금하는 데 사용한다. … 라오자오에 수용된 사람들은 중화인민공화국 법에 저촉되는 범죄를 저지른 사람들이 아니기 때문에 죄수로보다는 '입소자'로 불리며, 이들에게는 항소할 자격이 주어지지 않는다. 이들은 지역 공안이 내린 행정 처분에 따라 라오자오로 보내진다. 이 모호한 구금 정책 덕분에 중화인민공화국은 정치적 동기로 사람들을 체포했다는 의혹에서 벗어나 이들이 체포된 것은 "정직한 일에 종사하지 않는다"거나 "사지가 멀쩡한데도 일하지 않는다"는 등의 이유 때문이라고 주장할 수 있게 되었다.

사람들은 재판 없이 금지된 종교를 신봉하거나 정부에 비판적인 의견을 표현하는 등의 '범죄'로 체포되어 감옥에 갈 수 있다. 이 죄수들은 재판을 받은 적도 없고 법정대리인을 선임할 권리도 없으며, 일단 수감되면 권리나 보호도 누릴 수 없다. 이들은 하루에 열여섯 시간까지 일하며 독방 감금, 고문, 집단 성폭행, 수면 박탈, 영양실조, 약물 투입, 세뇌 교육을 경험한다.

페잔이 밝히듯 '국가 안보에 대한 위협'은 흔히 어떤 반대 세력에게도 적용될 수 있다. 이를테면 중국의 점령을 반대하는 티베트인이나 불교 원리와 도교에 바탕을 둔 정신운동으로 1999년 중국에서 금지된 파룬궁法輪功의 수련자들에게처럼 말이다. 파룬궁 수련자들은 소수민족, 가톨릭교도, 신교도, 티베트인들과 함께 자주 체포의 표적이 된다. 2000년에 수감된 샘 루는 이렇게 말한다. "중국에서 전 그저 파룬궁에 대한 제 의견을 담은 문서를 베이징에 있는 국가 청원소에 제출한 죄로 체포되었습니다." 그는 두 달 동안 감옥에 있으면서 "장난감이나 쇼핑백 같은 수출용 제품을 만드는 일을 돈 한 푼 받지 못하고 강제로" 해야 했다. 그곳에서의 생활과 근로 조건을 그는 이렇게 서술한다. "기껏해야 300제곱피트 정도밖에 안 되는 감방에 스무 명이 수감되었고 화장실은 감방 안에 딱 하나 있었습니다. 감방 안에서 자고 일하고 다 했지요. 때로는 일정을 맞추느라고 새벽 2시까지 일해야 했던 적도 있습니다."

2007년 9월 미 국무부는 파룬궁 수련자들이 "계속 체포, 구금, 투옥되고 있으며, 믿을 만한 소식통에 따르면 고문과 학대로 사망한 사람도 있다고 한다"고 발표했다. 또한 자신의 믿음을 철회하지 않은 수련자들은 "감옥, 노동을 통한 재교육소, 사법 절차를 거치지 않은 '법정 교육' 기관들에서 가혹한 대우를 받는다"고 덧붙였다. 라오가이 제도에 따라 수감되었던 파룬궁 수련자들 수에 대한 추정치는 보통 1만 명에서 10만 명 사이를 오가지만, 2005년 미 하원에서 이루어진 증언에서는 공식적으로 기록된 라오가이 수감자 25만 명 중 적어도 절반이 파룬궁 신도라는 주장이 제기되었다.

지하의 인신매매업자보다 정부가 앞서서 종교를 노예화를 정당화하는 데 사용하는 나라는 비단 중국만이 아니다. 수단에서는 내전이 벌어졌던 수십 년 동안 수천 명이 노예신세로 전락했다. 노예잡이는 1985년 수단 남부의 반란군을 진압하기 위한 무기의 하나로서 국민이슬람정부에 의해 되살아났다. 여성과 아이들에게는 아랍식의 이름이 주어졌고 일부 여성들에게는 할례가 이루어졌다. 이들을 이슬람화나 아랍화하기 위해 노예로 삼은 것은 아니었지만 정부는 이슬람식 개념을 남용하여 성전, 즉 지하드의 이름을 내걸고 노예를 계속 잡아들였다.

이것은 종교가 무력분쟁과 결합하면서 노예화를 양산해 내는 상황이다. 그런데 현대의 노예제에서 전쟁은 어떤 역할을 더 하는 것일까? 전쟁에서는 언제나 노예잡이가 벌어지는 것일까? 노예들은 어떤 노동을 수행하게 되는가? 전쟁이 휩쓸고 지나간 나라들에서는 노예제가 성행하는가? 그리고 만약 분쟁 지대가 노예제의 중심지가 된다면 다른 종류의 지역적 압박, 즉 환경파괴는 어떤가? 노예제 자체가 환경에 피해를 입히는 결과를 가져오는가? 6장에서는 전쟁과 환경파괴라는 지역적 요소와 노예제 간의 관계를 검토해 본다.

6장

사슬에 묶인 병사들,
공포에 휩싸인 땅

―현대의 노예제의 요인으로서 무력분쟁과 환경파괴

노예를 병사로 묶어두는 것이야말로 올바르고도
적절하다. … 노예를 병사로 쓰는 것은 정당한 일이다.

헨리 S. 푸트, 1864년

20세기 말, 21세기 초 노예제에서는 가장 오래된 역사적 유형이 되풀이 되었다. 고대 바빌로니아에서 한 바퀴를 돌아 제자리로 돌아온 것이 바로 현대의 보스니아였다. 인간을 노예로 삼는 것은 무력분쟁 속에서 탄생했고, 오늘날에도 여전히 전쟁은 위협받는 사람들을 노예제로 내몬다. 거의 모든 전쟁이 노예제를 산출하는데, 예를 들어 2003년에는 사람들을 인신매매해 노예로 삼는 행위가 콜롬비아, 네팔, 스리랑카, 미얀마, 콩고민주공화국, 수단을 포함해 세계 분쟁 지역의 85퍼센트에 해당하는 곳에서 발생했다.

무력분쟁이 노예제가 성장하는 데 촉매 역할을 한다면, 환경파괴와 자연재해 또한 그러하다. 세계 일부 지역에서는 무력분쟁이 환경파괴와 결합된다. 미얀마 군부는 노예를 이용해 벌목을 하는데, 이는 숲을 파괴하며 또한 반군과 전투를 치르는 데 필요한 자금원을 제공한다. 숲 지대의 훼손과 무력분쟁으로 생활의 터전을 잃은 사람들이 생겨나고 이들은 노예신분으로 전락하기가 쉽다. 또한 무력분쟁이 자연재해와 결합되어 한 지역의 노예제를 증가시키기도 하는데, 2004년 쓰나미 재앙이 닥쳤을 때가 바로 그러했다. 이 쓰나미로 이미 수십 년간의 내전으로 황폐해진 스리랑카의 북동부 지역이 초토화되면서, 기반시설과 공동체의 응집력이 한층 더 와해되어 특히 여성과 아이들이 인신매매업자의 마수에 쉽게 걸려들었다. 전 세계적으로 노예제는 무력분쟁, 환경파괴, 자연재해가 초래하는 혼란의 와중에서 급속히 성장하는데, 왜냐하면 이 혼란은 경제 위기와 폭력을 동반하기 때문이다. 경제 위기와 폭력, 이 두 가지는 바로 노예제의 중심 요소이다.

삶의 터전을 잃은 사람들

사람들이 전쟁과 환경파괴, 자연재해로 인해 빈곤해지고 불안정해지고 삶의 터전을 잃을 때, 이들은 착취의 대상이 되기 쉽다. 그렇게 되면 이러한 압박들로 법 규범이 와해될 때 기승을 부리는 폭력이 가난하고 의지가 지없는 사람들을 노예로 만드는 데 사용된다. 가장 취약한 것은 삶의 터전을 잃은 사람들이다. 내전, 종족 분쟁, 침략은 수백만 명의 난민과 국내 유민들을 만들어 내고, 위태로운 상황에 처한 이들 난민과 유민들은 인신매매에 쉽사리 걸려든다. 가난하고 건강도 좋지 않은 데다 낯선 환경에 처하게 된 이들은 일거리를 찾을 능력이 거의 없어서 취업시켜 주겠다는 인신매매업자의 거짓 약속을 선뜻 받아들이게 된다.

예를 들어 아프가니스탄에서는 무장 민병대들이 사람들을 유괴해 팔아

넘기지만, 계속되는 무력분쟁은 노예제에 조금 덜 직접적으로 영향을 미치기도 한다. 무력분쟁으로 인해 이주가 늘면서 여성과 아동 난민들이 인신매매업자들의 먹잇감이 되는 것이다. 마찬가지로, 네팔에서 벌어진 무력분쟁 기간 동안에도 국내 인신매매 건수가 늘어났다. 마오주의 반군이 군사행동을 벌인 10여 년의 기간을 거치면서 2006년까지 10만 명이 삶의 터전을 잃었고, 이들 중 많은 수가 큰 도시로 가거나 국경을 넘어 인도로 갔는데 이들이 인신매매되거나 노예가 될 위험성은 매우 높다. 11년의 내전을 겪은 시에라리온에서는 2002년까지 유민신세가 된 가족 가운데 대략 95퍼센트가 강간, 고문, 강제 성매매 등의 성폭행을 경험했다. 또한 아프리카 대륙 전체에서 수십 년간의 사회 갈등으로 인해 수백만 명 ─ 국제이주기구에 따르면 거의 4백만 명 ─ 이 삶의 터전을 잃었고, 이들은 노예가 되기 쉬운 상황에 처한다.

유민화와 노예제 간에 직접적인 관계가 있다는 사실은 1990년대 유고슬라비아가 붕괴되기 시작하면서 명확해졌다. 이탈리아와 국경을 접하고 있던 유고슬라비아는 현대적 의료 체계와 교육 시스템을 갖춘 안정되고 비교적 부유한 국가였다. 이 나라가 와해되면서 종족 집단 간에 내전이 벌어지자 난민 여성들이 붙잡혀 노예주들에게 팔린 다음 강제 성매매를 하는 사태가 발생했다. 파괴된 마을과 도시들에서는 노예시장이 등장했다. 2001년 2월 구유고슬라비아 국제형사재판소는 이 분쟁 기간에 여성들을 성노예로 착취한 혐의가 인정된 사람들에게 20년형을 선고했다.

유민화는 분쟁이 종식된 뒤에도 인신매매와 노예제가 심화되는 데 영향을 미쳤다. 지난 몇 십 년 동안, 분쟁이 휩쓸고 지나간 나라들은 ─ 유고슬라비아를 포함해 — 증가 일로에 있는 노예제와 고투를 벌였다. 유로폴 Europol은 "구유고슬라비아의 내전은 … 무정부상태, 범죄, 경제적 빈곤을 떠받친 기둥이었다"고 하면서, 분쟁이 종식된 지금도 "발칸 반도 한 곳을 통해서만도 매년 12만 명의 여성과 아동이 인신매매된다"고 밝혔다. 이 보고서는 "전쟁 이전에는 이 지역에서 인신매매가 이루어졌다는 증거가 없다"고 덧붙였다. 삶의 터전을 잃은 수많은 가정과 난민, 전쟁미망인들은 법질서의 부재와 경제, 정치 체계, 기본적인 근간 시설, 사회 네트워크의 손상과 더불어 인신매매와 노예제가 성행할 수 있는 환경을 만들어 냈다.

분쟁을 겪은 나라들에서 인신매매의 빈도가 기형적으로 증가하는 또 다른 원인은 바로 평화유지군과 재건 인력의 유입이다. 평화유지군 대원들이 미성년자를 성적으로 착취한 사례들이 전 세계 곳곳에서 보고되었으며, 어떤 경우에는 열세 살밖에 안 되는 어린 소녀에게 먹을 것을 주는 대가로 성관계를 요구하기도 했다. 유엔의 조사에 따르면, 동유럽과 중부 유럽에서 강제 성매매를 목적으로 한 인신매매가 증가한 데는 '수천 명에 이르는 다국적군의 존재'가 하나의 원인이 되었다. 이러한 상황은 1990년대 후반의 코소보에도 해당되며, 어느 연구서는 시에라리온, 소말리아, 캄보디아 역시 다국적군의 유입이 인신매매 희생자에 대한 수요를 자극하기 전까지는 성 인신매매가 거의 일어나지 않았다고 주장한다.

2003년 미 국무부는 이라크 전쟁의 여파 속에서 이와 같은 현상이 되풀이될지도 모른다고 예측했다.

유민이 된 사람들, 미망인들과 다른 취약한 여성들, 가족과 헤어진 아이들과 고아들은 … 잠재적 수입과 안전을 얻기 위해 평화유지군과 원조 인력에게 접근했다가 노동력 착취나 성적 착취를 당할 가능성이 있다. … 다른 지역들에서 보았듯이 마음대로 쓸 수 있는 수입이 있는 군대, 해외 주재원, 해외 인력이 있는 곳에서는 흔히 성매매에 대한 수요가 증가한다.

정말로 2003년 중반부터 유민에 대한 납치를 비롯해 인신매매가 확산되기 시작했다. 2005년 미 국방부는 국방부와 계약한 계약자나 하청 계약자들이 유민들을 노예로 부렸다는 탄원에 대해 조사를 진행한 결과, 네팔, 인도, 파키스탄, 방글라데시, 스리랑카, 필리핀 출신의 저숙련 노동자들이 이라크로 인신매매되어 왔다는 결론을 내렸다. 2007년 미국 정부는 남아시아 남성들이 요르단을 통해 이라크로 팔려 와 강제노동에 동원되었다고 추가로 밝혔다.

하지만 유민들이 인신매매되는 현상은 콜롬비아에서 훨씬 더 현저하게 나타난다. 이 나라는 40년간의 분쟁을 겪으면서 수백만 명이 삶의 터전을 잃어, 수단에 이어 세계에서 두 번째로 많은 국내 유민들이 생겨났다. 전쟁이 발발한 것은 1964년으로, 정부군이 훗날 콜롬비아혁명군FARC이라는 정식 명칭을 갖게 되는 좌익 게릴라 운동을 절멸하려 나서면서 시작되었다. 또 하나의 대규모 게릴라 단체로 국가해방군ELN이 있고, 정부의 지원을 받는 조직으로는 수많은 준군사단체들을 산하에 둔 콜롬비아연합자위군AUC이 있다.

한 보고서가 밝히듯이 전쟁은 "현대 시대의 노예제 성장을 주도한 중요 요소이다". 콜롬비아의 경제는 전쟁 기간 동안 하락하여 인구의 60퍼센트가 빈곤선 이하의 생활을 하게 되었다. 무법천지의 혼란 속에서 인신매매업자들은 가난하고 희망 없는 사람들을 쉽사리 손에 넣을 수 있다. 가장 취약한 것은 난민과 국내 유민들이다. 3백만 명 이상의 콜롬비아인들이 전쟁으로 삶의 터전을 잃었다. 대부분은 국내 유민이 되어 사회 변두리에서 살아가고 있으며, 해마다 인신매매되는 5만 명의 콜롬비아인 가운데 최소한 50퍼센트가 이들 국내 유민들이다. 에콰도르로 흘러 들어간 7만 5천 명과 베네수엘라로 간 7만 5천 명을 포함해, (20만 명에 이르는) 나머지 유민들은 난민이 되었다. 이들 중 공식 난민 지위를 얻은 사람들은 거의 없다. 자격 요건에 미치지 못할까 봐, 또는 콜롬비아로 강제 귀환 당하지 않을까 두려워 이들은 난민 신청을 하지 않는다. 이들 역시 삶의 터전을 박탈당해 인신매매업자의 마수에 쉽사리 걸려든다.

삶의 터전을 잃을 때 특히 큰 영향을 받는 것은 바로 아이들이다. 3백만 명의 콜롬비아 난민과 국내 유민 가운데 약 절반은 18세 이하의 아이들이다. 그리고 2006년 현재 콜롬비아 전역에서 강제 성매매에 종사하는 국내 유민 아동의 수는 3만 5천 명에 이르렀다. 2006년 현재 난민과 국내 유민을 모두 포함해 고향을 잃은 아동의 수는 1천8백만 명인 것으로 추정되며, 이는 전체 유민 수의 절반에 해당하는 수치이다. 고향을 떠나 유랑하는 과정에서 아이들은 가족과 헤어질 수도 있고, 이런 아이들은 착취당할 가능성이 커진다. 아이들은 이차적인 방식으로 전쟁의 영향을 받을 가능성도 유달리 크다. 특히 유민신세가 된 아이들은 협박이나 강제 모집에 쉽게 굴복하는 탓에, 오늘날 전 세계에는 약 30만 명에 이르는 아이들이 군대나 군사 단체에 몸담고 있다.

아동병사들

강제노동에 대한 ILO 협약에는 무력분쟁에 이용할 목적으로 아동을 강제 또는 의무 모집하는 것을 금지하는 조항이 포함되어 있으며, 유엔은 전투에 직접 참여할 수 있는 최저 연령을 18세로 규정하고, 정부의 의무병 모집과 모든 군사 집단의 모병에도 같은 연령 규정을 두었다. 하지만 현재 진행 중인 30개 이상의 무력분쟁에서 아동들이 이용되고 있다. 이들은 짐꾼이나 전령, 요리사, 정보원, 첩자로뿐 아니라 전투원으로도 활동한다. 작고 가벼운 화기가 나오면서, 심지어 일고여덟 살밖에 안 된 어린아이들까지 전투에 참여할 수 있게 되었다. 소녀들도 요리사나 짐꾼으로 쓰이고 무장 단체 내에서 남자들의 성욕을 해소하는 대상으로 이용되기도 한다.

아동병사들은 대개 사회에서 가장 빈곤한 가정 출신이며 고향을 떠나 유랑하던 아이들인 경우가 많다. 교육받지 못한 아이들과 고아들은 병사 모집에 응할 가능성이 더 크다. 많은 아이들이 가정에서 자행되는 폭력과 학대, 또는 가난에서 벗어나기 위해 군에 들어가며, 어떤 아이들은 정치 선동에 넘어가 자원하기도 한다. 입대하면 어떤 의무를 지게 되는지 본인이 충분히 숙지하고 부모 역시 제대로 설명을 듣고 나서 동의하여야 진정한 자원입대라 할 수 있을 텐데, 이런 경우는 거의 없다. 탈영하려고 시도하면 얻어맞거나 가족들에게 보복할 것이라는 협박을 당하거나 살해 위협을 받는다. 그리고 현재 벌어지고 있는 모든 분쟁에서 일부 아이들은 강제로 모집되거나 유괴당한 아이들이다. 지역적으로 보면 아프리카가 유괴나 강제 징집으로 군에 들어온 아이들의 비율이 가장 높고, 그 뒤를 아시아, 남북 아메리카, 유럽이 잇고 있다.

2001년 이래로 아동이 전쟁에 동원된 곳으로는 아프가니스탄, 앙골라, 미얀마, 부룬디, 콜롬비아, 콩고민주공화국, 코트디부아르, 기니, 인도, 인도네시아, 이란, 이라크, 이스라엘, 팔레스타인 점령 지구, 라이베리아, 네팔, 필리핀, 러시아 연방, 르완다, 스리랑카, 소말리아, 수단, 우간다를 들 수 있으며, 그 밖에 다른 나라들도 있다. 그리고 2001년에서 2003년 사이에 아프가니스탄, 앙골라, 시에라리온에서 전쟁이 종식되어 4만 명의 아이들이 군에서 나온 반면에, 같은 기간에 라이베리아와 코트디부아르에서는 3만 명의 아이들이 무력분쟁에 참가했다.

콜롬비아에서는 무력분쟁을 벌이고 있는 양측 모두 아이들을 이용한다. 정부의 지원을 받는 AUC는 여덟 살밖에 안 되는 아동병사들을 정보원으로 쓰며, 좌익 게릴라 단체인 FARC와 ELN은 합쳐서 1만 1천 명에서 1만 4천 명 사이의 아이들을 이용하고 있다. FARC에는 15세 이하의 아이들 수천 명을 비롯해서 가장 많은 미성년자가 있고, 양대 게릴라 단체의 몇몇 부대는 인원의 3분의 1이 미성년자이기도 하다. 2004년에 이르면 콜롬비아는 미얀마, 라이베리아, 콩고민주공화국에 이어 세계에서 네 번째로 아동병사를 많이 이용하는 나라가 되었다.

남미 아동들을 강제로 징집되는 경우가 흔하며, 콜롬비아의 몇몇 시골 지역에서는 집안이 해코지당하는 것을 피하려면 집안의 아이를 바쳐야 한다. 어떤 가정은 이렇게 아이가 강제 징집되는 것을 피하려고 고향을 떠나기도 하는데, 일단 고향을 떠나면 여성과 아이들은 인신매매되어 성적 착취를 당할 가능성이 높아진다. 무장 정치단체들은 또한 에콰도르, 파나마, 베네수엘라까지 들어가 힘없는 콜롬비아 난민들을 징집해 오기도 한다. 징집되면 아이들은 전투에 참가하거나, 전령이나 자객으로 활동하거나, 주방 일, 보초 서기, 육체노동을 담당하거나, 처형을 집행하고 폭탄을 설치하기도 한다. 명령에 불복종하거나 탈출 시도를 하다가 처형당하는 일도 자주 일어나며, 대부분 가족과 연락이 허락되지 않는다. 반군에 징집된 사람들 중 절반은 여성과 소녀들인데, 이들은 남자 지휘관들과 관계를 갖도록 종용당한다. 이들은 여성용 피임기구를 사용하도록 강요받으며, 강제로 아기를 지우고 강간당하기도 한다.

인도와 네팔에서는 또한 무장 정치단체가 아이들을 유괴하기도 한다. 네팔 공산당으로 불리는 마오주의 반군 단체는 1996년부터 네팔 정부에 대항하는 '인민 전쟁'에 들어가면서 수천 명의 아이들을 강제 징집했다. 이보다 더 동쪽에 있는 필리핀에서는 세 개의 주요 반군이 1960년대부터 군부와 싸웠는데, 현재 이들이 보유한 아동병사 숫자는 2천 명에 이를 것으로 추정된다. 공산주의 성향의 신인민군NPA은 1990년대에 아동 징집을 강력히 추진하기 시작했다. 이 단체는 현재 징집된 아동들은 비전투 요원으로만 활용한다고 주장하지만, 미 국무부는 NPA의 전투 병력 가운데 18퍼센트가 여전히 아동으로 충원된다고 밝혔다. 또 다른 반군 단체는 모로이슬람해방전선으로, 이들은 열두 살밖에 안 된 아이들을 징집한다. 부모들은 그것이 이슬람의 가르침을 따르는 것이라 여겨 자기 아이들을 이 단체에 보내기도 하며, 무슬림 청년 단체들은 학교나 대학에서 학생들을 징집하기도 한다. 이 단체의 전투원 중 15퍼센트가 열여덟 살 이하이다. 마지막으로 1980년대 말에 출현한 아부 사이야프(검을 지닌 자)라는 무슬림 분리주의 단체는 미성년자들을 자기네 운동으로 끌어들이기 위해 종교를 이용하고, 이렇게 들어온 아이들은 전투원이나 인간 방패, 인질로 이용된다. 무장 단원 중 현재 30퍼센트가량이 아동이다.

스리랑카에서는 이 나라 북부와 동부 지역에 거주하는 타밀 소수민족의 분리 독립을 요구하는 타밀엘람해방호랑이LTTE라는 반군이 아홉 살밖에 안 된 아이들을 유괴해 전투에 내보낸다. LTTE는 1983년부터 2002년까지 스리랑카 정부와 벌인 내전의 중요시기에 늘 아동병사들을 동원했다. 아이들은 — 대부분이 열네다섯 살이고 소녀들도 40퍼센트가 넘는다 — 주요 전투에서 벌어진 대규모 전면 공격에 동원되었고, 열두 살에서 열네 살 사이의 일부 아이들은 시골 마을에서 여성과 어린아이들을 학살하도록 강요당하기도 했다. 열 살 나이의 아이들이 암살자로 이용되었으며 다른 아이들은 인간 지뢰 탐지기나 자살 폭탄으로 이용되기까지 했다. 1990년대에 전사한 전투요원의 60퍼센트가 아이들이었다.

2002년 2월 휴전이 성립되면서 LTTE는 아동 징집을 중단하기로 약속했다. 하지만 2004년 11월 현재 유니세프는 또다시 규정 연령 이하의 아동이 징집된 경우가 3천5백 건 이상 발생했음을 관련 자료를 들어 증명했는데, 같은 기간 동안 LTTE가 공식적으로 풀어 준 아동의 수는 1천2백 명에 불과했다. 2007년 유엔은 LTTE가 아직도 아동병사 징집을 중단하지 않았다고 보고했다. LTTE 단원들이 타밀 본지를 방문해 부모들에게 아이들을 바칠 것을 요구하며, 저항하는 사람은 사는 곳에서 쫓아내거나 아이을 잡아가거나 폭력을 동원하겠다고 협박한다. 사실상 아이들은 이제 강제로 징집당할 가능성이 더 커졌다. 타밀족 사람들은 분쟁이 끝나 마당에 자기 아이들을 LTTE에 바쳐야 할 이유가 없다고 생각하며, 따라서 LTTE는 유괴나 강제 징집을 최후의 수단으로 활용한다. 1994년에는 징집된 19명의 아동 가운데 한 명이 유괴된 아이였다. 2004년에는 19중 한 명만이 자원한 아이이다. 일단 징집되면 탈출을 시도한 아이들은 다른 아이들에게 본보기를 보이기 위해 공개적으로 구타당하며, 대부분 가족과 연락을 취하는 것이 허용되지 않는다.

하지만 아프리카에는 훨씬 더 많은 아동병사들이 있어서, 일곱에서 열여덟 살 사이의 병사가 10만 명에 이를 것으로 추정된다. 흔히 유괴당한 아이들로, 이들은 짐꾼, 첩자, 전령, 그리고 무장 전투원으로 이용된다. 소녀들은 무장 단체 안에서 성적으로 착취당하며, 최전선으로 보내지기도 한다. 정부와 반대 세력 양측 모두 아이들을 강제 징집한 코트디부아르에서는 아이들이 다른 아이들과 죽고 죽이며 싸웠고, 부룬디에서는 열 살밖에 안 된 아이들이 정부군에 징집당했다. 라이베리아에서는 정부 측 군대와 무장 반군 양측 모두가 14년에 걸친 내전 기간 내내 아동병사를 이용했다. 많은 아이들이 강제로 징집당한 것이었고 그중 일부는 겨우 일곱살이었다. 전쟁은 2003년에 종식되었는데, 당시 군에서 나가게 될 아동병사의 수는 2만 1천 명이었다. 이 제대 과정은 시작하는 데만도 여러 달이 소요되었고, 이 아이들이 얼마나 성공적으로 라이베리아 사회에 재통합되었는지도 아직 명확하지 않다.

콩고민주공화국에서는 콩고군과 (콩고민주연합과 콩고해방운동을 포함한) 10여 개의 무장단체 간에 벌어진 5년간의 전쟁이 2002년 12월에 끝났다. 군대와 반군 모두 전쟁에 동원할 목적으로 아이들을 유괴했는데,

많은 아이들이 15세 이하였고, 종전 후 제대를 기다린 아동병사의 수는 약 3만 명이었다. 하지만 아동병사를 징집해 활용하는 일은 계속되었다. 2003년 말, 동부 지역의 몇몇 무장 단체의 군대는 40퍼센트가 아동으로 편성되었고, 2007년 정부군과 반군 내에는 6천 명의 아동이 병사로 남아 있었던 것으로 추정된다.

잔존하는 반군 세력의 일부는 우간다의 지원을 받고 있다. 그리고 우간다 내에서는 연합민주군이라는 이름의 무장 단체가 아이들을 강제로 징집하여 보초, 일꾼, 전투원으로 썼고, 다른 단체인 신의저항군LRA은 우간다 정부에 대한 무장 투쟁에 동원할 목적으로 20년 동안 아동들을 유괴해 노예로 부리고 있다. 1987년 결성된 LRA는 기독교 게릴라군을 자칭하며, 종교 국가 건설을 목표로 한다. 이 단체는 우간다 북부와 수단 남부에서 활동을 펼치는데, 수단 정부는 우간다 정부가 수단의 한 반군 단체(수단 인민해방운동)를 지원하는 데 대한 앙갚음으로 LRA가 수단 남부에 근거지를 두는 것을 승인했다.

유엔은 LRA가 1987년부터 우간다 북부에서 2만 5천 명의 아이를 유괴한 것으로 추정한다. 2002년 6월부터 2003년 5월 사이에만 거의 8천4백 명의 아이들이 유괴되었다. 다른 아이들이 짐꾼, 요리사, 가내노동자가 된다면, 이 아이들은 많은 경우 전투요원으로 이용되었다. 열두 살 난 소녀가 전투원으로 투입될 뿐 아니라 지휘관들의 '아내'가 되어 성적으로 착취당한다. 또한 LRA와 우간다 정부가 2006년 8월 휴전협정에 조인했지만, 평화는 언제 깨질지 모를 상태이며 LRA는 여전히 수단 남부에서 전투요원으로 쓸 아이들을 강제 징집하고 있다. 이 아이들은 습격 작전을 수

살해 목격	78%
포박이나 감금당함	68%
가혹한 구타를 당함	63%
물건을 훔치거나 파괴하도록 강요당함	58%
시체를 희롱하도록 강요당함	23%
모르는 사람을 공격하도록 강요당함	22%
모르는 사람을 살해하도록 강요당함	20%
전투에서 상대편 병사를 살해하도록 강요당함	15%
가족이나 친구를 공격하도록 강요당함	14%
가족이나 친구를 살해하도록 강요당함	8%

〈표 14〉 우간다의 LRA에 의해 유괴된 아동과 청년들의 전쟁 폭력 경험 (출처: SWAY, 2006)

행하고 민간인들을 폭행하거나 살해하고 다른 아이들을 유괴하고 집들을 불태운다. 〈표 14〉는 LRA에 유괴된 아이들이 겪은 경험을 세분한 것이다. 탈출을 시도하는 아이들은 구타나 공개 처형의 방식으로 처벌받지만, 이곳을 떠난 아이들 가운데 약 80퍼센트는 풀려나거나 구조받아서가 아니라 탈출해서 떠난 것이었다. LRA가 풀어준 몇 안 되는 아이들은 부상이나 나이 들어 풀려난 것이다.

우간다 정부 자신도 자신이 지원하는 민병대들과 마찬가지로 소수의 아동병사를 징집한다. 이처럼 우간다 정부가 아동병사를 이용하는 것과 수단 정부가 LRA를 지원하는 것은 전쟁의 또 다른 영향을 암시한다. 바로 정부의 후원을 받는 노예제이다. (5장에서 논의되었듯이) 평화 시에 중국 정부가 감옥을 공장으로 활용한다면, 다른 정부들은 노예제를 전쟁의 한 전략으로 전환시켰다.

정부의 후원을 받는 노예제

　세계 어디서나 정부의 지원을 받는 준군사단체와 민병대들은 아동들을 이용하는데, 이를테면 콜롬비아, 소말리아, 짐바브웨, 수단 등이 그러한 나라들이다. 수단국가이슬람정부와 수단인민해방운동SPLM 사이의 내전은 1985년에 시작되어 격렬한 기세로 이어졌다. 마르크스주의 단체인 SPLM는 수단의 이슬람 정부에 반기를 들고 일어났는데, 1985에 이르러 정부는 SPLM이 세력을 잡고 있는 남부의 마을들을 공격하기 위해 무라하린이라 불리는 몇몇 지원 민병대를 무장시켰다. 1989년 정부는 대게릴라전에서 정규군을 지원하기 위해 준군사조직인 민중방위군PDF을 창설했다. 이후 1990년대 내내 정부 측의 공세는 PDF와 무라하린, 정규군을 모두 동원해 이루어졌다. 이 공세 동안 PDF는 정부의 후원을 받는 민병대들과 SPLM이 그런 것처럼 전투에 이용할 목적으로 아동들을 유괴하곤 했다. 2003년에 이르러 평화 회담이 시작되고 나서도 SPLM은 1만 3천5백 명의 아동 병사가 있음을 시인했고, 2004년에 이르면 정부군과 동맹 민병대, 반군 단체들에 남아 있는 아동의 수가 1만 7천 명에 이르는 것으로 추정되었다.

　2005년 1월 평화 협정이 성립되면서 남부 수단은 6년간의 자치 후에 영구 독립 여부를 국민투표에 부치기로 합의되었다. 합의문에는 모든 아동병사를 전역시켜야 한다는 조항이 명시되었지만, 2006년까지 고작 1천 명의 아이들이 풀려났을 뿐이다. 2007년에도 아이들은 수단 군대와, 정부의 지원을 받는 민병대의 사병들 속에 남아 있었고, SPLM은 여전히 아이들을 징집해 썼다. 평화 협정에 서명하지 않은 다른 민병대들은 남부 수단에서, 그리고 차드로 피난 간 난민들 가운데서 아이들을 계속 징집했다. 이 남북 분쟁이 끝나가던 바로 그 무렵, 서부 지역인 다르푸르에서 2003년 또 하나의 분쟁이 시작되었다. 이 분쟁은 수단 정부와 수단 해방 운동이라 불리는 반군 단체, 그리고 나중에는 구국전선이라는 또 다른 단체 사이에 벌어졌다. 정부군과 반군 모두 다르푸르에서 아이들을 이용했는데, 그 수가 수천 명에 이르렀다.

1990년대 내내 정부의 지원을 받는 수단의 무장 민병대들은 남부 사람들을 납치해 성적으로 착취하고 강제노동을 시켰는데, 이때 납치된 것은 주로 북부 바르엘가자란드의 딩카족과 누에르족 사람들 그리고 누바 산 출신 사람들이었다. 징집된 사람들은 마을들을 습격해 불태우고 민간인을 강간하고 살해하기도 했으며, 곡식과 소를 전리품으로 취하면서 여성과 아이들까지 노예로 잡아갔다. 한 연구는 1983년에서 2002년 사이 남부 수단에서 1만 2천 명이 납치당했음을 자료를 통해 밝혔는데, NGO들과 유엔이 제시하는 납치당한 사람의 추정 수치는 1만 명에서 2만 명 사이를 오간다. 노예들은 보통 북부의 큰 마을들로 옮겨지는데, 이 여정은 몇 주가 걸리며 이 과정에서 여성들은 몇 번이고 강간당하고 그런 다음 새 주인들에게 팔려 돈 한 푼 받지 못하고 농사일이나 가내노동을 해야 한다. 어떤 여성들은 강제로 조혼을 하거나 성매매에 종사하게 된다.

진행 중인 평화협상 덕분에 이러한 납치 행위가 둔화되기는 했지만, 지금도 계속 자행되고 있는 것은 분명하다. 정부의 지원을 받는 민병대와 무장 반군 단체 양측 모두 성 착취를 위해 남부 수단에서 그리고 지금은 다르푸르에서 여성과 아이들을 납치하며, 수천 명의 여성이 여전히 노예로 지내고 있다. 이 지역에서 노예사냥은 어쩌다 보니 경제적 부산물이 생기는 테러 행위이다. 수단 정부에게 노예잡이란 어디까지나 일차적으로는 반란 세력을 제압하기 위한 무기이고, 대리 병사들에게 반란 세력의 위협을 완화시켜 준 데 대한 보상 수단이 되는 것은 부차적인 문제이다. 만약 노예 소유의 경제적 논리가 노예잡이를 추동하는 힘이었다면, 가장 생산성이 높은 사람들, 즉 성인 남성은 일상적으로 살해당하는 것이 아니라 사로잡혔을 것이다.

하지만 미얀마 정부의 노예 이용에는 경제적 기능이 있다. 미얀마에는 국가 주도의 노예제가 거의 20년 동안 널리 퍼져 있어서, 오늘날 아시아-태평양 지역에 존재하는 국가 주도 노예제 피해자 2백만 명 가운데 상당수가 미얀마인이다. 1990년 아웅산 수치가 이끄는 민족민주동맹이 자유선거에서 압도적인 승리를 거두었다. 그러자 독재 군부가 권력을 이양하기를 거부하며 아웅산 수치를 체포하고 계엄령을 선포했다. 그때부터 이 나라는 정부 요직에 앉은 장성들에게 이익이 돌아가는 개인사업체처럼 운영되었다. 노예들이 총부리 앞에서 임금 한 푼 받지 못하고 군부대를 위해 나무를 베고 광산을 캐고 길을 닦고 기간시설을 건설했다. 이들 노예 가운데 많은 수가 인종적·종교적 소수민 출신으로, 무장 민족단체의 지원줄을 끊으려는 정부의 의도에 따라 노예화의 과녁이 되었다. 1990년대 이후로 미얀마에서는 인신매매 또한 폭발적으로 급증했다. 군사정권으로부터 탈출해 고향을 떠난 사람들, 특히 여성과 아동은 위험에 처한다. 수천 명의 여성이 인신매매되어 태국에서 강제 성매매에 종사하며, 남녀 성인과 아이들이 중국, 방글라데시, 말레이시아, 한국, 마카오로 팔려 가 성 착취를 당하거나 가정부로 일하거나 강제노동에 투입된다.

미국 정부는 이러한 노예 노동과 다른 인권 침해에 대한 대응으로 미얀마에 제재를 가했지만, 미국의 업계는 군사정권의 이러한 전략을 용인하여 비난을 받는다. 군사정권이 진행하는 최근 사업 중 하나는 미국의 석유업체인 우노칼, 프랑스 석유업체인 토탈, 태국 회사 PTT 익스플로레이션 앤드 프로덕션(태국 정부가 지분을 일부 소유하고 있다)과 제휴하여 천연가스 파이프라인을 건설하는 것이다. 이 사업은 수천 명의 노예화된 노동자들을 이용했는데, 이들은 총부리 앞에서 땅을 정지整地하고 파이프라인을 따라 철도를 건설해야만 했다. 2004년 우노칼은 미얀마의 마을 주민 15명과 재판 절차 없이 합의를 보았다. 이 마을 주민들은 파이프라인의 안전을 책임진 미얀마 군부에 의해 자행된 강제노동과 다른 인권 침해에 대해 다국적 기업 또한 민사상의 책임을 져야 한다며 미국 내에서 소송을 제기한 상태였다.

미얀마 정권은 또한 부대에 아동병사를 강제 징집하기도 했다. 수단 정부가 자국 군대에 아동이 존재하지 않는다고 주장하는 반면(또한 정규군보다는 정부 지원을 받는 민병대가 더 많은 납치를 자행하는 반면) 미얀마 정권은 이러한 관행을 부정하거나 다른 조직에 떠넘기지 않는다. 2003년 당시 정부군 내에는 7만 명의 아동이 존재했고, 이 중 일부는 열한 살밖에 되지 않았다. 군은 훨씬 더 많은 아이들을 강제 징집하던 중이어서, 그해 모집된 신병 중 40퍼센트가 아동이었다. 이들은 강요에 의해 전투에 참가하고 부대 내에서는 강제노동에 시달린다. 2004년에 이르면 수많은 적대 세력들과 휴전이 이루어졌음에도 불구하고 수만 명의 아이들이 군대에 그대로 남았고 무장 정치 단체에도 수천 명이 남아 있었다. 이들은 가족과 연락을 취할 수 없고 자주 폭력에 노출된다. 2006년 미 국무부는 유엔과 미국 정부의 압력에도 불구하고 미얀마 정부가 군사적 목적으로 아이들을 납치하는 것을 중단할 뜻이 없다고 밝혔다.

환경파괴와 자연재해

미얀마 정부의 아동병사 이용은 반군 단체들과의 분쟁에 의해 촉진된 측면이 일부 있다. 또한 이 나라의 거대한 군대는 노예화를 계속 추진할 수 있도록 해준다. 파이프라인 사업의 경우와 수많은 다른 강제노동 사례들에서 (7만 명의 아동병사들 중 일부를 포함해) 군대는 비전투 목적으로 노예를 잡아들이고 통제하는 역할을 담당한다. 하지만 파이프라인 사업에서는 현대 노예제의 또 하나의 요소가 드러난다. 바로 환경파괴이다. 미얀마에서 노예제는 자연환경의 파괴에 의해서도 촉진되며 또한 스스로 환경파괴를 촉진하기도 한다. 노예들은 정부의 파이프라인을 건설하면서 미얀마의 산림을 파괴했다. 그러자 이제 이 사업 때문에 삶의 터전을 잃은 마을 주민들이 노예신세로 전락할 위험에 처한다. 마찬가지로, 정부가 노예를 동원해 나무를 벌목하면 티크 숲은 파괴된다. 그리고 목재 판매로 얻은 수익은 자신들의 땅이 파괴되는 것에 반대하는 소수민족들에게 군사적 공격을 가하는 데 필요한 자금으로 쓰인다. 인권 침해가 곧 환경 침해로 이어지며, 그 역도 성립하는 것이다.

전 세계적으로 환경 문제와 인권 문제는 긴밀히 연결되어 있다. 한 지역의 정치적 지형에서 생겨난 무력분쟁에 동원되는 것과 꼭 마찬가지로, 노예들은 한 지역의 자연 지형을 파괴하는 데도 동원된다. 인도에서 방글라데시에 이르기까지, 인도네시아에서 에콰도르, 과테말라, 브라질에 이르기까지 노예들은 환경을 망가뜨리도록 종용받는다. 숲이 불법으로 베어지고, 노천광에서는 보호구역까지 채굴이 이루어지며, 산호초와 연안 환경이 파괴되는데, 이런 일을 수행하는 것은 바로 노예이다. 브라질, 인도, 서아프리카에서 벌목과 노천광 채굴로 빚어진 파괴의 흔적은 지구 밖에서도 식별할 수 있을 정도로, 노예제를 증언하는 숨길 수 없는 표식이다.

아마존 강 유역의 페루와 브라질에서는 2천 개의 소규모 금광이 125마일에 이르는 열대우림을 벌거벗은 흙 둔덕들과 수은이 함유된 물과 토사로 가득 찬 연못들로 만들어 버렸다. 금 부스러기를 얻기 위해 채굴꾼들이 강기슭을 파헤쳐 나온 수 톤의 흙을 홈통으로 옮겨 넣으면, 세찬 물살이 홈통을 따라 흐르면서 갈색과 노란색이 섞인 유출물을 강물로 한가득 되돌려 보낸다. 이 유출물은 강물의 흐름을 막고 강가를 온통 오염시켜 버리며, 표층토와 식물이 사라진 황량한 땅에서는 아무것도 자라나지 않는다. 금을 추출하는 데는 수은이 사용되는데, 이 수은은 공기와 토양, 물 속에 남는다. 노예들은 또한 가나, 라이베리아, 콩고의 노천광에서 금, 다이아몬드, 그 외 다른 광물들을 캔다.

아마존 지역 말고도 남미의 열대우림들에서는 목탄을 만들기 위해 많은 나무들이 벌목되어 불에 구워진다. 쇠와 철강을 생산하는 데 목탄을 사용하는 것은 18세기로 거슬러 올라가며, 이 탓에 유럽에서는 많은 숲이 파괴되었다. 대부분의 국가에서 이제는 목탄 대신 코크스를 이용하지만, 불법 벌목이 가능한 지역에서는 여전히 목탄을 만드는 일이 예사로 이루어진다. 일자리를 얻지 못한 브라질 동부의 노동자들은 괜찮은 보수의 일자리를 주겠다는 약속에 속아, 고향에서 멀리 떨어져 법의 손길도 닿지 않는 목탄 제작소에 잡혀 들어가게 된다.

스리랑카에서는 맹그로브 늪지를 개간해 수십만 에이커의 새우와 어류 양식장을 짓는데, 이런 양식장들에서 어른과 아이들이 노예가 되어 일한다. 맹그로브 습지는 연안이 침수되는 것을 막아 주는 생태계의 '스펀지'이다. 2004년 12월에 쓰나미가 닥쳤을 때 스리랑카에서 가장 많은 인명 피해가 난 지역들은 바로 새우와 어류 양식장 건설 때문에 연안의 천연 에코 시스템이 파괴되어 버린 곳들이었다. 특히 외따로 떨어진 산호초들이 파괴되어 천연 완충망이 사라진 경우에는 더욱 그러했다.

게다가 환경파괴는 하나의 악순환을 이루며 점점 더 많은 노예를 만들어 낸다. 환경파괴는 가난한 사람들에게 가장 큰 타격을 가하며, 그 자체가 더 많은 가정을 노예화로 내모는 하나의 힘이다. 노예제와 환경파괴가 이루는 이 악순환은 댐 건설로 농부들이 보상금도 받지 못하고 자기 땅에서 쫓겨나는 인도에서 쉽게 확인할 수 있다. 인도에서는 현재 나르마다 강에 댐이 건설 중인데, 이 공사로 구자라트 주, 마하라슈트라 주, 마디아프라데시 주의 수백 개 마을이 물에 잠겨 25만 명에서 1백만 명이 살 곳을 잃게 되며, 이 중 대다수가 토착민일 것으로 예상된다. 이들 소농들은 다른 곳에서 다시 농사를 시작할 수도 없다. 주변의 땅은 모두 이미 임자가 있기 때문이다. 살아남을 수 있는 유일한 길은 돈을 빌리는 것인데, 인도에서 이것은 곧 부채 인신구속으로 노예신분이 되는 것을 의미한다. 일단 인신구속 상태에 들어가면, 노예주들은 이들을 국유림이나 다른 보호 구역 가운데 '사용 가능한' 땅에서 일하도록 한다. 이들은 나무를 베거나 채석장에서 돌을 캐며, 이렇게 하여 자연은 더 훼손된다. 그러면 더 많은 농부들이 땅을 잃게 되고, 악순환이 다시 시작된다.

인도의 다른 주, 우타르프라데시 주에서는 수천 명의 노예들이 채석장에서 일하면서 자신들이 살고 있는 환경을 파괴한다. 땅속의 광물을 캐기 위해 숲이 베어지고, 노천 채굴은 남아 있는 토양의 침식을 가속화한다. 여러 세대를 거치는 사이 울창한 숲이 황폐한 사막이 되었다. 이제는 설령 노예들이 탈출한다 해도 이 궁핍한 지역에서는 저숙련 노동자들이 할 수 있는 다른 일이 없으며, 쑥대밭이 된 자연환경 탓에 생계를 이어갈 도리가 없다.

인도의 다른 지역에서는 인간의 손에 의한 파괴보다 자연재해 때문에 노예 수가 늘어나기도 한다. 가뭄, 산사태, 홍수는 모두 지역사회를 혼란 속에 빠뜨려, 살 곳을 잃은 사람들이 쉽게 노예로 전락하는 사태를 초래한다. 주요 목화 재배지인 인도의 안드라프라데시 주와 펀자브 주에서는 연이은 가뭄으로 도시로 이주하는 사람의 수가 급증했다. 세상물정에 어둡고 가난한 이들은 인신매매업자의 손쉬운 먹잇감이 된다. 그 밖에도 자연재해의 피해를 잘 입는 연안 지역에서 여성들이 인신매매를 당하는 경우가 많으며, 2001년 구자라트 주에서 지진이 일어난 후에 이 지역에서 인신매매되는 아동의 수가 늘어나기도 했다.

자연재해, 환경파괴, 무력분쟁이라는 이들 요소들을 연결하는 마지막

결합 조직이 하나 있는데, 바로 인간의 건강이다. 무력분쟁이 초래하는 한 가지 중대한 결과는 민간인과 아동병사들의 죽음과 부상이며, 강간이 전쟁 무기의 하나로 이용되는 남부 수단과 같은 지역들에서는 여성들이 성병과 심리적 트라우마로 고통받는다. 자연재해는 생계수단과 병원과 식수 공급원을 파괴한다. 허리케인이나 홍수가 휩쓸고 지나간 지역에서는 곧이어 모기가 창궐하는 경우가 많으며, 이에 따라 모기가 옮기는 질병에 걸릴 위험성도 높아진다. 자연환경을 파괴한 노예주들은 그동안 노예의 몸과 마음에는 거의 신경을 쓰지 않았다. 인도의 채석장에서 일하는 노예들은 울창한 숲만 잃는 것이 아니라 자신의 건강까지 잃는다. 폭발 사고나 굴착 사고는 흔하디흔하며, 돌조각에 눈을 다치거나 광석 가루가 폐에 차는가 하면, 결핵, 말라리아, 규폐증 같은 것은 늘 따라다니는 질병이다. 한편 브라질에서 목탄 만드는 일을 하는 노예들은 말라리아로 고생한다. 수돗물이 없어서 이들은 지하수를 발견하면 이것저것 따질 것 없이 일단 마셔야 한다. 이들은 또한 밤새 불을 적당히 조절해 목탄을 만드는 작업을 하는 동안 화상을 입거나 여기저기 베이기도 한다. 아마존 강 유역의 페루와 브라질의 금광에서 일하는 노예들은 유기수은제를 다루면서 코로 들이마시게 된다. 금광석을 청산가리 용액에 침출시키는, 또 다른 금 정제법도 있지만 이 방법은 훨씬 더 위험하다.

또다시 악순환이 벌어진다. 훼손된 자연환경 속에서 영양실조에 걸리고, 전쟁이나 자연재해로 의료 기반시설은 파괴되고, 전쟁 통에 부상당해 가업인 농사나 사업을 재건할 수 없게 되고, 무력분쟁, 자연재해, 또는 환경파괴적인 관행으로 인해 나라와 지역의 경제가 침체되어 약도 살 수 없을 만큼 가난해져서, 병들거나 부상당한 사람들은 인신매매업자나 부채 인신구속의 덫에 걸려들게 된다.

그런데 노예제나 인신매매와 가장 관련이 깊은 질병은 무엇일까? 성적 착취가 다른 형태의 노예제보다 건강에 더 큰 악영향을 미칠까? 노예제는 아이들의 건강에 더 해가 될까? 7장에서는 신체와 정신의 건강이라는 렌즈를 통해 노예제를 검토해 본다.

7장

많은 이들의 고통

—현대의 노예제의 건강 위험과 그 결과들

모든 노예들이 크건 작건 건강과 기력 문제로 고생하는데,
많은 이들에게 그 고통은 엄청나게 크다.
시어도어 드와이트 웰드, 1839년

오늘날 노예들은 신체적 · 성적 폭행과 고문, 영양실조, 탈진, 강제 낙태 등을 감내해야 한다. 노예제에 이러한 폭력들이 내재한다는 사실은 국제 및 국내 입법에서도 인정되어, 법률에서 노예제와 인신매매를 기술할 때 는 '강압'이나 '심각한 위해' 등의 용어를 쓴다. 많은 노예들이 또한 HIV/ 에이즈나 결핵과 같은 치명적인 질병에 걸릴 위험성에 노출되며, 사실상 모든 노예들이 정서와 정신 건강을 해치는 폭행을 경험한다. 많은 사람들 이 노예에서 해방되거나 탈출한 뒤 약물 남용 문제, 우울증, 외상후 스트 레스 장애로 고통을 겪는다. 미 국무부가 2007년 인정했듯이 노예제는 희 생자 개개인에게 대단히 파괴적인 충격을 남긴다.

국무부는 이 충격이 개인의 수준을 넘어선다고 덧붙인다. 노예제와 인 신매매는 또한 "모든 국가들의 건강, 안전, 안보"를 잠식한다는 것이다. 노 예제는 전 지구적인 문제이며 전 세계에 퍼진 HIV/에이즈와 같은 국제적 문제와 불가분하게 연결되어 있다. 에이즈는 성 착취를 위한 인신매매가 횡행하는 곳에서 확산된다. 이러한 사회적 영향을 인식하여 유엔의 인신매매 의정서는 노예제를 사회가 책임져야 할 문제로 규정하고, 피해자들이 사회로 복귀할 수 있도록 국가가 의학적, 심리적, 사회적 지원을 제공할 것을 요청했다. 세계에 만연한 노예제를 목도하면서 우리는 동시에 그와 연관된 수많은 건강 위험과 그 결과들도 ─ 개인적, 국가적, 전 지구적 규모의 ─ 목도하게 된다.

강제 성매매가 초래하는 건강 위험

국제 인신매매 피해자 중 많은 사람들이 강제로 성매매를 하게 되는 여성과 소녀들이다. 이들은 성병과 그 결과로 생기는 질병, 이를테면 HIV와 에이즈, 인유두종 바이러스HPV와 자궁경부암, 임질, 클라미디아, 매독, 골반염PID 등에 걸릴 위험이 높다. 또한 이들은 원하지 않는 임신을 할 위험이 있고, 위험한 불법 낙태 시술을 받도록 강요당한다. 그리고 강제로 성매매를 하는 여성들만을 대상으로 한 조사 자료는 거의 없지만, 다양한 연구들이 모든 성매매의 건강 위험성을 탐구해 왔다. 강제 성매매의 불법성 탓에 여성들이 노예화된 성노동이 아닌 경우보다 더 높은 수준의 위험에 노출된다는(왜냐하면 노예들은 스스로를 보호할 수 없고 의료 혜택도 받을 수 없기 때문이다) 사실을 감안하면, 이 자료는 강제 성매매의 건강 위험성을 추론하는 데 활용될 수 있을 것이다.

성매매에 종사하는 여성들은 성매매를 하지 않는 여성들보다 질병에

성병들STIs과 골반염PID

대부분의 골반염PID은 질과 자궁경부에 감염된 후 자궁, 나팔관, 난소와 같은 상부 여성 생식기관으로 번져 올라가는 클레미디아나 임질과 같은 성병STIs이 원인이 되어 발생한다. 골반염이 몇 차례 재발하면 이들 기관이 손상될 수 있으며, 이는 불임, 자궁 외 임신, 만성적인 골반 통증을 초래한다. 젊은 여성의 경우 자궁 경부 내의 점막질이 형성 중이어서 나이든 여성과는 달리 보호성이 부족하며, 따라서 특히 나이 어린 여성들은 성병과 골반염에 걸리기 쉽다. 많은 상대와 성관계를 갖는 것, 생리 중에 성관계를 갖는 것, 성관계 시 콘돔을 사용하지 않는 것은 모두 성병과 골반염에 걸릴 위험성을 높인다.

걸리거나 사망할 확률이 높다. 이처럼 높은 위험성은 1986년부터 2000년까지 런던에서 활동하는 성매매 여성 약 150명을 장기 관찰한 한 연구에서 잘 나타난다. 연구 기간 동안 두 명의 여성이 살해되었고, 두 사람은 에이즈로 사망했으며, 한 사람은 알코올성 간질환의 합병증으로 사망했고, 한 사람은 정맥 내 약물 과다 투여로 사망했다. 결국 이 집단의 여성들의 사망률은 성매매에 종사하지 않는 같은 나이대의 여성 집단에 비해 높았다. 또한 이 여성들 중 90퍼센트 이상이 최소한 한 가지 이상의 성병에 걸린 것으로 보고되었으며, 많은 여성들이 골반염 재발 빈도가 현저히 높아 그에 따른 불임 측정 검사를 받아야 할 처지였다. 10퍼센트 가까운 여성들이 자궁경부에 HPV로 인한 전암성병변이 있었고, 거의 10퍼센트에 이르는 여성들이 B형이나 C형 간염을 앓은 경험이 있는데 이 간염 바이러스들은 만성적인 간질환, 영구적인 간 손상, 간암을 초래할 수 있다. 한편, 최근 발표된 한 연구는 성매매에 종사하는 여성 중 거의 80퍼센트가 한 번 이상의 폭력행위를 당한 경험이 있으며, 60퍼센트 가까운 성매매 여성들이 강간당한 적이 있다는 사실을 보여 주었다. 마지막으로, 서부 벵골의 윤락업소에 일하는 성노동자들을 조사한 또 다른 연구는 20세 이하의 성매매 여성의 HIV 감염률이 그보다 나이 많은 성매매 여성들의 감염률보다 2배 내지 3배 높다는 것을 발견했다(각각 13퍼센트와 5퍼센트). 이 연구들은 성매매가 높은 빈도의 폭력, 성병과 다른 전염병들, 죽음과 관련이 있으며, 소녀들이나 나이 어린 여성들은 나이 많은 자신의 상대들보다 HIV에 감염되기 더 쉽다는 사실을 보여 준다.

최초의 에이즈 감염 사례는 1981년 희귀한 형태의 폐렴에 걸린 다섯 명의 동성애자 남성들에게서 발견되었다. 오늘날 거의 3천3백만 명이 HIV 보균자이고 이 가운데 250만 명은 15세 이하의 아이들이다. 매일 약 7천 명이 HIV에 감염되고 6천 명이 에이즈로 사망한다. 해마다 전 세계에서 새로 발생하는 HIV 감염 중 다수는 보호기구 없이 동성끼리 성행위를 하는 것이 원인이 된다. 예를 들어 2006년 중국과 서유럽에서 새로 발생한 HIV 감염 사례 가운데 약 절반가량이 보호기구 없이 성관계를 가진 데서 비롯된 것이었다. 인도, 세네갈, 인도네시아, 파푸아 주, 미얀마, 라틴 아메리카, 중동에서 HIV는 주로 보호기구 없는 성관계를 통해 번지며, 대개는 성매매 여성이 연관되어 있다. 많은 나라에서 HIV의 확산은 성매매에 종사하는 여성들의 약물 주사 사용으로 더욱 악화된다.

HIV/에이즈의 전 세계적인 확산으로 지금까지 1천4백만 명 이상의 고아가 생겼으며 이 아이들 중 90퍼센트 이상이 사하라 이남 아프리카와 같

인유두종바이러스HPV와 자궁경부암

세계에서 가장 흔한 성병 중 하나로, 30개가 넘는 변종이 있는 인유두종바이러스HPV는 성관계를 통해 전염될 수 있다. 대부분의 HPV 감염자는 감염되고 몇 년이 지나면 개인의 면역 체계에 의해 자연 치유되지만, 어떤 사람들은 감염 상태가 지속되어 암으로 발전할 수 있는데 가장 현저한 것은 자궁경부암이다. 폐암과 유방암에 이어 자궁경부암은 전 세계 여성들을 죽음으로 몰아넣는 암들 가운데 3위에 해당하는 암이며, 사실상 모든 자궁경부암은 HPV가 원인이 되어 발생한다.

HIV와 에이즈

인간의 면역체계는 림프구를 비롯해 질병과 싸우는 다양한 세포들로 구성되어 있다. 특정 림프구가 HIV에 감염되면 세포들이 파괴되면서 면역체계가 손상된다. 여간해서는 낫지 않는 HIV 감염이 제대로 치료되지 않으면 결국 후천성면역결핍증AIDS이 발병하여, 감염된 사람은 보통 걷잡을 수 없는 전염병이나 암에 무릎을 꿇고 만다. HIV 감염 중 다수는 성관계를 통해 이루어지며, 아기들도 태어날 때 산모의 감염된 산도産道를 통과하면서 바이러스가 입으로 들어와 편도 림프세포와 접촉하거나, 또는 감염된 모유를 먹으면 HIV에 감염될 수 있다.

은 개발도상국들에 살고 있는데, 이런 곳에서는 가난으로 인해 이 아이들이 인신매매업자와 노예주의 손아귀에 걸려들기 십상이다. 또한 선진국에서는 어떤 약제들의 개발로 HIV 감염이 치명적인 병에서 만성 질병 같은 것이 되었지만, 이 치료법들은 세계의 저개발 지역들에서는 널리 사용되고 있지 않다.

성 착취를 위한 인신매매가 HIV 전염을 확산시키는 것(다른 형태의 인신구속에서 노예들을 성적으로 학대하는 것도 확산의 한 원인이 된다)은 바로 이곳, 저개발 지역들에서 일어난다. 남아시아에서 이러한 현상은 인도처럼 HIV 감염률이 높은 나라들과 (이웃 나라 인도와 복잡한 인신매매망을 통해 연결되어 있는) 네팔처럼 감염률이 상대적으로 낮은 국가들 모두에서 찾아볼 수 있다. 최근의 두 연구는 강제로 성매매를 하게 된 여성들이 직면한 건강 위험을 중심 주제로 삼아 조사를 진행했다. 첫 번째 연구는 인도에서 노예가 되어 성 착취를 당하다가 2002년 12월에서 2005년 6월 사이에 구조된 여성 175명에 대한 사건 기록과 의료 서류들을 분석했다. 피해자들이 노예가 되었을 때의 평균 연령은 열일곱 살(최저 여덟 살, 최고 스물아홉 살)이었지만, 이들 여성 중 거의 3분의 2가 열여덟 살 생일이 되기 전에 노예신분으로 전락했다. 노예에서 해방되었을 때의 평균 연령은 열아홉 살(최저 아홉 살, 최고 서른 살)이었고 윤락업소에서 지낸 기간은 평균 16개월이었으며, 보통 하루에 평균 일곱 명 이상의 손님을 받은 것으로 보고되었다. 거의 25퍼센트에 이르는 여성들이 HIV 검사에서 양성으로 판정받았는데, 윤락업소에서 지낸 기간이 길수록 감염 비율이 높았다.

두 번째 연구는 1997년에서 2002년 사이에 인도로 팔려가 성 착취를 당하다가 고국으로 돌아온 네팔 여성과 소녀들 약 3백 명에 초점을 맞추었다. 이들 중 거의 40퍼센트에 달하는 여성들이 HIV 검사에서 양성 판정을 받았는데, 열다섯 살 이전에 인신매매되어 강제로 성매매를 하게 된 여성들의 감염률이 열여덟 살 이후에 인신매매된 여성들의 감염률보다 거의 4배가량 높았다. 열다섯 살 이전에 인신매매된 소녀들 가운데 거의

40퍼센트가 여러 윤락업소를 전전하며 성매매를 했고, 이번에도 윤락업소에서 지낸 기간이 길수록 HIV 양성 판정을 받을 확률이 높았다.

이러한 발견들은 강제 성매매의 다음과 같은 인구학적·전염병학적 특성들을 추론해 볼 수 있다.

1. HIV 감염은 강제로 성매매를 하는 여성들에게 심각한 건강상의 위험이다.
2. 윤락업소에서 지낸 기간이 길수록 여성은 HIV에 걸릴 가능성이 높아진다.
3. 대부분의 소녀들과 젊은 여성들은 청소년기에 강제 성매매를 하게 된다.
4. 이 소녀들과 젊은 여성들은 HIV에 걸릴 위험성이 현저히 높다.

이 연구들이 진행된 남아시아는 사하라 이남 아프리카에 이어 세계에서 두 번째로 HIV 감염률이 높을 뿐 아니라, 매년 인신매매되어 성매매를 하게 되는 여성들 가운데 이곳 출신이 가장 많다. 이처럼 HIV 감염률이 높은 만큼, 강제로 성매매를 하게 되어 매일 수많은 고객들과 성관계를 가져야 하는 남아시아 여성들은 HIV에 감염될 위험성이 매우 크다. 성병의 온상이라 할 수 있는 윤락업소에서 오랜 기간을 지내는 것도 이러한 위험성을 증가시키는 데 일조한다. 상황을 더욱 악화시키는 것은 많은 남성 고객들이 돈을 주고 성관계를 가질 때 콘돔을 쓰지 않는 쪽을 더 좋아한다는 사실로, 노예들로서는 콘돔 사용을 놓고 실랑이를 벌일 힘이 없을 경우가 많다. 캄보디아에서 노예로 지낸 디나가 회상하듯이 말이다. "사장한 테 돈만 몇 푼 더 얹어 주면 손님은 콘돔을 쓰지 않아도 돼요. 싫다고 해봐 야 얻어맞을 뿐이에요." 여성들이 콘돔 사용을 고집할 수 있다 해도, 그러 기 위해서는 흔히 업소 주인에게 벌금을 내야 하고 이는 곧 빚이 더 늘어 그 상황에서 헤어 나올 길이 더욱 요원해진다는 것을 뜻한다.

남아시아에서 강제로 성매매를 하는 여성 중 많은 수가 어린 나이에 인 신매매를 당한 이들이다. 이것은 HIV와 에이즈에 걸릴까 봐 두려워 돈을 주고 성관계를 가질 때 사춘기 이전의 어린 여자아이를 찾는 남성 고객들 이 많기 때문이다. 이 남성 고객들은 어린 소녀는 성경험이 없을 것이고 따라서 성병을 옮기지 않을 것이라고 생각한다. 또한 남아시아의 어떤 문 화에서는 남자들이 처녀와 성관계를 가지면 성적 능력이 향상되고, HIV 감염을 포함해 기존에 걸린 성병들이 치료된다고 믿는다. 윤락업소 주인 들은 따라서 어린 소녀를 나이 든 여성의 거의 두 배에 가까운 돈을 주고 인신매매업자에게서 사들인다. 그런데 사춘기 이전의 이 미성년 소녀들 은 몇 가지 생물학적 이유로 인해 보호기구 없이 성관계를 가질 경우 외상 을 입거나 성병에 감염될 가능성이 특히 크다.

어린 여성의 경우, 생식기 내부에 형성된 점막질 표면의 영역이 얇고 덜 성숙하여 외상이나 감염의 위험성이 높다. 게다가 강제로 삽입이 이루어 지는 난폭한 성행위는 특히 소녀의 작고 덜 성숙한 질과 자궁경부에 외상 을 입히기가 더더욱 쉽다. 이로 인해 질과 자궁경부의 내벽에 찢어지거나 긁힌 작은 상처들이 생기고, 이 상처 때문에 소녀들은 침습성 감염에 노 출될 확률이 커진다. 그리고 마지막으로, 일부 소녀들은 알코올과 같은 가벼운 수렴성 용액으로 질 세척을 하여 질을 건조시킬 것을 강요받는다. 질 세척을 하는 것은 남성 고객들이 질에서 '조이는' 느낌을 느낄 수 있도록 하기 위한 것인데, 이렇게 하여 건조된 질 점막은 약한 충격에도 찢어지기 쉽다. 이로 인해 성병에 걸리기 쉬워지고 따라서 HIV에 감염될 위험성 또한 커진다. 생식기 궤양을 유발하는 성병에 감염된 성매매 아동들은 HIV에 감염될 확률이 4배로 높아진다.

연령에 상관없이 모든 여성에게 생리는 감염성 질병을 유발할 수 있는 또 하나의 위험 요소이다. 자궁에 출혈이 일어나고 자궁 내막이 떨어져 나가면 여성 생식기는 감염에 대한 저항력이 떨어진다. 강제 성매매를 하는 여성들은 생리 기간에도 손님을 받아야 하는 경우가 흔한데, 이로 인해 성병에 걸릴 위험성 역시 높아진다. 멕시코에서 미국으로 인신매매되어 팔려온 마리아는 이렇게 회상한다. "우리는 무슨 일이 있건 일을 했어요. 생리가 있을 때도 일했다는 얘기죠." 그녀는 생리는 다른 종류의 신체적 위험을 초래하기도 했다고 덧붙인다. 노예가 자신의 생리를 감추지 못하면 물리적 폭행이 가해졌던 것이다. "생리하는 걸 알게 되면 손님들은 길길이 날뛰어요." 그녀는 이렇게 말한다. "사장들은 전등에 천 조각을 끼워서 방을 어둡게 하라고 지시했어요. 하지만 그런다고 해서 손님들이 때리는 걸 피할 수 있는 건 아니었죠."

노예제가 성행하는 지역에서 어린 여성들이 성병에 걸릴 확률이 커지거나 HIV 감염률이 높은 것과 마찬가지로, 생리 기간에 성관계를 갖거나 질 세척을 하거나 콘돔을 쓰지 않는 것과 같은 관행들은 모두 강제로 성매매에 종사하는 여성과 소녀들이 HIV에 감염될 위험성이 현저히 높아지는 데 한몫을 했다. 그런데 이들이 HIV나 다른 성병들에 대해 잘 모르기 때문에 위험성은 더 심각해진다. 강제로 성매매를 하는 많은 여성과 소녀들은 질병의 징후들에 익숙지 않고, 이들이 일하는 윤락업소 지배인들은 적절한 검사나 치료를 해주지 않는다. 일본의 윤락업소로 팔려간 젊은 태국 여성 누Nu가 설명하듯이 말이다. "우린 성병이나 에이즈에 대해 잘 몰랐어요. 이름이나 겨우 들어 본 정도였죠."

HIV와 다른 성병들만이 강제 성매매에 종사하는 여성들을 위협하는 건강상의 위험은 아니다. 이러한 형태의 노예제의 특성상 원하지 않는 임신이라는 또 다른 위험이 항상 따라다닌다. 어린 소녀들이 특히 위험한데, 피임기구를 사용하지 않거나 사용하지 못하는 청소년기 여성들은 90퍼센트가 보호기구 없는 성관계를 계속한 지 1년 안에 임신하게 되기 때문이다. 그리고 열다섯에서 열아홉 살 사이 나이의 소녀들에서는 임신과 관련된 사망(폐색성 분만의 합병증, 감염, 출혈, 또는 안전하지 않은 낙태로 인한)이 전 세계 사망 요인 가운데 수위를 차지한다.

이러한 사망 가운데 상당수는 안전하지 못한 불법 낙태에 기인한다. 선진국에서는 진공 흡입법이나 적정량의 프로게스테론 투여 등 안전한 낙태 시술법이 시행되고 있지만, 인신매매 피해자들은 대부분 낙태가 불법인 사회에 살고 있거나, 노예주들이 발각되는 위험을 감수하면서 합법적 낙태 시술을 받도록 할 생각이 없어 이러한 시술법의 혜택을 받지 못한다. 누Nu가 설명하듯이 말이다. "서 있지도 못할 지경이 돼야 의사한테 데려다 줬어요. 주인은 우리가 밖에 노출되면 자기의 불법적인 사업과 우리의 불법적 지위가 들통 날까 봐 두려워했어요." 결국 대부분의 임신한 노예들은 그들의 생명을 위협하고 불구나 불임으로 만들 수도 있는 서툴기 짝이 없는 수술을 경험하게 된다. 누는 임신한 다른 두 명의 노예 여성이 난폭한 낙태법을 썼던 것을 회상한다. "그 애들은 무슨 약인가를 마셨는데, 그중 한 애가 낙태가 됐어요. 다른 애는 여자 애들한테 자기 배를 짓밟게 해서 결국 애를 떼어 냈죠." 청소년 때 노예가 되어 성매매를 하게 된 미국 여성 질ﾙﾙ은 어떤 노예주가 자행한 난폭한 낙태법을 상세히 이야기해 준다. "허리에 줄이 묶여 천장에 매달려 있는 동안 포주가 뱃속 내 아이를 지우겠다며 덤벼들었어요. 나는 쇼크 상태에 빠져서 병원에 실려 갈 때는 거의 정신을 잃다시피 했어요. 깨진 맥주병을 내 질 안에다 쑤셔 넣었던 거예요. … 애를 지운다면서 거의 날 죽일 뻔했어요."

물리적 폭력은 강제 낙태에 그치지 않는다. 인신매매에서 노예로 '훈련시키기'에 이르기까지, 폭력은 강제 성매매의 모든 측면에 스며들어 있다. 질은 자신의 '훈련' 시기를 "고문당하고, 굶주리고, 물 한 모금 못 마시고, 감각을 상실하고, 강간당했던 몇 달"로 회상한다. 이러한 폭력이 동원되는 것은 노예들의 독립심을 파괴하고, 날마다 수많은 남자들을 상대할 '준비를' 시키고, 탈출할 생각을 아예 하지 못하도록 하기 위해서이다. 이어서 노예주는 "훈련 기간이 만족스럽게 끝나 간다고 여기면 나를 '고객들'한테 보내기 시작하는데, 이 사람들은 내 몸을 이리저리 주무르며 성적 쾌감을 얻는다"고 질은 덧붙인다. 고객들도 그들 나름의 형태로 폭력을 행사한다. "관계를 갖기 전에 그 사람들은 막대기, 허리띠, 사슬 같은 걸로 피가 나도록 때리곤 했어요." 누는 이렇게 회상한다. "손님들 중에는 콜라병을 애들 질 속에다 집어넣거나 젖꼭지를 전기 충격기로 지지는 사람도 있었죠."

HIV와 다른 성병에서 안전하지 않은 낙태와 구석구석에 만연한 물리적 폭력에 이르기까지, 강제 성매매의 건강 위험성은 — 특히 소녀들과 나이 어린 여성들에게 — 극심하다. 젊은 여성에 대한 수요가 높다는 것은 곧 이들이 신중히 감추어져 여러 윤락업소들로 자주 옮겨진다는 것을 뜻하며, 이 때문에 법 집행 기관과 봉사 단체들의 구조 노력은 성과를 거두기 어려워진다. 모든 형태의 노예제가 다 그렇듯이, 강제 성매매는 감춰진 건강 위급 상황이다.

강제노동 노예제가 초래하는 건강 위험들

수백만 명의 소녀들과 여성들이 강제 성매매의 건강 위험성에 노출되어 있다면, 오늘날 존재하는 2천7백만 노예들 중 대다수는 강제노동 현장에서 착취를 당하고 있다. 이 강제노동은 성적 착취보다는 미디어의 주목을 덜 받지만, 그렇다고 해서 강제노동 노예들의 건강 문제가 덜 시급한 것은 아니다. 어느 의학 논설위원은 "만약 인신매매라는 상황 안에서 건강 증진을 성취해야 한다면, 우리는 인신매매된 다른 사람들, 이를테면 가내 하인들, 카펫이나 의복업계의 노동자들 … 농업 노동자들과 낙타 기수들이 맞닥뜨린 어려움들을 다루기 위해 일해야 한다"고 말했다.

수많은 강제노동 노예들이 전염병이 만연해도 손을 쓰지 못하는 가난한 지역 출신이다. 인신매매된 사람들이 미국 같은 나라에 도착할 때, 이들은 보통 입국 당시 백신 주사를 맞거나 의료 검사를 받은 적이 없는 상태이다. 예를 들어 어느 연구에 따르면 미국의 동부와 서부 연안에서 농장 노동자로 일하는 이주민 가운데 47퍼센트에 달하는 사람들이 결핵 검사에서 양성 반응을 보인 것으로 밝혀졌다. 폐를 손상시키고 몸 전체로 퍼져 다른 기관들에까지 손상을 입힐 수 있는 전염성 강한 질병인 결핵은 전 세계적으로 몇 손가락 안에 드는 사망원인으로, 2005년에는 거의 150만 명이 결핵으로 사망했다. 결핵과 같은 전염성 질병은 노예들이 사는 불결하고 사람으로 북적대는 주거환경에서는 급속히 번져 맹위를 떨친다. 노예 수십 명이 뜨거운 물도 안 나오고 화장실 휴지도 없이 달랑 변기 하나에 샤워기 하나만 달린, 환기도 안 되는 작은 방에 함께 묵게 되기도 한다.

이들이 노예가 될 때 몸에 지니고 있었을 수도 있는 전염성 질병 말고도, 인신매매되어 강제노동을 하게 되는 사람들을 위험에 빠뜨리는 또 하나의 요소는 바로 노예가 되면서 거치는 여정 그 자체이다. 이들은 대개 국경 내에서나 국경을 넘어 일을 하게 될 목적지로 은밀히 운송되는데, 배에 실린 컨테이너나 사람으로 가득 찬 궤도차 같은 한정된 공간에서 한없이 늘어나는 여정을 견뎌야만 한다. 이 여정은 흔히 북적대는 사람들, 부족한 음식, 탈수 상태, 열악한 위생시설, 추위나 더위와 같은 극단적인 환경에의 노출 등으로 특징 지어진다. 한 예로, 2008년 4월 태국 남부에서 인신매매되어 이동 중이던 미얀마인 이주민 54명이 트럭 짐칸에서 질식사한 사건이 있었다.

인신매매되어 이동하는 도중에 전염병으로 쓰러지거나 사망하지 않은 강제노동자들은 농업 노동이나 화학제품과 자재 제조업, 상업적 어업, 다이아몬드와 다른 천연자원 채굴, 직물과 다른 옷감 생산, 가내노동 등에 종사하게 되는데, 이것은 노예를 이용하는 산업들 중 일부에 불과하다. 이들은 공사 현장에서 위험한 절단기계들과 작동 중인 다른 기계들을 가지고 일하기도 하고, 야생 동물들, 산소 아세틸렌 용접기, 무거운 추들, 뜨거운 금속들로 둘러싸인 현장에서 일하기도 한다. 이들 노동은 불법적인 것이기 때문에, 직업상의 건강 수칙이나 안전 수칙 같은 것은 애초에 있지도 않다. 또한 노동자들은 훈련도 제대로 받지 않은 채 장시간 노동을 하는 경우가 흔한데, 이런 탓에 부상이나 상해, 사망 사고의 가능성이 늘어난다.

예를 들어 노예들은 농사 현장이나 공사장, 제조업장에서 장시간 노동을 해야만 하는데, 여기서 이들은 끊임없이 반복적인 동작을 하게 되어 손목골 증후군이나 치료가 어려운 등 통증 같은 긴장장애 질환이 생긴다. 치료를 하지 않고 방치하면 이러한 질환들은 영구적인 장애로 이어질 수 있다. 마찬가지로 공장과 광산에서 일하는 노예들, 그리고 목탄을 만드는 일을 하는 노예들은 마스크 같은 보호 장비를 받지 못하는 경우가 많다. 결국 이들은 암을 비롯한 만성 폐질환을 일으킬 수 있는 특정 물질을 들이마시게 된다. 고농도의 유기인산화합물 농약에 노출된 농업 노예들은 지속적인 두통에서부터 영구적인 신경 손상에 이르는 수많은 질병을 경험한다. 소음이 심한 제조소나 강렬한 빛을 발하는 가열 금속을 다루는 야금 시설 같은 많은 작업환경에서는 적절한 보호장비가 없으면 눈이나 귀가 멀 수도 있다. 무거운 짐을 날라야 하는 아이들은 탈장으로 고생하는데, 보통은 치료하지 않고 방치하여 결국 장에 피가 통하지 않고 감염되는 사태에 이를 수 있다. 피곤한 상태에서 무거운 짐을 옮겨야 하는 노동자들이나 제대로 정비되지 않은 기계로 일하는 노동자들에게는 손발 압착 사고가 일어난다. 강제노동을 하는 많은 여성들이 흔히 남자 주인에게 성적으로 유린당하며, 결국 성병 등에 걸릴 위험에 처한다.

아동노예들의 경우 작은 몸집 덕분에 좁은 지하 통로를 쉽게 지나다닐 수 있어서 광산업계에서 특히 환영받는다. 하지만 이 일을 하는 아이들은 일산화탄소를 비롯한 지하 유독가스와 공기 중에 떠다니는 미세입자들을 들이마시게 되는데, 이 미세입자들은 규폐증과 같은 급성 및 만성 폐질환을 유발할 수 있다. 이 아이들은 또한 적절한 안전 예방책 없이 채굴 작업을 하는 경우가 많아, 심각한 신체적 외상을 입거나 사망할 위험성이 크다. 어린 소년들은 낙타 경주 산업에서도 기수로 쓰기 위해 많이 찾는다. 스포츠는 본래 위험성을 내포하고 있는 데다, 경주 도박에 큰 판돈이 걸리는 경우가 많아 경기에 지면 가혹한 처벌을 받는다. 이를테면 먹을 것을 주지 않거나 잠을 안 재우거나 때로는 목숨을 잃을 정도로 무지막지하게 때리기까지 하는 것이다. 개발도상국의 도심에서는 아이들이 길거리에서 앵벌이를 하는데, 어떤 경우에는 앵벌이를 시키는 자들이 좀 더 동정심을 자아내 더 많은 돈을 벌게 하려고 아이들을 불구로 만들기도 한다. 마지막으로, 강제로 군대에 들어간 아이들은 그에 따른 위험에 빠지는데, 전쟁에 내재하는 위험성들에 노출되는 것은 말할 것도 없어서, 예를 들어 총알이나 포탄, 지뢰 등에 의해 죽거나 처참한 부상을 입게 된다.

노예주들은 폭력을 동원해 이 아이들을 통제한다. 인도에서 아동노예로 지낸 경험이 있는 아쇼크는 일을 마치지 못하자 "공장 주인한테 슬리퍼와 대나무 막대기들로 얻어맞았다"고 회상한다. 어느 날인가는 "이 고문이 도를 넘어섰어요. 나무 등걸에 두 손이 묶인 채 죽도록 얻어맞았죠. 한 달 반이 넘게 그렇게 묶여서 지내야 했어요"라고 그는 덧붙인다. 이러한 폭력은 성인들에게도 미친다. 일부 제조공장 주인은 작업자들이 졸지 않도록 정기적으로 작업대에 전류를 흐르게 해 충격을 가하고, 또 어떤 노예주들은 총을 겨눈 채 노예들에게 일을 시키고 누구라도 도망치려 하면 총으로 쏘아 질서를 유지한다.

이러한 모든 건강상의 위험들은 충분한 휴식과 영양공급이 이루어지지 않아 더욱 악화된다. 잠을 재우지 않는 것은 처벌과 통제의 수단으로 이용되어, 노예들이 업주들에게 저항하거나 탈출을 시도할 수 없는 몸 상태가 되도록 만든다. 중국의 한 공장에서 노예살이를 했던 잉은 이렇게 기억한다. "매일 아주 조금씩밖에 재우지 않았어요. 우린 눈을 뜨자마자 일을 시작해야 했고 나 같은 경우는 자정까지도 일할 때가 많았어요. 할당받은 일을 끝내지 못하면 잘 수가 없었죠. 매일 16시간씩을 일에 시달려야 했으니까요." 음식을 주지 않는 일도 마찬가지로 흔하다. 아쇼크는 이렇게 말한다. "음식이라고 나오는 게 영양가라고는 하나도 없이 멀겋기만 하고, 맛은 또 어찌나 형편없는지 개한테 줘도 안 먹을 지경이었어요." 영양실조는 특히 어린아이들에게는 치명적인데, 왜냐하면 이는 신체적 · 정신적 발달을 저해하기 때문이다. 이것은 또한 비타민 A 결핍에 의한 야맹증이나 비타민 C 섭취 부족에서 일어나며 쉽게 출혈을 일으키고 상처가 잘 낫지 않으며 쉽게 피곤해지는 증상을 불러오는 괴혈병과 같은 영양결핍성 장애로 이어질 수 있다.

영양실조는 또한 감염을 막고 몸이 부상에서 회복되도록 돕는 면역체계의 능력을 손상시킨다. 그래서 코트디부아르, 아이티, 인도, 토고에서 강제노동으로부터 풀려난 아이들이 심각한 영양실조 상태를 보일 뿐 아니라 피부나 장의 기생충 감염 방치, 구강 내의 진균 감염, 바이러스성 또는 박테리아성 설사, 벼룩이나 이 등의 서식, 장티푸스, 말라리아, 결핵 등 수많은 감염으로 고생하는 것이다. 사실, 개발도상국가들에서 매년 이러한 감염 또는 이와 비슷한 감염으로 발생하는 유아 사망 가운데 절반은 영양실조가 원인이다. HIV에 감염된 노예들은 훨씬 더 극심한 면역 억제를 겪으며, 특히 결핵으로 인한, 심각한 감염성 합병증에 걸리기 쉽다.

자지도 먹지도 못한 채 규제가 이루어지지 않고 위험스러운 환경에서 작업을 해야 하는 노예들은 다치지 않을 수가 없다. 그러면 이들은 제대로 된 진료를 받는 것이 아니라, 업주들로부터 원시적인 '치료'를 받는다. 인도에서 아동노예로 지낸 경험이 있는 람보는 카펫 직조기에 손이 베었을 때를 회상한다. "주인하고 그 동생이 제 눈을 감기고 다친 손가락을 끓는 기름에 집어넣더니 이렇게 말했어요. '자, 이젠 괜찮아. 가서 일해.'" 인도의 한 카펫 직조 공장에서 노예살이를 했던 또 다른 아이 라비는 "손가락에서 피가 나면 노예주 부인이 등유를 조금 가져와서 상처에 바른 다음 거기다 성냥을 그었어요."라고 말한다. 그리고 이렇게 덧붙인다. "상처가 안 나았는데, 자리로 돌아가 다시 카펫을 짜야 돼. … 손가락에서 피가 뚝뚝 떨어지는데 카펫을 짜야 하는 거예요." 노예들은 아플 때 요양을 취하지 못하는 경우도 흔하다. 아쇼크는 이렇게 회상한다. "열이 나거나, 다리나 손이나 척추가 아프거나 할 때처럼 병들거나 아프거나 해도 한 번도 잘해 주거나 병에서 나으라고 제대로 돌봐준 적이 없어요." 이처럼 부상을

— 손목골 증후군, 요통, 골절 등을 포함한 — 잘못 치료하거나 치료하지 않고 방치할 때 빚어지는 결과는 이로 인한 신체적 변형이 피해자의 몸에 그대로 남는 것으로, 때로는 영구적인 기형이나 불구로 이어지기도 한다.

노예제가 미치는 심리적 영향

극심한 신체적·성적 폭력에다 HIV/에이즈와 다른 성병들, 의료 혜택의 부재, 턱도 없이 부족한 수면과 식사, 위험하고 제대로 규제되지 않는 작업환경과 같은 건강 위험에 지속적으로 노출되는 것에 더하여, 오늘날의 노예들은 또한 정서적·심리적으로 심한 학대를 당한다. 신체적·성적 폭력을 가하겠다는 협박, 어린아이 취급, 친구와 가족들로부터의 사회적·정서적 고립 등이 여기에 속한다. 이러한 전략으로, 노예로 하여금 스스로 통제할 수 있는 것은 아무것도 없다고 느끼게 함으로써 이들을 인간 허수아비로 만들어 노예주에게 전적으로 의존하게 하는 것이다. 이러한 강압적인 통제가 일단 확립되면 노예화가 완성되어 더 이상 물리적 힘은 필요하지 않을 수 있다. 노예들은 노예주의 심리적 통제에 워낙 주눅이 들어, 길거리에 혼자 내다놓아도 탈출할 생각을 못 하게 된다. 신체적·성적 폭행으로 입은 외상과 합쳐져, 이러한 통제는 노예들이 해방된 뒤에도 평생 헤어나지 못하는 상흔을 남기는 경우가 많다. 질Jill은 이렇게 회상한다. "강제 성매매에서 탈출하고 1년이 지났는데도 우울증에서 헤어날 수가 없었고 수치심, 공포, 스스로를 파괴하고 싶은 충동도 늘 나를 따라다

녔죠. … 내 몸 여기저기에 커다랗고 깊은 흉터들이 있어요. 그런데 정신적 상처는 더 커요. 거기서 탈출한 이후로 불현듯 그때 생각이 떠오르거나 악몽을 꾸거나 우울증에 시달리거나 하지 않은 적이 한 번도 없었어요."

노예살이를 했던 사람들은 우울증, 정신병, 불안, 식욕감퇴와 같은 섭식장애, 외상후 스트레스 장애PTSD를 포함한 수많은 정서적·심리적 문제들로 고생한다. 이들의 심리 장애 발생 비율은 일반인보다 훨씬 높다. 한 연구는 자국 내에서나 국경을 넘어 다른 나라로 인신매매된 여성들 가운데 거의 90퍼센트가 심각한 우울증에 시달린다는 사실을 보여 주었다. '스스로를 파괴하고 싶은 강한 충동'을 느끼는 질과 같은 사람들은 자살을 시도할 위험성 또한 높다. 예를 들어 또 다른 연구에서는 성매매를 하다가 임신하게 된 청소년기의 미국 소녀들 가운데 40퍼센트 이상이 지난 1년 사이에 자살을 심각하게 고려하거나 시도한 적이 있는 것으로 보고되었다. 또한 심리적 트라우마는 심신장애를 초래하기도 하여, 뚜렷한 '생체적' 원인 없이 만성적인 고질적 통증, 또는 설사나 가슴 통증과 같은 지속적인 비특이성 질환들이 끊임없이 재발한다.

노예살이를 했던 사람들 중 어떤 이들은 중독성 물질 남용으로 고생한다. 자신의 경험을 감당하고, 해야 하는 일들을 견뎌내기 위해 많은 노예들이 — 특히 강제 성매매에 종사하는 이들은 — 약물과 알코올에 의존한다. 누Nu는 "우린 관계를 갖기 전에 으레 약물을 썼어요. 그러면 할 때 별로 아프지 않거든요"라고 말하며, 멕시코에서 미국으로 인신매매되어 온 이네스는 "남자들이 오기 전에 진탕 술을 마시곤 했죠. 그래야 그 짓을 하는 걸 견딜 수 있거든요. … 그리고 나서 자기 전에 또 진탕 퍼마셔요. 안

그럼 잘 수가 없으니까요"라고 회상한다. 노예주들은 통제력을 유지하기 위해 심지어 향정신성 약물을 강제로 투여하기까지 하는데, 이처럼 지속적으로 약물을 사용하면 노예들은 약물에 중독되어 노예주에 대한 의존성이 더욱 강해진다. 제대로 치료를 받지 못할 경우, 노예에서 벗어난 사람들은 이러한 중독 탓에 재활 프로그램들을 제대로 따라가지 못할 수도 있다.

반복적으로 자행된 가혹한 신체적·정서적 학대의 또 하나의 파괴적인 결과는 바로 외상후 스트레스장애PTSD이다. 이 장애의 특성을 질Jill은 이렇게 설명한다. "자는 동안에는 내내 악몽에 시달리고, 낮에는 시도 때도 없이 그때 기억들이 생생히 떠오르면서 극심한 피해망상에 시달리죠." 일부 노예들은 복합성 PTSD라 불리는 변종 PTSD로 진단받는데, 이는 타인이 피해자에게 장기간에 걸쳐 전면적인 통제를 가한 적이 있음을 알려주는 장애이다. 어떤 연구에 따르면, 9개국에서 성매매 여성의 거의 70퍼센트가 외상후 스트레스장애로 진단되었다. 노예살이를 했던 사람들이 겪는 PTSD와 다른 정신적 장애를 치료하기 위해서는 집중적이고도 정기적인 정신치료가 필요하며, 때로는 정신약리학 물질을 적절히 병행해 사용해야 하기도 한다. 치료하지 않고 방치할 경우 이러한 장애는 거식증과 같은 유해행동으로 이어질 수도 있다. "3년 동안 개밥만 먹었고 그마저도 구걸하듯 해야 얻어먹을 수 있었는데, 그러고 나니 이제는 제대로 된 음식은 속이 받지를 않아서 거식증으로 고생하고 있어요." 질의 말이다. "본질적으로 난 여전히 노예보다 나을 게 하나도 없는 존재였어요. 탈출한 노예라는 것 하나 빼고요." 노예로 살았던 사람들이 회복으로

PTSD

외상후 스트레스 장애, 즉 PTSD란 외상의 피해자가 악몽이나 회상을 통해 끔찍했던 과거를 몇 번이고 다시 경험하고, 끊임없이 공포와 무력감, 불안감을 느끼고, 옛 경험을 떠올리게 하는 것은 무엇이든 회피하는 정신적 장애를 일컫는다. PTSD를 겪는 사람들은 그에 수반하는 우울증, 불안, 중독성 약물 남용 증상을 보일 확률이 높으며, 또한 소화기와 근골격계, 신경계 장애를 포함해 심신을 쇠약하게 하는 만성적 질병과 만성적 통증으로 고생한다. PTSD는 젊은 사람들에게, 그리고 외상적 경험이 (강제 성행위처럼) 사람 간의 관계에서 장기간에 걸쳐 반복적으로 발생하는 환경에서 더 발병 확률이 높다.

향하는 ─ 질이 말하는 '노예보다 나은 존재'가 되고자 하는 ─ 여정을 시작할 때, 그들의 재활은 신체적인 면에서뿐 아니라 심리적인 면에서도 이루어지게 된다.

법의학적 대응

재활에 들어가면서 정신질환 치료와 심리 치료를 받기 시작할 때, 노예들은 그들의 상태에 대한 검진의 일환이자 그들을 인신매매한 사람들과 노예로 부린 사람들을 기소하기 위한 증거 수집 과정의 일환으로 법의학적 의료검사를 받기도 한다. 인신매매범과 노예주들이 유죄판결을 받을 수 있는 죄목에는 증명서류 절도와 파기, 비자발적 노예화, 유괴, 강제 혹은 의무 노동, 비합법적 강압, 신체적 · 성적 폭행, 살인이 포함된다. 하지만 유죄판결을 얻어내기란 어려운 일인 것이, 그러자면 세밀한 자료 수집이 이루어져야 하기 때문이다. 미국과 유럽, 영국에서는 정부조직들이 유죄판결을 성공적으로 이끌어내는 최선의 방법들을 계속 연구 중이다. 이 조직들은 목격자의 증언에만 전적으로 의존하는 기소 시도는 성공률이 가장 낮으며, 각 개인의 사건마다 다른 형태의 증거들을 수집해야 한다는 사실을 인정한다. 인신매매에 대한 안전성협약대책위원회의 위원장은 2003년 "목격자의 증언을 확실히 뒷받침하려면 증거들은 반드시 모자이크처럼 이가 맞아야 한다"고 밝혔다.

　이러한 증거 자료들 중 많은 것을 바로 피해자 자신의 몸에서 찾을 수 있기 때문에 법의학적 의료검사가 필요하다. 법의학이란 의학을 법에 적용하는 것을 말하며, 소송 과정에서 무고한 혐의자의 혐의를 벗겨 내거나 죄가 있는 범죄자에게 유죄판결을 내리는 데 이용될 수 있는 신체상의 증거들을 수집해 해석하는 일과 관련된 분야이다. 법의학자들은 질병과 부상이 어떠한 방식으로 인체에 영향을 미치는지를 전문적으로 연구한 의사들이다. 이들 전문가들이 보통 하는 일은 부검과 독물학, 방사선학 등을 포함한 연구들을 통해 시신을 검사하여 사인과 사망 방식을 밝혀내는 것이다. 하지만 살아 있는 피해자의 몸에 난 상처를 검사하고 해석하는 일에도 법의학자들이 점점 더 많이 필요해지고 있다. 노예살이를 했던 사람들에 대한 법의학적 검사가 필요하다는 사실은 인신매매 피해자 보호법 TVPA에서도 인정하고 있으며, 이 법률에는 또한 이러한 검사 시행에 대한 국가 표준을 개발해야 한다고 명시되어 있다. 점점 더 많은 가해자들이 기소되기 시작하면서 이와 같은 표준화된 접근 방식이 점점 더 필요해지고 있으며, 특히 유죄판결을 이끌어 내기 위해서는 가장 엄격한 기준의 증거들이 필요한 고문과 성폭행의 경우에는 더 필요성이 더욱 절실하다.

최근 한 의사 단체가 노예들에게 법의학적 검사를 실시할 필요가 있다는 데 지지를 표명했다. 2007년 발표된 한 문건에서 이들은 노예제와 관련된 수많은 건강 위험들을 인정하면서, 현재 이루어지고 있는 노예제 피해자 보호 과정에 표준화된 법의학 검사를 포함시킬 것을 요청했다. 저자들은 피해자의 상처와 이들이 입은 신체적·심리적 손상의 정도를 기록으로 남기기 위해서는 제때에 제대로 된 검사가 이루어져야 한다고 강조한다. 이와 같은 문서화는 인신매매업자와 노예주를 다양한 범죄 혐의로 기소하게 될 국가에게나, 가해자에게 민사 소송을 청구하고자 하는 피해자에게 모두 필수적이다. 저자들을 이에 대해 이렇게 말한다. "[법의학] 검사는 인신매매 과정에서 학대의 결과로 발생했을지 모르는 모든 부상, 감염, 질병에 대한 입증 증거를 제시하기 위해 신중하게 계획되고 구성되어야 하며 … 이는 선고 절차에서 참고자료로 활용된다."

고문과 성폭행 피해자에게 시행할 수 있는 적절한 법의학 검사에 대한 다양한 표준규약들이 현재 존재하는데, 예를 들어 고문의 효과적인 조사와 문서화를 위한 유엔 설명서나 성폭력을 겪은 이들에 대한 의학적 법적 보호에 대한 세계보건기구 지침 등이 있다. 의사들은 이 자료들을 활용해 인신매매 피해자에 대한 좀 더 구체적인 법의학 검사 지침들을 제시한다. 지침의 기본은 간단히 말해, 사려 깊고 피해자를 배려하는 법의학 검사라면 반드시 피해자의 동의하에, 이들에게 다시 외상을 입히지 않는 방식으로 시행되어야 한다는 것이다. 검사 절차 자체에서는 부상들을 기록하고, 실험실 테스트를 위해 적절한 체액 및 세포 샘플을 수집하고, 또한 적절한 치료가 가능한 질병들을 파악해 낸다는 특별한 의도 아래 철저한 신체검사가 이루어져야 한다.

이러한 포괄적 자료 수집을 위한 표준화된 절차는 노예들이 겪는 무수한 건강 위험과 그 결과에 대한 구체적 자료 부족 문제를 해결하는 데에도 도움이 된다. 이에 대한 저자들의 결론은 다음과 같다. "이러한 분석은 인신매매와 관련된 건강 위험들을 좀 더 깊이 이해하고, 이를 방지하기 위한 구체적인 방법과 전략을 개발하는 데 도움이 된다." 노예제를 근절시킬 방안을 찾는 정부들에게 법의학은 그들 노력의 필수적인 측면이 되어가고 있다.

의료인들과 다른 긴급구조원들의 권고사항들

유엔의 인신매매 의정서는 "인신매매 피해자의 신체적 · 심리적 · 사회적 회복을 도모하는 것은 각 국가의 책임"이라고 명시하고 있다. 이러한 서비스를 제공하기 위해서는 현재 노예살이를 하고 있는 사람들을 파악해 이들이 자유를 얻도록 돕는 것이 급선무이다. 이는 곧 노예제의 표식들을 식별해 내고 노예들에게 적절한 사회적 · 법적 서비스를 도입할 수 있도록 사람들을 교육시켜야 함을 의미한다. 지역사회의 의료 전문가들 특히 바쁜 도시 지역의 응급실에서 일하는 사람들이나 이주민 환자들이 많은 작은 시골 마을의 의료 센터 근무자들 ─ 은 인신매매 피해자들과 노예들을 식별하고 상태를 파악하고 도움을 줄 수 있는 남다른 기회를 갖는다.

이들 의료인들과 다른 '긴급구조원'들, 이를테면 사회복지기구들이나 법 집행요원들에게는 준비와 교육이 필요하다. 예비 질문사항들을 포함해, 노예로 의심되는 사람들을 확인할 수 있는 방법에 대한 안내가 이 책 8장에 나온다. 이에 더해 미 보건사회복지부의 '구조와 회복 캠페인'은 의료 전문가들과 사회복지기구, 법 집행기관을 소개하는 귀중한 안내 자료를 제공하는데, 2004년 2월 개설된 이래 4천 여 건의 전화를 받았다. 하지만 중요한 것은 인신매매 피해자나 노예로 추정되는 사람들을 상대하는 의사나 다른 긴급구조원들이 피해자들에게 '피해를 주지 않는' 적절한 방식으로 일을 진행하는 것인데, 면접 방법에 대한 지침은 아직 존재하지 않는 실정이다.

미국과 영국의 경우 피해자들 중 많은 수가 청소년기의 소녀들인 만큼, 노예살이를 하는 것으로 밝혀진 아이들을 위한 진단과 치료, 예방 의료 서비스가 개발되어야만 한다. 아동 성매매로 인한 아이들의 건강 문제를 다루는 데 유용한 전략들이 있는데, 이 전략들의 첫 글자를 따면 PREVENT(예방)라는 단어가 만들어진다. PREVENT는 지역사회의 의료 체계 내에서 활용될 수 있으며, 성인 노예에게도 적용해 이용할 수 있다.

국가적 차원과 국제적 차원에서 의료 전문가들은 정부기관과 비정부기구가 노예들의 건강 위험을 다루는 정책들을 개발하여 도입하는 데 도움을 줄 수 있다. 특히 HIV와 노예제 간의 관계가 명확히 정립되고 모든 반

PREVENT

P: 정신 질환, 정서적 피해, 중독성 물질 남용에 관한
   심리psychological 상담

R: 피임기구, 산전 관리, 그리고 원할 경우 안전한 낙태를
   제공하는 생식reproductive 건강 서비스

E: 학대와 폭력을 피할 수 있는 전략에 대한 교육education

V: 성매매에 종사하는 아동과 그들이 낳은
   아기에 대한 백신 접종vaccination

E: 적절한 검진을 통해 잠재적으로 치명적일 수 있는
   질환 조기early 탐지

N: 영양nutritional 진단과 상담

T: 성매매 아동에게서 태어난 영아들에 대한
   질병 치료treatment와 예방 의료 서비스 제공

노예제 정책에 포함되는 것이 필수적이다. 가난, 성 차별, 사회적 주변화, 교육 결여와 같은 특정한 취약 요소들은 노예제와 HIV/에이즈 전염병에 공통적으로 관계가 있다. 노예제를 종식시키고 HIV/에이즈의 확산을 막는 것은 의료기관과 노예제 반대 단체들이 협조해 활동하면 더 성공적으로 이루어질 수 있다.

하지만 세계 여러 곳에서 인신매매 피해자들과 노예들이 직면하고 있는 낙인과 차별을 더 악화시키는 것을 피하려면, HIV와 노예제 간의 이러한 연관성을 다루는 데는 섬세한 접근 방식이 필요하다. 따라서 이들 피해

자에게는 특별한 배려가 있어야 하는데, 왜냐하면 노예로 지내다 자신의 지역사회로 돌아간 많은 여성들이 낙인이 찍혀 범죄자 취급을 받고, 의료 혜택조차 받지 못하기 때문이다. 이와 같은 현실은 피해자들에게서 진료를 받을 수 있는 권리를 빼앗을 뿐 아니라 HIV/에이즈의 전 지구적 확산을 완화시킬 기회 또한 박탈해 버린다.

마지막으로, 의료계와 정책 입안자들이 효율적인 조정과 서비스를 제공하려면, 노예들의 건강 위험에 관한 더 많은 연구들이 기획되고 자금 지원을 받아 수행되어야 한다. 예를 들어 인신매매된 소녀들의 HIV 감염 위험성 증가에 대한 연구가 좀 더 심층적으로 진행된 덕분에 이 특별한 인구집단을 노예제로부터 구하고 보호하는 데 한층 총력을 기울이게 될 수도 있으며, 강제노동의 건강 위험성에 대한 이해를 심화하는 데 목적을 둔 연구 자료들이 더욱 축적되면 대중과 정치권이 성적 착취에만 이목을 집중하는 데서 벗어나 관심의 범위를 넓히는 데 도움이 될 수도 있다. 건강 위험과 그 결과들을 식별하고 정확히 진단하려는 노력은 노예제의 은밀성 때문에 종종 벽에 부딪치지만, 의료 전문가들은 비밀에 감추어진 노예제의 세계를 폭로하려는 보다 광범위한 노력의 일환으로 비정부기구와 각국 및 국제 정부들과 협조하여 작업을 진행할 수 있다. 단순히 '치료의 문제'로 간주되지 않을 때 비로소 건강에 대한 고려는 오늘날 노예제 반대 운동에서 결정적인 역할을 할 수 있다. 이 운동의 다른 요소들과 노예제 종식의 청사진에 대해서는 다음 장에서 대략적인 윤곽을 그려 보도록 하겠다.

8장

노예제 폐지를 이끌어 내려면

―우리 시대에 노예제를 종식시키기

노예무역에 대한 내 연구가 여기까지 진척되자마자
… [나는] 노예제 폐지를 이끌어 내기 전에는
결코 쉬지 않겠노라고 결심하게 되었다.
윌리엄 윌버포스, 1789년

노예제는 이제 종말을 고할 때가 다 되었다. 노예제를 종식시킨다면 우리는 인간이 달에 발을 내디딘 것조차도 사소한 역사적 발자취로 보이게 할 만큼 대단한 어떤 것을 우리 살아생전에 성취한 셈이 된다. 하지만 모든 국가 혹은 모든 마을에서 노예제를 종식시킬 수 있는 간단한 해법은 존재하지 않는다. 미국과 영국에서 노예제를 종식시키는 것은 인도, 가나, 또는 태국에서 노예제를 종식시키는 것과는 다를 것이다. 노예제는 전 세계적 경제의 한 요소일 뿐만 아니라 각 지역 경제의 한 요소이기도 하며, 모든 나라는 저마다 고유한 대응방식을 구축해야 한다. 예를 들어 일본은 자국 내에서 신속히 노예제를 근절시키는 데 필요한 자원을 갖고 있지만, 그렇게 하려는 정치적 의지가 극히 박약하다. 가난한 나라들은 세계 어느 나라보다도 의지에 가득 차 있지만 노예주들과 맞서 싸울 자금이 없을 수도 있다.

하지만 전 세계에서 노예들은 속속 해방되고 있다. 그리고 한 사람의 노예가 해방될 때마다 우리는 어떻게 노예제가 종식될 수 있을지 다시 한 번 교훈을 얻는다. 각 나라에서 노예제를 둘러싸고 있는 사회적·문화적·정치적·경제적, 그리고 때로는 종교적 외피들을 이해함으로써 우리는 각각의 고유한 환경에 일반적 패턴들을 적용할 수 있다.

투쟁의 현황

만약 우리가 노예제를 종식시키게 되는 티핑 포인트라는 것이 있다면, 그것은 바로 지금이다. 과거의 노예제 폐지론자들이 맞닥뜨렸던 거대한 장애물들은 이미 제거되었다. 첫째로, 도덕성 논쟁에서 이미 승리를 거두어, 모든 국가들이 노예제를 규탄하며 다수 종족이나 강력한 종교 집단이 노예제를 바람직하다거나 받아들일 만하다고 주장하는 일도 없다. 오늘날 폐지론자들이 누리는 두 번째 이점은, 경제성 논쟁에서도 더 이상 상대해야 할 적수가 없다는 사실이다. 세계 경제에서 노예제가 차지하는 금전적 가치는 매우 작고, 노예제에서 나오는 수익은 국가 경제나 다국적 산업을 부양하는 방향으로 흘러가는 것이 아니라 소규모의 범죄 네트워크들 주머니 속으로 흘러 들어간다. 노예제를 종식시킨다고 해서 경제에 타격을 받을 국가는 하나도 없으며, 노예제를 종식시키는 데 드는 비용은 해방된 노예들이 창출할 경제적 가치에 비하면 매우 적다.

세 번째 커다란 이점은 싸워 이겨야 할 법적 논쟁도 이제는 존재하지 않는다는 점이다. 대체로 필요한 국내 및 국제 법은 이미 법전에 등재되어 있다. 전 세계적으로 이 법들이 갱신되거나 확장되어야 할 곳이 다소 있고 또한 형량을 늘릴 필요가 있는 곳도 일부 있지만, 노예제가 합법인 곳은 어디에도 없다. 노예제를 종식시키기 위해서는 새로운 법을 제정하자는 캠페인이 아니라 법을 실제로 집행하고자 하는 정치적 의지가 필요하다. 당시 미 국무부의 인신매매감시방지국 국장으로 재직 중이던 존 밀러는 2004년 이렇게 말했다. "우리의 싸움은 19세기의 노예제 폐지론자들이 치러야 했던 싸움보다는 훨씬 쉽습니다. 초기의 폐지론자들과는 달리 우리는 희생자들을 돕기 위해 법을 어겨야 할 필요는 없으니까요."

모든 나라에 노예제 금지법이 제정되어 있는 점, 노예제로는 큰 경제적 이익을 보장받을 수 없다는 점, 인권 의식이 확산되고 있는 점 등을 고려할 때, 대중과 정부들이 최우선 과제로 설정하기만 하면 노예제는 종식될 수 있다. 또한 우리는 2천7백만 명이라는 숫자가 어느 한 시점의 노예 수로서는 역사상 가장 많은 수치이기는 하지만, 전 세계 인구에 대한 비율로 보면 역사상 노예의 비율이 현재 가장 낮다는 사실에서 자신감을 얻을 수도 있다.

노예제를 근절시키기 위한 과정에 착수하는 데 방해가 되는 주요 장애물로는 인식 부족과 자원 부족을 들 수 있다. 전 세계 인구 가운데 대단히 많은 사람들이 지금도 노예제가 존재한다는 사실을 모르거나 믿으려 하지 않으며, 이런 사람들 중에는 최전선에 서서 노예제에 대응해야 할 정책 입안자들과 법 집행 관리들도 상당수 포함되어 있다. 노예제와 싸우려면 우리는 그 영역을 더 잘 이해하고 이 정보를 널리 전파할 필요가 있다. 일차적으로 이는 곧 자료를 모으고 분석하는 데 힘을 기울일 필요가 있다는 것을 의미한다. 미국에서는 2008년 초까지 CIA, 국무부, 법무부, 그 밖의 다른 기관들이 거의 10년 동안 노예제에 관한 정보들을 수집하고 정리했는데, 이 정보들을 서로 공유하지는 않았다. 인터폴과 같은 국제기관들과 유엔은 대량의 인신매매 관련 데이터베이스를 확보하고 있지만, 이를 공유하지 않기는 이들 역시 마찬가지이다. 만약 이 문제가 건강과 관련된 사안이라면, 전염병학자들이 그러한 상황을 타개하기 위해 이용 가능한 모든 자료들을 한데 모으고 있을 것이다. 하지만 노예제에 관한 정보는 기관들 사이에 공유된 적도 없고, 대중이 쉽게 이용할 수 있도록 널리 공개되지도 않았다. 자료를 수집하고 전략들을 점검할 때, 우리는 노예제 종식을 놓고 생각을 모을 수 있는 네트워크를 형성할 필요가 있다. 분석의 주요 요소들과 지향점에 대해서는 합의가 이루어져야 한다. 노예제 반대 단체들은 연계하고 협조하여 하나의 공유된 정체성 아래 보다 광범위한 운동을 형성할 필요가 있다. 성공적인 전략들은 우선적으로 세상에 '오픈 소스' 프로그램으로 제공되어야 하며, 풀뿌리 운동들은 노예제의 보다 광범위한 정치적·경제적 결정요인에 영향을 미칠 수 있는 조직과 단체들을 찾아보는 것이 필요하다. 노예제가 수출품이나 제품들과 연관된다면 이 운동들은 업계와 연합해야 한다. 국제적 압력이 정부 정책들의 방향에 얼마간 영향을 미칠 수 있다면, 이 운동들은 유엔과 공조할 필요가 있다. 그리고 정부들은 결과들을 수치화하는 것이 필요하다. 예를 들어 미국에서는 인신매매 피해자 보호법이 통과된 이후로 정부가 노예제 반대 프로그램들에 지원금을 배부하고 있지만, 책임성은 거의 없다. 현재 진행 중인 노예제와의 전쟁에서 성패를 결정하는 한 가지 확실한 방법은 독립적이고 조직화된 감시 프로그램과 정기적인 평가를 시행하는 것이다.

기구들과 단체들 사이에 지식을 모으고 네트워크를 맺는 것 외에도, 일반 대중의 인식을 크게 제고할 필요가 있다. 이렇게 되면 정치가들에게 노예제 반대 노력들에 충분한 자금을 지원하도록 더 큰 압력이 가해지게 된다. 예를 들어 미국 정부는 2006년 인신매매와 노예제 단속에 2억 달러를 지출했다. 이는 같은 해 연방 마약 단속에 지출된 120억 달러와는 비교되는 수치이다. 노예제 단속에 지출되는 예산이 이토록 적으니, 적발률과 유죄판결률이 노예제 관련 사건 추정 건수의 1퍼센트에도 채 못 미치는 것은 놀라울 것도 없다. 노예제를 근절하기 위해 적극적으로 활동하는 정부 내 기구들조차도 쥐꼬리만 한 예산에 의존하고 있다. 미국 이민세관집행국은 노예 노동을 이용한 상품들이 국내로 반입되는 것을 막는 임무를 띠고 있지만, 이런 상품들을 찾는 업무에 배속된 담당자는 몇 명 되지 않는다. 이들로는 의심되는 물건들 가운데 극히 일부를 제외하고는 조사를 진행할 엄두조차 낼 수 없다.

대중의 인식이 제고되면 노예제 종식을 향한 일련의 조치들을 지원하도록 정치가들에게 더 큰 압력이 가해질 것이다. 어떤 조치들은 사소한 것이다. 예를 들어 미 의회의 차기 평화봉사단 세출 예산안에 다음번 인원 모집에는 노예들의 해방과 사회 재통합을 위해 일하고자 하는 자원봉사자를 포함하겠다는 조항이 들어 있을 수 있다. 또 어떤 조치들은 좀 더 본격적이다. 세계보건기구의 계획들은 정부의 부채 탕감 정책이나, 법 집행, 다른 나라들과의 군사적 협력과 마찬가지로 노예제라는 렌즈를 통해 사안을 재조명할 필요가 있다. 해외 원조는 노예제 근절에 초점을 맞추어 생각해 보아야 하며, 그중 일부는 노예제를 초래하는 근원적인 경제적 절망을 구제 목표로 삼아야 한다. 무역 정책은 노예 노동으로 만들어진 제품은 세계 시장에서 발을 붙이지 못하게 한다는 생각을 반영해야 하며, 국제 시장은 물론 지역 시장에서 노예제를 이용하지 않으려는 가시적인 노력을 보이는 업체에 우선적으로 무역자금 융자 혜택을 줄 수도 있을 것이다. 부유한 국가들은 필요한 외교 자원과 재정 자원을 쏟아 부어 노예제 종식을 전 지구적인 최우선 과제로 만들어야 한다. 이러한 자원들 중 일부는 남반구로 투입되어, 노예제를 금지하는 지역법의 집행과 노예였던 사람들의 생활 안정을 지원하는 데 사용되어야 한다.

노예제에 대항하는 효율적인 국제적 연합을 구축하는 데에는 지역적 행동과 전 세계적 행동이 모두 필요하다. 지역 경찰에서 유엔에 이르기까지, 개인 소비자로부터 최고 경영자들에 이르기까지, 우리 모두는 노예제를 종식시키는 데서 각각 맡을 수 있는 역할이 있다.

유엔과 정부들의 역할

국제적 차원에서 현존하는 연구, 정책, 외교, 지원활동의 패턴들은 노예제를 종식하는 방향으로 전환되어야 한다. 유엔은 노예제와 싸울 수 있는 가장 강력한 조직 중의 하나로, 유엔의 의사결정 기구인 안전보장이사회가 먼저 나서서 솔선수범할 필요가 있다. 안전보장이사회의 5개 상임이사국(영국, 중국, 러시아, 프랑스, 미국)이 노예제를 종식시키기로 결정하면,

유엔과 여러 산하 기구들은 선도적 역할을 할 수 있을 것이다.

우선 사무총장이 노예제 및 인신매매 특별 대리인을 임명해야 한다. 특별 대리인은 현대의 노예제를 중심 안건으로 한 안전보장이사회 회의를 준비하는 임무를 맡아야 하며, 상임이사국들은 자금과 자원을 지원하여 특별 대리인이 전 세계의 노예제에 실질적으로 대처할 수 있도록 해야 한다. 다음으로 안전보장이사회는 전문가 위원회를 위촉하여, 노예제에 대한 유엔의 계획적 대응을 조정하고 개선하도록 하는 한편 노예제에 관한 기존의 협약들을 검토하여 이들을 어떻게 통합하고 명료화할지 조언해 주어야 한다. 개선된 대응책은 때로는 기존의 메커니즘을 기반으로 하여 구축된다. 예를 들어 유엔은 기존의 전략을 조정하여 부패를 감소시키고 이어서 뿌리 뽑는 데 활용할 수 있을 것이다. 개발도상국들에서는 뿌리 깊은 부패를 근절하기 위해서는 경찰과 지역 정부에 근본적인 쇄신이 필요한 경우가 많다. 유엔은 언론의 주목은 거의 받지 못했지만 수많은 나라들에서 성공을 거둔, 훌륭한 반反부패 팀을 구성해 놓고 있다.

마지막으로, 유엔 안전보장이사회는 무기 조사단을 파견했던 것처럼 노예제 조사단도 파견해야 한다. 세계 대부분의 나라가 다양한 유엔 반노예제 협약들을 인준했는데, 독립적이고 객관성을 지닌 조사단이 이들 국가들에 들어가 자국 법이나 국제 협약의 시행에 허술한 구멍은 없는지 찾아보고, 만약 있다면 이를 바로잡는 것을 도와주어야 한다. 또한 안전보장이사회는 기존의 조사권을 어떻게 노예제에 적용할 수 있는지를 결정할 위원회를 설립해야 한다.

정부 차원에서는 각국이 노예제 근절 계획을 수립할 필요가 있다. 브라질은 정부가 명확한 태도를 취할 경우 어떤 일이 벌어질 수 있는지를 보여주는 실례이다. 2003년 초 브라질 대통령은 노예제를 종식시키기 위한 위원회를 발족시켰다. 법이 강화되고 노예제 단속반에 더 많은 지원금이 투입되었다. 2003년에 거의 5천 명에 이르는 사람들이 특수기동조사대에 의해 노예제로부터 구출되었고, 2005년까지 추가로 7천 명이 더 구조되었다. 해방된 노예들의 자립을 돕는 데는 3백만 달러 이상의 지원금이 투입되었다. 노예를 이용하다 발각된 회사나 개인은 공식적인 '블랙리스트'에 오르며, 기소되어 감옥에 가는 것은 물론이고 앞으로 어떠한 종류의 정부 인허가, 대출, 융자도 받을 수 없게 된다. 브라질의 노예들 중 상당수가 (목장 운영, 삼림 벌채, 농사, 아마존과 다른 오지들에서 이루어지는 벌목 등을 위해) 토지가 개발되고 있는 곳에서 일하는 만큼, 노예를 이용하는 회사에 정부 혜택이 주어지지 않으면 이들은 회사 문을 닫을 수밖에 없을 것이다.

모든 정부는 자국 내에서 노예제를 종식시킬 국가 계획을 수립해야 한다. 이 일은 관련된 기존의 정부 기구들을 모두 한데 모으고, 반노예제 대사를 임명하여 노예제 종식 노력들을 조정하고 이 문제에 가장 근접해 있는 자국 내의 노예제 반대 지역 조직들을 적극적으로 참여시키는 임무를 맡기는 것으로 이루어질 수 있다. 반노예제 대사는 또한 (다른 나라나 단체로부터 받을 필요가 있는 도움들을 포함하여) 모든 형태의 노예제를 종식시키는 데 필요한 모든 사항의 개요를 짜는 국가 계획을 개발하는 임무를 맡아야 한다. 국가 지도자들은 이 계획이 실효성이 있는 것이라면 적극적으로 추진해야 한다. 그리고 물론 계획이 수립된 후에는 실행이 뒤따라야 한다. 국가 계획을 수립하면 정부 기구들의 노력을 집중시키는 데 도움이 되며, 정부가 책임성 있게 사업을 추진하도록 압력을 가할 수단을 국가 구성원들이 갖게 된다.

전 세계 각 정부들의 계획은 저마다 세부적으로 다른 부분들이 있을 것이다. 예를 들어 미국이라면 계획에는 비자 프로그램의 공정성에 관한 사항이 포함되어야 한다. 미국에 입국하는 노동자들이 비자 발급에서 겪는 불평등은 눈에 보일 만큼 노골적이다. 오페어(현지 가정에 입주하여 약간의 보수를 받고 일하며 언어 등을 배우는 프로그램 또는 그런 젊은이 ― 옮긴이)로 미국에 온 열아홉 살의 프랑스나 영국 소녀라면 J-1비자를 받는데, 이 비자를 받으면 실태 점검, 오리엔테이션 프로그램, 급여 보장, 교육비 지원 등의 혜택을 받을 수 있다. 반면 똑같이 오페어로 미국을 찾는 열아홉 살 카메룬 소녀는 등급이 낮은 B-1 비자를 받으며, 공항에서 약식 육안 검사를 받게 된다. 미국에서 묵는 곳의 주소도 기록되지 않고 실태 점검이나 급여 보장 혜택도 없어, 노예가 되는 것을 방지할 수 있는 어떠한 예방책도 주어지지 않는다.

미국의 계획에서 또 다른 세부사항은 노동권에 관한 것이 되어야 한다. 전국노동관계법NLRA이 1930년대에 통과되면서 미국의 수백만 노동자는 공정한 노동조건을 누릴 수 있게 되었다. 하지만 주로 남부 국회의원들의 압력에 의해 두 가지 범주의 노동자층은 여기서 제외되었는데, 바로 농장 노동자와 가정부였다. 이 두 집단은 지금까지도 다른 모든 노동자들이 누리는 권리를 누리지 못하고 있다. 전국노동관계법의 조항과 보호제도는 이 두 범주의 노동자들까지 포함하도록 확대되어야 하며, 그렇지 않으면 이들은 여전히 미국의 다른 노동자보다 노예신세로 전락할 가능성이 큰 상태에 처하게 된다. 다른 세부사항은 정부계약에서 노예 노동을 일소해야 한다는 것이다. 연방 정부는 정부 사업에서 노예 노동을 허용하지 않을 것임을 확고히 천명해야 하며, 계약자가 직접적으로나 아니면 하청업자를 통해 인신매매나 노예제를 이용하는 데 세금을 쓰고 있지는 않은지 감시하고 해당 업체를 처벌해야 한다. 또한 연방 정부는 독립적인 사찰단을 발족해 이러한 계약자들을 감시하고 계약이 투명하게 이루어지도록 하는 임무를 맡겨야 한다.

하지만 세부적인 사항은 나라마다 다를 수 있다 해도 정부 계획은 최소한 3가지 요소만큼은 포함해야 한다. 교육, 법 집행, 재활이 그 3가지 요소이다. 노예제를 방지할 수 있는 가장 훌륭한 방비책 중 하나는 교육이다. 많은 사람들이 속임수에 넘어가 노예가 된다. '모집책'들은 경제적으로 절망적인 상황에 처한 사람들을 좋은 일자리를 얻게 해주겠다는 말로 꾀어 이들의 삶을 손아귀에 넣는다. 유럽의 윤락업소에서 일하는 여성들, 브라질의 슬럼가에 사는 남자들, 태국 북부 마을들의 소녀들, 인도의 카펫 공장에서 일하는 소년들은 한결같이 이와 같은 사연을 지니고 있다.

이러한 속임수에 넘어가지 않게 하는 데는 약간의 교육이 큰 효과를 발휘한다. 예를 들어 어떤 단체가 젊은 네팔 여성들을 인도의 윤락업소에서 구출한 뒤, 이들로 하여금 마을을 돌아다니며 자신의 경험을 이야기하도록 한다. 이들의 이야기를 들은 뒤에는 모집책의 거짓말에 혹해 있던 부모들, 한때 대도시에서 일하기를 갈망하던 소녀들, 사기꾼들한테서 뇌물을 받은 마을 장로들 모두 다시 속임수에 넘어가는 일이 적어진다. 특히 소녀들에게는 자기네 또래의 누군가로부터 에이즈로 죽어 간다는 말을 직접 듣는 것은 정신이 번쩍 드는 충격이다.

교육이 노예제와의 싸움에서 이길 수 있는 하나의 열쇠라면, 우리는 아직 그 힘을 제대로 활용하지 못하고 있다. 네팔의 단체가 활동가들을 파견하고 국제이주기구가 동유럽의 젊은 여성들을 대상으로 대중 인식 증진 캠페인을 벌이지만, 위험에 처해 있는 말 그대로 수백만 명의 사람들이 이런 교육을 접하지 못한다. 대중 교육의 필요성에 대한 조치는 단편적이고 사후 대응적이다. 10대 청소년의 임신이나 약물 사용에 대한 교육 캠페인을 개발하는 데는 엄청난 돈이 투자되는데, 노예제에 대해서는 어떻게 교육하는 것이 최선인지 따져 본 사람이 있을까? 정부들은 노예제와 인신매매 문제에 대한 홍보 및 교육 캠페인을 실시할 때 공공 보건 위기 문제를 대처할 때와 같은 방식으로 해야 한다. 잠재적으로 노예화의 피해자가 될 수 있는 사람들을 대상으로 한 대중 인식 캠페인은 지역 문화를 반영해야 하고 적절한 언어로 전달되어야 한다.

이러한 교육 활동과 함께 정부에 필요한 것은 법 집행을 위한 더 나은 훈련과 더 많은 자금이다. 노예제 금지법이 존재하지만 제대로 시행되지 않는 것은, 거의 모든 국가에서 경찰 인력 중 극히 일부만이 노예제와 인신매매를 식별하는 훈련을 받는 데 얼마간 원인이 있다. 정부가 법 집행에 다른 어떤 나라보다 많은 자금을 지출하는 미국에서조차 인신매매와 노예제 관련 업무에 배속된 인원이 한 명이라도 있는 부서는 손에 꼽을 정도이며, 노예를 인지하는 훈련을 받은 관리 역시 매우 적다. 미국과 다른 나라의 경찰이 좀 더 효율성을 갖추려면 집중적이고 포괄적인 전국 차원의 훈련 프로그램이 필요하다. 훈련에는 노예제 단속을 담당하는 연방 기구들이 포함되어야 하며, 노예들과 접촉할 가능성이 특히 높은 분야의 다른 종사자들, 즉 간호사와 다른 의료 직원, 공공 보건 및 노동 감독관, 사회복지사들 역시 대상으로 하여 계획이 세워져야 한다.

이러한 훈련 외에도, 전 세계 국가들에서 노예제 단속 전담 팀이 꾸려져야 한다. 브라질은 노예제 단속 전담 팀이 노예에서 해방되는 사람의 수를 얼마나 비약적으로 증가시킬 수 있는지를 보여 주는데, 이와 같은 성과는 장비도 제대로 못 갖추고, 가진 권한도 별로 없고, 훈련도 잘 안 되고, 상대적으로 사법 체계의 지원도 받지 못하는 팀이 거둔 것이다. 미국의 '마약과의 전쟁' 프로그램을 약간 확대하여 노예제 단속 경찰을 포함시키기만 해도 세상은 달라질 수 있다. 해마다 미국은 이 '마약과의 전쟁' 프로그램의 일환으로 수십억 달러어치의 자금과 장비를 다른 나라들에 지원한다. 헬리콥터, 항공기, 사륜차, 훈련과 봉급이 마약 제조자들과 밀매업자들에 대한 단속 활동에 전부 지원된다. 이 프로그램을 확장하여 노예제 단속 경찰까지 포함하도록 하면 다른 사람을 노예로 삼는 데 드는 경제적 비용이 증가하고 처벌받을 가능성 또한 커져, 결국 노예 소유는 더 이상 실행 가능하지 않게 될 것이다.

정부들은 또한 노예신분에서 탈출한 사람들이 범죄자 취급받는 것을 막고 이들이 재활할 수 있도록 효율적으로 도울 필요가 있다. 많은 나라에서 노예에서 해방된 사람들은 불법 체류자나 이등 시민으로 취급받으며, 보이지 않는 분리 체계 안에서 가난하고 힘없는 존재로 지내야만 한다. 어떤 언어들에는 노예살이를 했던 사람들을 지칭하는 비하적인 명칭이 따로 있을 정도이다. 그리고 노예제 피해자들이 범죄자 취급을 받지 않도록 할 때 정부는 이들에게 지원을 제공하는 것도 필요하다. 선진국에서는 노예제에서 벗어난 사람들에게 아동에게 특별히 필요한 것들을 고려해 가며 신체적·정신적 의료 서비스, 어학 훈련, 법률 상담과 고용 상담을 제공하는 것은 정부의 역할이다. 이 모든 일을 정부 혼자서 떠맡아 해야 하는 것은 아니다. 미국에서는 지원을 제공하는 것은 대부분 국가 자금을 받아 프로그램들을 진행하는 경험 많은 지원 기관들이다.

오늘날을 살아가는 수백만 명의 노예들에게는 해방만으로는 충분치 않다. 재활 과정이 아직 제대로 연구되지 않은 것은 사실이지만, 우리는 지속적으로 자유를 누리기 위해서는 그러한 과정이 필수적이라는 것을 안다. 해방은 되었지만 생활 재건 지원을 받지 못하는 인도의 담보노동자들 중에는 다시 노예신분으로 전락하는 사람들도 있다. 믿기 어렵지만, 스스로의 선택으로 다시 노예가 되는 사람들까지 있다. 반면, 인도의 노예제 반대 단체들은 아이들이 기술을 배우고 교육을 받으면 자신감을 가지고 고향 마을로 돌아가 아동노예제를 종식시키는 데 헌신하는 것을 목격했다. 이 아이들은 마을의 지도자가 되는 경우가 흔하다. 어른들도 이 아이들에게 의존하게 되는데, 그것은 이 아이들이 마을에서 유일하게 읽고 쓸 줄 아는 사람인 데다가 아무런 두려움 없이 당당하게 지주나 지역 경찰들을 상대하기 때문이다.

비영리단체의 역할과 지역사회에 기반을 둔 자유

재활에 성공한 노예 한 사람의 본보기와 영향력은 마을 전체를 극적으로 변화시킬 수 있다. 이들은 변화의 주역이 되어 자기 마을에서 단 한 사람의 노예도 생기지 않도록 돕는다. 그리고 이처럼 마을 전체를 변화시킬 수 있는 가능성은 노예제 종식의 과정에서 필요한 또 한 가지 중요 요소를 시사한다. 바로 지역사회에 기반을 둔 자유이다. 개발도상국들에서는 이것이야말로 최선의 전략이 될 수도 있다. 개개인의 노예들을 구출하는 것은 노예제를 이용한 사업 자체에는 아무런 타격을 가하지 못할 수 있지만, 지역사회 전체가 노예잡이들과 노예주들을 몰아낸다면 자유는 정착된다. 지역사회에 기반을 둔 성공적 해법이 가능한 한 확대되어야 하는 것은 그래서이다.

노예제를 떨쳐 낼 수 있는 지역사회로 귀결되는 인과의 사슬은 종종 자선단체, 재단, 또는 다른 기금 모금체에서 시작된다. 해방의 씨앗을 뿌리는 활동가들과 지역사회 일꾼들은 십중팔구 이 일을 성사시키는 데 필요한 비용을 감당할 만한 재원을 갖고 있지 않다. 지역사회에 기반을 둔 노예제 반대 활동에 주어지는 정부 지원이 거의 전무한 상황을 감안하면, 자금 제공자에서 노예제 반대 활동가들로, 다시 노예들로 이어지는 사슬을 고려하는 것이 중요하다. 지역사회에서 자유를 발전시키기 위해서는 자금 제공자와 노예제 반대 단체들이 협력하여 3가지 핵심 사항을 성취하는 것이 필요하다. 바로 안정적인 자금 공급, 융통성, 비판적 사고이다.

자유를 발전시키는 데 필요한 핵심 요소

안정적인 자금 공급

지역 자생의 노예제 반대 단체들은 노예살이를 하던 사람들의 공동체가 안정성을 이룰 수 있도록 도와주는데, 바로 그러한 안정성이 그들 자신에게도 필요하다. 여기에는 막대한 돈이 필요한 것이 아니라 믿고 의지할 수 있을 만큼의 자금 공급만 이루어지면 된다. 개인의 해방은 즉각적으로 실현될 수 있지만 공동체의 경우에는 대개 시간이 다소 걸린다. 노예살이를 하는 사람들은 엄청난 불안전성 속에서 살아간다. 노예제 반대 단체들은 자신의 지원하는 공동체와 더불어 하는 모든 일에서 신뢰성이 있어야 한다. 즉 해방 작업 도중에 자금이 바닥나는 일이 있어서는 안 되는 것이다.

융통성

지역의 노예제 반대 단체들은 노예 공동체에 필요한 것들에 대응할 필요가 있다. 이를 위해 지역 단체들에는 융통성을 이해하는 자금 공급자가 필요하다. 여섯 달 정도 프로젝트에 참여하다 보면 노예제 반대 단체 활동가들은 의료 서비스를 제공하는 것도 중요하지만 사람들을 노예제에서 벗어나게 하려면 무담보 소액 대출이 필요하다는 것을 깨닫게 될 수도 있다. 노예제 반대 운동의 핵심은 바로 언제나 노예제 종식이라는 방향을 향해 움직여야 한다는 것이다. 이러한 대의에 따라 의료 서비스 제공에서 무담보 소액 대출로 방향 전환을 하는 것이 바람직하다면, 의료 서비스에 자금 지원을 하고 있는 자금 제공자는 중심 사업을 전환하는 것을 허용할 필요가 있으며, 세부 사업이 아니라 전체적인 방향을 지원하는 것이 좋다.

비판적 사고

노예제를 극복한다는 것은 곧 그 일을 어떻게 성취해 낼지에 대해 비판적으로 강렬히 사고할 수 있다는 것을 뜻한다. 우리는 자금 지원을 요청하는 비영리 단체들과 자금을 제공하는 비영리 단체 및 (정부를 포함한) 재단들 사이의 관계를 개선할 필요가 있다. 현재의 시스템에서 후원 문화를 그대로 따라 가는 것은 쉬운 일이다. 하지만 진정으로 필요한 것은 노예제 반대 활동가들이 자유로 가는 길에 놓인 결정적 장애물들을 찾아내는 것이다. 대형 재단들에는 규칙이 필요하다. 엄청난 돈을 기부하는 만큼 그것은 없어서는 안 될 조건이다. 우리의 과제는 이해수준을 높이고, 현장 활동가와 자기 사무실에 있는 자금 제공자 사이의 신뢰를 증진할 수 있는 길을 찾아, 이들이 함께 협력하여 노예주들보다 더 빠르고, 더 현명하고, 더 가볍고, 더 빠르고, 더 강력해지도록 하는 것이다.

노예제 반대 단체들과 자금 제공자 사이에 일단 이러한 관계가 확립되면, 풀뿌리 기구들과 지역 및 연방 정부가 노예살이를 했던 사람들이 안정적인 미래를 영위하는 데 필수적인 요소들을 제공받도록 도움을 줄 필요가 있다. 노예살이를 했던 사람들의 공동체가 끝까지 자유를 지키며 살아갈 수 있으려면 보장되어야 할 것들이 있다.

자유를 보호하기

임금을 받을 수 있는 일자리 즉시 제공

이상적으로 이것은 거저 받는 지원금이 아니라 노예살이를 했던 사람들이 자기가 아는 일을 하여 스스로 벌어들인 수입이다. 노예살이를 했던 사람들이 빨리 일자리를 찾을수록 공동체도 빨리 안정성을 얻게 된다. 일단 임금을 받는 일자리를 찾으면, 다음 단계는 수입을 다변화하여 노예였던 사람들이 다른 종류의 일을 할 기회를 열어 주고, 공동체 전체의 경제적 기반을 확장하는 것이다.

기본적 혜택 제공

학교를 다닌다는 것은 아이들이 당장은 일을 하지 않으면서 미래를 위해 인간자본을 구축한다는 것을 의미한다. 그런대로 가까운 곳에 진료소가 있으면 작은 질병이 악화되지 않고, 간단한 백신 접종으로 생명을 구할 수 있다. 집 가까운 곳에 깨끗한 물이 있으면, 그렇지 않았더라면 매일 서너 시간이 걸려 물을 길어 와야 했을 사람들이 생산성 있는 일에 그 시간을 투자할 수 있게 된다. 자유의 성취를 위한 계획은 어떠한 혜택이 존재하며 어떤 것이 아직 필요한지에 대한 점검을 포함해야 한다.

저축

가난하고 약한 사람들에게는 자산이 있느냐 없느냐에 따라 어떤 일이 단순한 문젯거리에 그칠 수도 있고 재앙이 될 수도 있다. 노예 신분은 흔히 위기 시에 의지할 만한 것이 아무것도 없어 빚을 지고 인신 구속 상태로 들어가게 된 결과이다. 가정에 얼마간이라도 저축해 둔 것이 있으면 또다시 어려움이 닥쳐도 딛고 올라설 수 있다.

토지

지속 가능한 해방 공동체를 건설한다는 것은 자연환경을 보존한다는 것을 뜻하기도 한다. 노예살이를 했던 사람들 중 많은 이가 자유를 얻고 제일 먼저 하고 싶은 일 중 하나가 텃밭을 만들어 가꾸는 것이라고 밝힌다. 신선한 야채와 콩이 있으면 영양상태와 건강도 신속히 좋아질 수 있고, 먹지 않는 것은 내다 팔아 가외의 수입을 올릴 수도 있다. 씨앗과 괭이 한 자루면 많은 것이 달라진다.

업계와 소비자들의 역할

노예제 반대 단체, 정부, 유엔이 모두 노예제를 종식시키기 위해 맡은 역할이 있는 것처럼, 업계와 소비자들도 할 일이 있다. 소비자들이 할 수 있는 일 가운데 하나는 공정무역 제품을 구입하는 것이다. 공정무역 제도 안에서 농부들은 자신의 농작물에 대해 일정한 가격을 보장받는다. 농장에서 노예제나 아동 노동을 이용하지 않고 또한 친환경적 농법을 쓰는 것으로 일단 확인되면, 농부들은 농작물을 공정무역 구매자에게 판매할 수 있다. 가격은 세계 시장에 의해 결정되지 않고 농부와 그 가족들이 그럭저럭 괜찮은 삶을 영위할 수 있을 정도의 합의된 수준에서 정해진다. 공정무역 구매자들은 제품을 도매상과 소매상에게 유통시키며, 현재 40개 이상의 국가들로부터 초콜릿, 커피, 설탕, 의류 등의 상품을 구입해 제공한다. 더 많은 소비자들이 깨끗한 유통망을 보장하는 이러한 방식을 지원하기로 결정할수록 공급은 증가할 것이다. 마찬가지로 우리는 노예신분에서 탈출한 사람들이 만든 제품을 구매할 수 있을 것이다. 노예신분에서 탈출한 사람들이 만든 제품을 구매하는 것은 이들에게 경제적으로 힘을 실어주어 홀로 설 수 있도록 해주는 기능을 한다.

우리는 또한 우리 소비자의 힘을 기업들로 하여금 자신들의 공급망을 점검하도록 요구하는 데 사용할 수 있다. 기업과 소비자들이 노예제 반대 단체들과 협조하고 모든 사람이 공급망에 책임을 진다면, 노예제는 제품에서 원천적으로 사라질 것이다. 문제는 제품 생산에서 노예제를 제거하되 동시에 자유농민들과 노동자들에게 피해를 입혀서는 안 된다는 것이다. 불매운동은 해답이 아니다. 특정 제품에 대한 서구의 불매운동은 노예를 이용하지 않는 대다수 농민들에게 피해를 주고 심지어 정직한 농민의 가족들을 빈곤으로 몰아넣어 이들 또한 노예가 될 가능성을 높임으로써 상황을 악화시킬 가능성이 있다.

예를 들어 아시아와 아프리카 국가들에서 목화 농사에 노예를 이용하는 농부는 백 명에 둘이 될까 말까이다. 그런데 소비자들이 인도나 아프리카산 목화에 대해 불매운동을 펼치면 그로 인해 가장 심각한 타격을 입는 것은 노예를 이용하지 않는 농부들, 더 낮은 이윤밖에 못 얻는 농부들이다. 이들은 농지를 잃을 수도 있고 이들의 자녀들은 아마도 학교를 그만두고 일자리를 찾아야 할 것이며, 이들 가족은 부채로 인해 노예신세로 전락할 수도 있다. 반면, 노예를 이용한 농부들은 불매운동을 더 잘 견뎌낼 수 있을 것인데, 왜냐하면 이들은 더 많은 이윤을 올리고 게다가 의지할 수 있는 자원이 또 하나 있기 때문이다. 바로 노예들이다. 노예들은 다른 직종의 일을 시켜도 되고(이렇게 되면 자유노동자들이 일자리를 잃는다), 심지어 팔아 버릴 수도 있다. 불매운동은 노예주들에게 타격을 줄 수도 있지만, 자유농민에게 훨씬 더 큰 피해를 입힌다.

그보다는, 노예제 반대 활동가들은 가장 좋은 접근법은 노예제가 실제로 발생하는 현장에서 싸우는 것이라고 제안한다. 이는 곧 농장에서, 광산에서, 작업장에서 노예제를 막아야 한다는 것이다. 이를 위해서는 농부에서 소비자에 이르기까지 공급망 상에 있는 모든 사람이 할 일이 있다. 예를 들어 면 티셔츠는 매장에 나오기까지 여러 단계를 거친다. 수확된 목화는 농장에서 목화 구매상에게 넘겨진 다음 조면기를 이용해 원면으로 만

들어지고, 이 원면이 공장으로 들어가 면사가 된 다음 다른 공장에서 이 면사로 옷감을 만든다. 그리고 이 옷감이 선적되어 다른 곳으로 실려가 옷으로 만들어진다. 옷이 포장된 뒤에는 도매상에게 실려가고, 도매상은 이 옷을 소매상에게 판다. 이것을 소매상이 옷가게에 팔면 소비자들이 옷가게에서 이 옷을 사서 집으로 가져간다. 이 공급 과정의 많은 단계들이 서로 다른 나라에서 이루어지는데, 티셔츠 회사와 그 하청업체들의 공장이 있는 지역이 다르기 때문이다.

공급망의 모든 단계에 있는 모든 이들이 제품 생산에서 노예제를 이용하지 않기로 결정할 수 있다. 이들이 협조하기로 동의한다면, 노예들이 착취당하고 있는 농장이나 의류 공장으로 노예제 반대 활동가들을 파견하는 것은 훨씬 쉬워진다. 3장에서 설명했던 코코아 협약은 업계가 인권 단체, 소비자 단체, 노동조합과 협조하면 우리가 구입하는 제품들에서 노예제를 사라지게 할 수 있다는 사실을 보여 준다. 또 다른 예는 마틴 기타 회사로, 이 회사는 환경 단체들과 협조하여 자사의 최고급 기타를 제작하는데 필요한 마호가니 나무를 반드시 노예들을 이용하지 않고 지속 가능한 방식으로 벌목하도록 하고 있다. 브라질과 페루, 다른 남미 국가들의 숲에서는 노예들을 동원해 벌목 작업이 이루어지는데, 이 회사는 생산 공급 과정에서 노예제를 일소하기 위해 할 수 있는 모든 일을 하겠다는 뜻을 분명히 밝히고 있다. 이 사안은 벌목장에서부터 해결되어야 하는 문제라는 사실을 이해한 것이다.

기업이 참여한 또 다른 좋은 예로는 러그마크 재단을 들 수 있는데, 1994년 설립된 국제 자선단체인 이 재단은 남아시아의 카펫 직조 공장들을 조사해 인증서를 발부한다. 러그마크 인증을 신청할 때 제조업자들은 카펫 제작에 열네 살 이하의 아동은 고용하지 않을 것이며, 성인 직조공들에게 최저임금을 보장할 것임을 약속한다. 가내 카펫 공장의 경우에는 보조자로 고용된 아이들에게 정규 교육을 받도록 해야 하며, 직기 소유주 자신의 자녀들만이 일할 수 있다.

카펫 제조업자들은 또한 러그마크 재단의 조사원들이 언제라도 그들의 작업장과 노동자들을 점검할 수 있게 하겠다고 약속한다. 조사원들은 무작위로 점검을 실시하여 규칙이 지켜지고 있는지를 확인한다. 이러한 요구사항들이 지켜지면 카펫 제조업자는 러그마크 라벨을 부착할 수 있는 인증서를 발급받는데, 이 라벨에는 고유의 일련번호가 부착되어 어떤 카펫이든 제조된 직기에서부터 매장에 이르기까지 전 과정을 추적할 수 있다. 유럽과 미주로 카펫을 수입하는 회사들은 카펫 가격의 약 1퍼센트를 러그마크 재단에 지불한다. 이 돈은 카펫업계에서 노예로 일하다 해방된 아이들을 위한 학교와 재활 프로그램을 지원하는 데 사용된다. 이러한 방식으로 노예였던 아이들이 다시 잡혀 노예가 되는 것으로부터 보호받는다. 1995년부터 지금까지 러그마크 재단은 550만 개의 카펫을 노예 노동을 이용하지 않고 제작된 것으로 인증했고, 2006년 당시 러그마크 재단의 조사원들은 인도와 네팔에서 3천 명 이상의 아이들을 노예상태에서 해방시키는 성과를 거두었다.

이러한 모델은 설탕, 면화와 면직물, 생선과 새우, 철강 금속, 목재, 전자제품, 그 밖의 많은 생산품들처럼 노예제로 얼룩진 제품들을 생산하는 다른 업계로도 확대되어 육성될 필요가 있다. 정부는 이 과정에서 경쟁업체들과 노예제 반대 운동 간에 중개자 역할을 할 수 있으며, 또한 공급 라인에서 노예제를 일소하려는 이해 당사자들을 한데 결집시켜야 한다. 또한 정부는 업계가 우리가 사용하는 제품에서 노예제를 몰아내도록 더 많은 도움을 줄 수 있다. 예를 들어 미국에는 의심되는 물건 또는 '훔친' 물건을 압류할 수 있는 법이 있지만, 자국 내에서 생산된 물건에만 적용된다. 이는 곧 관세청이 노예 노동으로 만든 물건들을 국내 반입 시점에서 잡아내지 못하면, 다음 기회는 없다는 것을 뜻한다. '장물' 압류법은 장소나 원산지에 상관없이 노예 노동으로 만들어진 모든 제품으로 즉각 확대되어야 한다. 그래야만 이런 물건들이 미리 유통이 중단되고 압수되어, 우리 집까지 이르는 일이 없을 것이다.

개인이 할 수 있는 일들

공급망에서 노예제를 제거하도록 업계를 종용하는 것 말고 개인이 할 수 있는 일이 따로 더 있을까? 답은 '그렇다'이다. 노예제를 종식시킨다는 것이 지역적으로, 그리고 전 세계적으로 행동하는 것을 뜻한다면, 그것은 또한 개인의 행동을 뜻하기도 하며, 우리 모두가 취할 수 있는 조치들이 있다.

우리는 노예들의 휘어진 등골 위에서 퇴직 생활을 누리기를 거부할 수 있다. 당신에게 퇴직 기금이 있다면, 투자나 연금 상담가에게 당신은 노예제로 이윤을 얻고 싶지 않다고 말하라. 공급망에 존재하는 노예제에 대해 책임지기를 거부하는 회사들에는 당신의 돈을 투자하지 말라고 요구하라.

국회의원들에게 탄원서를 보낼 수도 있다. 정치가들이란 유권자들의 압력이 없이는 문제가 되는 사안에 여간해서는 발 벗고 나서지 않는다. 당신의 정부 대표자들에게 편지를 쓰거나 이메일을 보내라. 그 사람들이 이 문제를 잘 알 것이라고 생각하지 말라. 그들이 무엇을 알아야 하는지 당신 생각을 말하고, 행동을 취하도록 독려하라. 당신은 또한 특별기고 칼럼을 쓸 수도 있고, 신문이나 잡지에 독자 투고를 할 수도 있으며, 블로그를 시작할 수도 있다.

우리 모두는 우리가 사는 지역에 노예제의 징후가 보이지는 않는지 감시할 수 있다. 가내노동자, 농장 노동자, 매장이나 레스토랑, 공장에서 일하는 사람, 성매매에 종사하는 사람이 다음과 같은 상태에 있다면 노예로 살고 있을 가능성이 높다.

- 자유롭게 다른 고용주에게 갈 수 없다
- 일하지 않는다는 이유로 폭행을 당하거나 협박받는다
- 미국이나 영국에 도착하자마자 자기도 모르는 '부채'가 생기더니 빚을 갚도록 강요당한다
- 여권이나 다른 증명서류들을 빼앗긴다
- 제대로 된 신분증명서가 없다
- 자유롭게 나다닐 수 없거나 감시인이 붙는다
- 다른 사람의 통제나 항시적인 감독을 받는다

- 마음대로 말할 수 있는 기회가 거의 없다
- '통역자'가 옆에 붙어 있다
- 장시간 노동에도 불구하고 자립하거나 돈을 스스로 관리할 방법이 없다
- 가족이나 친구와 연락을 취하거나 만나지 못한다
- 지역사회에서 제자리를 잡지 못한다
- 늘 겁에 질려 있거나 초조하거나 불안해 보인다
- 다른 사람들이 있는 곳에서는 말하기를 두려워한다
- 원인 모를 상처가 있거나 영양 상태가 좋지 않다

　어떤 사람이 노예인지 아닌지를 알려 주는 실마리들은 많이 있다. 그중 여권 압수, 부채로 인한 인신구속, 수입에 대한 통제권 상실과 같은 일부 실마리들은 피해자의 변호사, 지원 기관, 훈련받은 세심한 경관들이 함께 하는 신중한 조사 과정에서야 비로소 밝혀진다. 하지만 노예제의 다른 징후들은 우리 누구라도 짚어 낼 수 있다. 그중 하나는 어떤 유형의 신체적 학대를 시사하는 것일 수도 있는 외상들 — 부상, 타박상 — 이 있는 경우이다. 질병에 감염되었는데 치료받지 못하고 있는 것 또한 그 사람이 노예 살이를 하고 있다는 것을 보여 주는 표식이 될 수 있다. 또 하나의 가능한 지표는 그 사람이 보이는 태도이다. 겁에 질린 것처럼 보이는가, 말 나누기를 꺼리는가, 혹은 전반적으로 내성적으로 보이는가? 노예는 외부와의 접촉을 두려워하도록 길들여져 있다. 이들은 경찰은 잔인하고 부패했으며 외부 세계와 접촉했다가는 감옥에 들어가거나 추방당할 것이라고 믿

고 있기가 쉽다. 노예주가 피해자에게 만약 도망치려 하거나 당국과 연락을 취하면 가족이 무사하지 못할 줄 알라고 협박한 사례는 부지기수이다. 게다가 노예들은 외따로 고립되어 지내기 때문에 간단한 질문에도 대답하지 못하는 경우가 있다. 이들은 자기가 살고 있는 도시가 어디인지, 주소는 어떻게 되는지, 전화번호는 무엇인지 알지 못할 수도 있다.

노예제는 일반인 중 누군가가 이상한 점을 발견하고 이를 알리는 덕분에 드러나게 되는 경우가 종종 있다. 당신은 다음과 같은 것들을 물을 수 있다.

- 원할 때 그 일자리 또는 그 상황에서 떠날 수 있는가?
- 마음 내키는 대로 왔다 갔다 할 수 있는가?
- 그곳을 떠나려 한다고 해서 협박받은 적이 있는가?
- 어떤 식으로든 신체적 상해를 입은 적이 있는가?
- 작업환경 또는 생활환경은 어떠한가?
- 어디서 먹고 자는가?
- 침대에서 자는가, 아니면 간이침대나 바닥에서 자는가?
- 음식이나 물을 주지 않는다든지, 잠을 못 자게 한다든지, 치료를 해 주지 않은 적이 있는가?
- 식사를 하거나 잠을 자거나 화장실에 가려면 허락을 받아야만 하는가?
- 방의 문과 창문이 잠겨서 밖으로 나가지 못하는가?
- 누군가가 가족을 협박한 적이 있는가?

- 신분증이나 증명서류를 빼앗겼는가?
- 하고 싶어 하지 않는 일을 누군가가 강제로 시키는가?

버스역, 기차역, 휴게소는 노예들을 찾아보기에 합당한 장소들이다. 강제 성매매로 여성들을 착취하는 인신매매업자들은 발각되는 것을 피하기 위해 자신의 '아가씨'들을 이 도시 저 도시로 자주 옮긴다. 이런 업자들 중 일부는 기차역이나 버스역에서 희생자들에게 성매매를 시키고, 다른 일부는 그냥 지나간다. 그리고 희생자들을 운송하는 차량은 중간중간 멈춰서 기름을 넣어야 하기 때문에, 휴게소는 자연스레 인신매매업자들이 잠시 들르는 장소가 된다. 휴게소 직원들은 혹시 많은 수의 사람들이 겁에 질린 모습으로 감시를 받으며 화장실을 이용하지는 않는지 찾아볼 수 있다. 그런데 바로 그 화장실이 정보를 게시하기에는 딱 좋은 장소여서, 지역 NGO나 경찰의 전화번호, 인신매매 신고 직통 번호 등을 몇 개 국어로 적어 놓은 전단지 등을 비치하여 희생자들이 즉각 도움을 얻도록 할 수 있다. 마찬가지로, 병원에서 일하는 사람이라면 제삼자가 계속해서 통역을 하거나 항상 옆에 있으면서 환자와 대화를 나누는 것은 환자가 통제받고 있다는 표시로 이들이 노예임을 암시하는 것일 수도 있다는 사실을 알아야만 한다. 이는 병원이나 진료소를 찾은 어떤 사람이 다른 사람의 '감시'를 받는 것처럼 보일 경우에도 해당된다. 인신매매업자나 노예주가 희생자를 데려와 진료를 받게 한다고 해서 이들이 그 사람의 복리후생에 신경을 쓴다고 생각해서는 안 된다. 그저 자산에 손실이 갈까 봐 그러는 것일 수 있기 때문이다 가장 은밀히 확산되는 형태의 노예제 중 하나는 모든 사람들의 코앞에서 벌어진다. 바로 가정부와 유모의 노예화이다. 노예화된 가정부는 많은 표식들을 보인다. 누군가가 증명서류들을 빼앗아 가지고 있고, 이동과 의사소통이 제한되고 통제된다. 때로는 이웃 한 사람이 근처에 사는 어떤 사람이 가끔씩만 모습을 보이고, 건물의 다른 주민과 함께 외출하는 일도 전혀 없는 것 같다는 사실을 깨닫게 된다. 개인들은 이러한 표식들을 더 잘 찾아보기 위해 마을 방범대에 가입하거나 새로 하나를 결성하는 것을 고려해 볼 수도 있다. 당신의 지역사회에 이미 마을 방범대들이 있다면, 노예제가 이들의 활동 의제에 반드시 포함될 수 있도록 하라. 정기적으로 회합을 갖고, 노예제와 관련된 모든 사안 및 사건들의 최신 현황을 늘 파악해 두고, 지역사회 내에서 노예제의 가능성이 있는 곳들을 감시할 전략을 짜볼 수도 있을 것이다. 또한 지역의 학교, 대학, 마을 센터들과 협조해 노예제 반대 운동 분야의 전문가들을 강사로 초빙하는 것도 해볼 만한 일이다.

창의성을 발휘해 당신만의 프로그램을 짤 수도 있을 것이다. 예를 들어 플로리다의 한 여성 단체는 여성용품들에 노력을 집중하고 있다. 이들은 탐팩스(체내형 생리대 — 옮긴이) 제조업자들에게 편지를 보내 제품 포장지에 긴급 연락처에 관한 문구를 — 몇 개 국어로 — 넣도록 독려하고 있다. 이렇게 되면 강제로 감금당해 있는 여성들이 24시간 언제라도 전화를 걸 수 있는 신고처가 있다는 사실을 알게 될 것이다. 이 플로리다 여성들은 어떤 배경을 지니고 어떤 나라 말을 쓰는 여성이라도 여성용품은 다들 사용하며, 여성용품을 쓸 때는 자신들을 붙잡고 있는 사람들이 보지 않는 곳에서 혼자 은밀히 사용하기 때문에 이 제품들을 선택했다고 말한다. 또 다른 예는 켄터키 주에서 한 교사의 도움으로 어린 학생 50명이 인신매매 당한 외국 아이들 수십 명의 구조와 재활을 위해 기금을 모금한 일이다. 이 봉사 프로젝트의 일환으로 학생들은 다른 학생들과 기업주들, 종교 신자들을 교육하기 위해 웹사이트를 꾸미는 법과 노예제에 관한 책자와 슬라이드쇼를 만드는 법을 배웠다. 또한 이 어린 학생들은 아기를 돌봐주고 번 돈과 용돈을 기부하고, 쿠키를 굽고 레모네이드를 팔았다. 이렇게 해서 이들은 6개월 만에 2만 8천 달러가 넘는 돈을 모금했다.

누구나 노예제 반대 운동을 위해 쓸 수 있는 자기 나름의 기술을 갖고 있다. 만약 당신이 어떤 일을 조직하는 데 능숙하다면, 노예 없는 도시 만들기 사업을 당신의 마을에서 펼치는 것을 고려해 볼 수 있을 것이다. 한 도시를 노예가 없는 곳으로 만드는 과정은 누군가가 학교에서나 지역 신문에 보내는 기고문에서, 또는 자기가 일하는 현장에서 이러한 생각을 제기하면서 시작되기도 한다. 여기에 노예제 종식을 위해 헌신하는 사람이라도 몇 명 있다면, 이들은 기존의 지원 기관들(노예제에서 탈출한 사람들을 위한 전용 구호소가 있을 때도 있지만, 그런 곳이 없으면 그 대안으로 노숙자 구호소, 여성 구호소, 이민자 지원 기구들) 가운데 어떤 곳이 도움을 줄 수 있는 시설을 이미 갖추었는지 알아볼 수 있을 것이다. 이들은 자신이 해야 할 일들과 최상의 지원을 얻을 수 있는 방법 등에 대해 배울 수 있다. 지역 재단들은 리더십 기술을 기부할 수 있고, 신도 단체와 클럽들은 지역의 사회보장 제공 단체들을 위해 모금 행사를 열 수 있다.

대중의 인식 제고를 위해서는 지역 신문의 기고문들, 텔레비전과 라디

오의 리포트, 시 정부의 성명서, 학교의 특별 조례 등이 활용될 수 있다. 시의회 의원들과 지역 기업주들을 위원으로 하는 위원회는 지역사회에서 판매되는 물건들 가운데 어떤 것이 노예 노동에 의해 만들어졌을 가능성이 높은지를 검사할 수 있다. 그리고 노예제 반대 단체는 기존의 지원 기관들과 연합하여 시의회, 시장, 경찰서장, 종교 지도자, 교사, 보이스카우트, 지역 신문이나 라디오, TV 방송국의 편집자 및 경영자들과 노예 없는 도시라는 자신의 비전을 함께 나눌 수 있다. 이들 지역사회 지도자들과 다른 사람들 모두는 자신의 지역에서 노예제를 종식시키는 계획에 대한 설명을 듣고 싶어 할 것이다.

많은 인신매매 피해자들이 외국 출신으로, 거의 또는 전혀 영어를 할 줄 모르는 상태에서 입국하는 만큼, 언어는 중요한 문제이다. 노예제에서 탈출하여 영국이나 미국에서 살아가려는 사람들에게 영어를 말하고 읽고 쓸 줄 아는 능력은 무척 중요하다. 만약 당신이 언어에 소질이 있다면 지역의 지원 기관에 자문 변호사나 법무 책임자와 접수 면접이 있을 때 통역자로 일하겠다고 말해 보라. 또는 노예제 반대 단체나 인신매매 반대 단체가 노예상태에 있는 훨씬 더 많은 사람들을 보호할 수 있도록 여러 자료들을 번역하는 일을 도울 수도 있다. 만약 가르치는 일에 소질이 있으면, 노예신분에서 벗어난 사람들에게 영어를 가르치는 일을 고려해 보라. 지원 기관 측에서 영어 강좌나 개인 교습 코스를 개설해 당신에게 가르칠 기회를 줄 수도 있을 것이다.

노예제를 종식시키는 데 드는 비용

오늘날 전 세계에서 노예 해방을 위해 일하는 사람들은 마치 전염병과 싸우는 긴급 구조요원들과도 같다. 우리는 그들에게 우리의 시간과 노력과 돈을 기부함으로써 그들이 필요한 도구를 갖도록 할 수 있다. 모든 전염병에는 조사가 필요하고, 보건 정책은 하수도와 물 처리 방법 등 공공 보건 체계 전체를 뜯어 고쳐야 하며, 병원들이 재조직되어야 한다. 하지만 누군가는 '지금 당장' 백신과 음식을 날라야 한다. 그리고 지금 이 순간, 해방을 기다리는 노예들이 있다. 노예들을 해방시키는 조직들은 어떻게 노예들에게 자유를 가져다줄 수 있는지 알고, 해방된 노예들이 자립적인 삶을 살고 존엄을 되찾도록 어떻게 도와줄 수 있는지도 안다. 그들이 할 수 없는 것은 자신들의 작업을 지속할 수 있게 해줄 자금을 동원하는 일이다.

수많은 나라들에서 시행되고 있는 해방과 재활을 위한 소규모 프로그램들은 비교적 적은 비용으로 사회와 지역으로부터 노예제를 몰아낼 수 있다는 사실을 보여 준다. 예를 들어 부채로 인한 인신구속 노예제에 묶여 있는 남아시아인은 전 세계 노예 가운데 1천만 명을 차지한다. 만약 우리가 이 형태의 노예제를 깨뜨릴 수 있다면, 수백만 명의 노예들이 자유를 찾게 될 것이다. 인도 북부에서 진행 중인 해방과 사회 복귀를 위한 프로그램은 내용도 좋고 성과도 이미 검증되었다. 한 가족에게 자유를 찾아주는 데 드는 총 비용은 대략 130달러 정도로, 여기에는 자원봉사 활동가들에게 지급하는 얼마간의 수고비와 이 가족을 시골 마을로 데려다주는

데 드는 운송비, 이들에게 만들어 주는 종잣돈, 무담보 소액 대출 조합을 유지하는 데 드는 비용, 지역 조직 사무소의 운영비가 포함되어 있다. 가나에서는 어업 분야에서 일하는 아동노예들을 해방시켜 재활하도록 하는 데 드는 비용이 한 아이당 약 4백 달러이다.

노예제 반대 프로젝트들의 분석에 따르면, 전 세계에서 노예제를 뿌리 뽑는 데 필요한 실행 프로그램들과 재활 프로그램에 드는 비용의 추산치는 25년 기간에 약 150억 달러이다. 한 나라에서 노예제를 종식시키는 데 들 것으로 예상되는 비용을 알면, 정부의 적극적인 참여 아래 노예제를 뿌리 뽑을 수 있는 효과적인 전략을 수립할 수 있다. 그리고 개인들이 지금 당장 노예 해방가들을 도울 수 있다면, 정부는 좀 더 큰 구도에서 상대적으로 고통 없는 방법으로 노예 없는 세상을 만드는 데 기여할 수 있다. 바로 채무 면제를 통해서 말이다.

유럽 국가들은 채무 면제에서 엄청난 진보를 이루어, 이자 지불로 가난한 나라들의 국고를 바닥나게 했던 오래된 채권들을 소멸시켜 버렸다. 부유한 국가들이 1천1백억 달러를 탕감해 주기로 동의한 악성채무빈국HIPC 계획으로 1996년부터 27개국에서 약 3백억 달러의 부채가 소멸되었다. 이 덕분에 진정한 개발을 위해 투자할 수 있는 자금이 생기게 되었다. 탄자니아는 이자 지불로 소모될 뻔한 한 해 8백만 달러에 이르는 돈을 학교와 공공 교육 분야에 지출했다. 채무 면제 덕분에 거의 2백만 명에 가까운 아이들이 학교로 돌아갈 수 있었던 것으로 보고된다.

반면 개발도상 지역의 많은 나라들이 여전히 국제 은행이나 국제통화기구와 같은 기관에 상당한 액수의 외부 또는 해외 부채를 지고 있다. 예를 들어 2006년 브라질의 해외 부채는 약 2천억 달러에 상당했다. 부채 중 일부는 '과잉' 부채로, 1964년부터 1985년까지 이 나라를 통치했던 군사 독재 정권이 들여온 빚이었다. 브라질 경제는 상대적으로 건전하지만, 극심한 빈부격차가 줄어들 생각을 하지 않아 빈민들 중 많은 사람이 절대적 빈곤 속에 살고 있는데, 이는 노예화를 초래하는 일반적 요인이다. 브라질이 지불하는 부채 이자는 매년 수백만 달러에 이르며, 이는 교육 등 경제를 한층 더 부양할 수 있는 중요한 프로그램들에 쓰일 수도 있는 돈이다.

그러므로 간단히 취할 수 있는 첫 번째 조치는 다음과 같다. 미국과 국제 은행들은 브라질 정부 및 다른 정부들에게 그들의 부채 중 일부를 탕감해 주되, 대신 탕감된 부채의 이자에 해당하는 돈의 일정 비율은 노예제를 근절하는 데 사용해야 한다는 조건을 내걸어야 한다. 브라질과 같은 나라에서 5억에서 10억 달러에 이르는 부채가 탕감된다면, 노예제를 종식시키는 데 이용할 수 있는 상당한 자금이 생겨날 것이다. 부채 탕감이 사람들의 삶을 구할 수 있다는 것은 우리가 이미 아는 사실이지만. 그것은 또한 노예를 해방시킬 수도 있다. 그리고 노예 종식을 위해 사용된 돈은 기부금이 아니라 투자금이다. 해방된 노예들은 일에 능숙해 금세 자산을 모으기 시작할 것이다. 그들은 또한 예전에는 절대로 될 수 없었던 것, 즉 소비자가 되어 음식과 옷을 사고 자녀들의 학비를 지불할 것이다. 노예제가 만연해 있던 곳에서는 해방이 이루어지면 경제도 성장한다. 안정적이고 지속적인 자유는 그에 상응하는 보답을 할 것이다.

뒤를 돌아보며 앞으로 나아가기

알고 보면 실상은 단순하다. 한 사람이 다른 사람을 폭력을 동원해 통제한다. 그 폭력적인 통제를 뚫고 나오면 노예는 해방된다. 그 노예가 스스로 설 수 있도록 도와주면 그 사람은 계속해서 자유민으로 살 수 있다. 그리고 한 명의 노예 아동에게 자유를 가져다주는 것이든, 수천 명을 해방시킬 정책들을 공들여 만들어 내는 것이든, 우리에게는 이미 선례들이 있다. 수백 년 동안 노예들이 해방되어 왔으니까 말이다.

실제로, 19세기의 가산노예제와 글로벌 경제 시대의 신노예제 사이에 차이가 있다고는 해도 역사는 확실히 오늘날의 논쟁에 참고점을 준다. "예나 지금이나, 누군가가 당대의 노예제에 도전장을 내밀 때 또 다른 누군가는 다른 이의 노동에서 이득을 얻는다." 2003년 3월 존 밀러가 한 말이다. 윌리엄 윌버포스, 윌리엄 로이드 개리슨, 지하철도(남북전쟁 전 노예들의 탈출을 도와준 비밀 조직 — 옮긴이)를 언급하면서 존 밀러는 다음과 같이 결론을 내린다. "이 싸움은 금세 끝나지도, 쉽지도 않을 것이다. 윌버포스는 25년도 넘게 고투를 벌이고서야 간신히 19세기의 노예무역을 종식시키는 데 성공했다. 이 현대의 재앙과 싸워 이기려면 우리에게는 그의 정신과 우리나라의 19세기 노예제 폐지론자들의 정신이 필요하다." 이듬해인 2004년 8월, 밀러는 이 주제를 계속 이어갔다. "이 싸움은 아주 길어질 것"임을 그는 인정한다. "하지만 프레더릭 더글러스와 해리엇 비처 스토와 같은 미국의 노예제 폐지론자들의 … 싸움 역시 그러했다. … 우리에게는 그들의 헌신과 에너지, 그리고 인내심이 필요하다. 우리의 노예제 폐지론자 선조들에 대한 기억은 새로운 폐지 운동에 참여한 사람들에게 … 영감의 원천이 될 수 있을 것"이라고 그는 덧붙인다.

　오늘날 세계는 이 새로운 폐지 운동의 개시를 선언하고 있다. 아직은 걸음마 단계이지만, 괄목할 만한 진전 또한 이루었다. 영국과 미국에서 노예무역을 폐지시켰던 1807년과 1808년 법의 200주년 기념식에서 담당관리들은 과거를 돌아보며 영감을 얻기도 했지만 그것이 역사에서 아직 완수되지 못한 과업임을 인정하기도 했다. 유엔 사무총장 코피 아난은 2006년 12월 이렇게 말했다. "영국 식민지들에서 노예무역이 폐지된 것의 200주년 기념일은 … 수세기 동안 노예제와 벌인 싸움과 거기서 이루어낸 전진을 상기시켜 주는 강력한 표지가 될 것입니다. 그러나 이 기념일은 또한 우리가 여전히 노예제를 완전히 뿌리 뽑지 못했다는 사실을 상기시켜 주기도 합니다. … 우리는 싸움을 계속해야 합니다. … 이제 우리 역사의 교훈을 거울삼아 우리의 인류 형제들을 노예제로부터 해방시키기로 맹세합시다." 그리고 2008년 존 밀러는 여전히 초기 노예제 폐지론자들에 대한 기억을 소환하면서, 코피 아난과 마찬가지로 그들의 과업을 마무리할 것을 요구한다. "1백여 개 국가에서 노예제 폐지 혁명을 완수하기 위해 우리에게는 수백 명의 윌버포스가 필요하다." 2백 년 전 영국 의회와 미국 의회는 대서양 간 노예무역을 법으로 금지했다. 이제 우리는 다시 한 번 전 세계적인 노예제 폐지 운동에 힘을 모아 이 과업을 완수할 수도 있다.

　1852년 독립기념일 행사에서 프레더릭 더글러스는 청중들에게 이 기념일의 의미에 대해 물었다. "미국의 노예들에게 여러분의 7월 4일은 과연 무엇입니까?" 오늘날 우리는 그의 질문을 이렇게 고쳐 물을 수 있다.

현대의 노예들에게 이 200주년은 과연 무엇인가? 그리고 우리는 이렇게 대답할 수 있다. 200주년의 의미는 바로 최종적인 ― 변경할 수 없는 ― 노예제의 종식이라고 말이다.

부록 1: 연표

BC 2575년경 이집트인들이 나일 강을 따라 노예사냥 원정대를 파견함.

BC 550년경 아테네의 그리스인들이 약 3만 명의 노예를 은 광산에서 일하게함.

120년경 로마군이 군사 작전 중 수천 명의 노예를 사로잡음.

1000년경 영국 시골 지역에서 가난한 농업 노동자들과 그 가족들이 부유한 지주들에게 빚을 지고 이를 갚기 위해 노예처럼 일함.

1250년경 사하라 사막을 가로지르는 노예무역을 통해 5천에서 2만5천 명에 이르는 노예들이 서아프리카에서 지중해로 운송되고 다시 여기서 유럽과 중동으로 팔려감.

1380년경 흑사병 이후 유럽에서 노예무역은 노동력 부족 문제를 다루기 시작함. 노예들은 유럽, 중동, 북아프리카에서 데려옴.

1444년경 대서양 노예무역이 시작되면서 첫 번째 노예들이 서아프리카에서 유럽으로 들어옴.

1619년 버지니아 주 제임스타운의 영국인 정착지에 20명의 아프리카인들이

팔려오면서 아메리카 식민지들에서 노예제가 시작됨. 유럽의
노예무역에 관여한 다른 나라들로는 네덜란드(1625년부터),
프랑스(1642년부터), 스웨덴(1647년부터), 덴마크(1697년부터)가
있음.

1803년 덴마크가 아프리카인 노예를 사고파는 것을 금지하면서 유럽 최초의
노예매매 금지 국가가 됨. 덴마크 시민들의 노예매매가 금지되고
덴마크 영토로 노예가 수입되는 것이 종식됨.

1807년 영국 의회가 영국 선박이 노예를 운반하는 것과 영국 식민지에서
노예를 수입하는 것을 금지함.

1808년 미국이 아프리카인들을 노예로 들여오는 것을 중단함. 이 당시
미국에는 약 1백만 명의 노예가 있었음.

1814년 네덜란드가 아프리카인 노예무역에 참여하는 것을 공식적으로
중단함.

1820년 스페인이 적도 이남 지역에서 노예매매를 중단하지만, 쿠바에서는
1888년까지 노예제가 지속됨.

1825년 아르헨티나, 볼리비아, 칠레, 페루에서 노예제가 폐지됨.

1833년 대영제국 전역에서 노예제가 폐지됨. 노예 주인들에게 손실에 대한
보상으로 약 1억 달러가 지급됨.

1840년 세계노예제 폐지대회가 런던에서 열림.

1848년 프랑스가 본국과 식민지들에서 노예제를 폐지함.

1850년 브라질이 노예무역 참여를 중단함.

1863년	남북전쟁 중 에이브러햄 링컨 대통령이 '노예해방선언'을 발표하면서 남부 연합의 모든 노예들이 해방됨.
1863년	네덜란드가 자국의 모든 식민지에서 노예제를 폐지함.
1888년	브라질이 자국 내의 72만5천 명의 노예를 해방하면서 남미에서 노예제가 종식됨.
1910년	파리에서 '성노예매매 억제를 위한 국제협약'이 조인됨. 조인국들은 설령 본인의 동의가 있다 해도 미성년 여성에게 성매매를 시키는 자는 누구나 처벌하기로 약속함.
1915년	말레이 식민지가 노예제를 폐지함.
1923년	홍콩이 어린 소녀들을 가사노예로 파는 것을 금지함.
1926년	'노예 협약'이 국제연맹에 의해 통과되어 회원국들에 모든 형태의 노예제를 종식시키도록 노력할 의무가 부과됨.
1926년	미얀마가 노예제를 폐지함.
1927년	시에라리온에서 노예제를 폐지함.
1936년	사우디아라비아 국왕이 노예제를 폐지하지는 않고 대신 노예 수입을 중지시키고 이미 국내에 있는 노예들에 대한 학대를 규제함.
1938~ 1945년	수천 명의 한국인과 중국인 여성들이 일본군의 '위안소'에서 강제로 성노예가 됨.
1939~ 1945년	독일의 나치 정부가 제2차 세계대전 기간에 농업과 공업 분야에서 노예들을 이용함.
1948년	세계인권선언이 유엔에서 통과됨. 이 선언문에는 "누구도 노예제나

노예상태에 예속되어서는 안 된다. 어떠한 형태의 노예제와 노예매매도 금지되어야 한다"는 구절이 있음.

1954년 중국이 라오가이 수용소에서 재소자들을 노예처럼 부리는 것을 허용하기 시작함.

1962년 사우디아라비아와 예멘이 노예제를 폐지함.

1974년 모리타니의 해방 노예들이 노예제에 반대하는 엘호르, 즉 '자유'라는 뜻의 단체를 발족함.

1975년 유엔이 현대적 형태의 노예제에 대한 특별조사위원회를 결성하여 전 세계의 노예제에 대한 정보를 수집하고 권고안을 만들도록 함.

1976년 인도에서 담보노동이 폐지됨.

1989년 유엔이 '아동권리협약'을 채택함.

1990년 유엔이 '모든 이주노동자와 그들의 가족의 권리 보호에 관한 협약'을 채택함.

1991년 유엔이 현대적 형태의 노예제에 관한 임의신탁기금을 조성함. 이 기금의 목적은 현대적 형태의 노예제를 다루는 NGO들을 지원하고, 희생자들에게 인간적·법적·경제적 원조를 제공하는 것임.

1992년 파키스탄이 도제형 노예제와 페슈기(담보금) 제도를 종식시킴.

1995년 러그마크 재단이 출범함.

1997년 유엔이 미얀마 정부의 국민 노예화 혐의를 조사하기 위한 위원회를 결성함.

1007년 미국이 이동 담보노동자가 만든 제품의 수입을 금지함.

1999년	유엔이 12월 2일을 '세계 노예제 폐지의 날'로 선언함. 국제노동기구(ILO)가 '최악의 형태의 아동 노동 금지 협약'에서 아동을 강제노동, 성매매, 기타 유해한 노동으로부터 보호하기 위한 국제 표준을 수립함.
2000년	네팔이 모든 형태의 부채 인신구속을 폐지함. 유엔이 '인신매매, 특히 여성 인신매매의 방지, 억제, 처벌에 관한 의정서'를 채택함. 미국 의회가 인신매매 범죄의 기준을 확립하고 피해자들에게 혜택과 보호를 제공하는 '인신매매 피해자 보호법TVPA'을 통과시킴.
2001년	미 국무부의 인신매매 감시방지국이 첫 번째 연례 '인신매매 보고서'를 발표함. 인신매매 피해자 보호법에 따라 의회의 요청으로 작성되는 이 연례 보고서는 전 세계의 인신매매 방지책들을 개괄함.
2002년	NGO들, 초콜릿 회사들, 지역 정부들이 협약을 실행하고 제품을 감시하기 위한 국제 코코아 기구를 결성함. 유엔의 '아동권리협약'의 부록인 '아동, 아동 성매매, 아동 포르노그래피의 판매에 관한 선택 의정서'와 '아동의 무력분쟁 참여에 관한 선택 의정서'가 시행에 들어감.
2003년	미얀마 정부의 강제노동 이용 혐의에 대한 대응으로 미얀마에 대한 경제 제재에 들어감.
2004년	미국이 2월 27일을 '전국 노예제 반대의 날'로 제안함.
2005년	ILO이 강제노동에 대한 첫 국제 보고서를 발표함.
2006년	여배우 줄리아 오몬드가 노예제와 인신매매 폐지를 위한 초대 유엔 친선대사에 임명됨. 국제고용 서비스업체인 맨파워사가 세계 상위 기업 1천 곳에 인신매매를 종식시키도록 도와줄 것을 요청함.

2007년   미 국무부가 2006 회계 연도에 7천4백만 달러를 70개국의 154개
국제 인신매매 반대 프로젝트에, 그리고 2천850만 달러를 국내의 70개
인신매매 반대 프로젝트에 지원했다고 공표함. 영국에서는 3월 25일을
'노예제 반대의 날'로 지정함.

2008년   미국이 1월 11일을 '전국 인신매매 인식의 날'로 지정하고 매년
시행하기로 함.

부록 2: 노예제 금지 입법

국제연맹의 '노예제 협약' (1926년)

2조. 체결국은 다음 사항을 약속한다.

> (a) 노예매매를 금지, 억제한다.

> (b) 점진적으로 그리고 최대한 단기간 안에 모든 형태의 노예제를 완전히
> 종식시킨다.

3조. 체결국은 자국 영해에서, 그리고 자국의 국기를 단 모든 선박에서 노예를
선적, 하역, 수송하는 것을 금지, 억제하기 위해 적절한 모든 수단을 취할 것을
약속한다.

5조. 체결국은 의무 또는 강제노동이 노예제와 다름없는 상황으로 발전하는 것
을 방지하기 위해 필요한 모든 수단을 취할 것을 약속한다.

ILO의 '강제노동에 관한 협약 29호' (1930년)

1조. 본 협약을 비준한 국제노동기구의 각 회원국은 가능한 최단기간 내에 모든 형태의 강제 또는 의무 노동의 사용을 억제할 것을 약속한다.

4조. 권한 당국은 개인이나 회사, 협회의 사적 이익을 위해 강제 또는 의무 노동의 사용을 부과 또는 허용해서는 안 된다.

유엔의 '노예제, 노예매매, 그리고 노예제와 유사한 제도와 관습의 폐지에 관한 보충 협약' (1956년)

1조. 본 협약의 각 당사국은 … 점진적으로 그리고 가능한 최단기간 내에 다음과 같은 제도와 관습을 완전히 폐지하거나 포기해야 한다.

　(a) 부채로 인한 인신구속

　(b) 농노제

　(c) 다음과 같은 양태를 보이는 모든 제도 및 관습

　　(i) 여성이 거부할 권한 없이 그녀의 부모, 보호자, 가족, 또는 다른 어떤 사람이나 집단에게 제공된 금전적 또는 심적 도움에 대한 보답으로 타인과 결혼하게 되거나 결혼을 약속하게 되는 것

　　(ii) 남편이나 남편 가족, 친척이 금품이나 다른 것을 제공받고 여성을 타인에게 양도할 권리를 갖는 것

　　(iii) 남편이 사망했을 때 여성이 다른 사람에게 상속되는 것

　(d) 친부모 중 어느 한쪽 또는 양쪽, 혹은 보호자가 대가를 받건 안 받건 이

동이나 18세 이하의 청소년을 아동이나 청소년 또는 그의 노동력을 착취할 목적을 지닌 타인에게 넘길 수 있도록 하는 모든 제도 또는 관습.

6조. 타인을 노예로 삼는 행위, 타인을 설득하여 그 자신이나 그에게 의존하는 누군가를 노예가 되도록 만드는 행위, 이러한 행위들을 시도하거나 그것을 방조하는 행위는 … 범죄행위가 된다.

ILO의 '강제노동 폐지에 관한 협약 105호' (1957년)

1조. 이 협약을 비준한 국제노동기구의 각 회원국은 다음과 같은 수단 또는 방법으로 활용되는 어떠한 형태의 강제 또는 의무 노동도 억제할 것이며 또한 이용하지 않을 것임을 약속한다.

> (a) 정치적 강압이나 교육의 수단, 또는 정치적 견해나 기존의 정치·사회·경제 체제에 이데올로기적으로 반대되는 견해를 지니거나 표현한 데 대한 처벌의 수단
>
> (b) 경제 개발의 목적으로 노동력을 동원하고 활용하는 방법
>
> (c) 노동 훈련의 수단
>
> (d) 파업에 참여한 데 대한 처벌
>
> (e) 인종적·사회적·민족적·종교적 차별의 수단

2조. 각 회원국은 이 협약의 1조에 명시된 것과 같은 강제 또는 의무 노동의 즉각적이고도 완전한 철폐를 이끌어내기 위해 효과적인 방법을 동원할 것을 약속한다.

ILO의 '최악의 형태의 아동 노동에 관한 협약 182호' (1999년)

1조. 본 협약을 비준한 각 회원국은 최악의 형태의 아동 노동의 금지 및 절멸을 긴급히 실현하기 위하여 즉각적이고도 효과적인 조처를 취해야 한다.

3조. '최악의 형태의 아동 노동'이라는 용어는 다음과 같은 것들을 지칭한다.

> (a) 아동의 매매와 인신매매, 부채로 인한 인신구속과 농노제, 그리고 무력 분쟁에 동원하기 위한 강제 또는 의무 징집을 포함한 강제 또는 의무 노동과 같은, 모든 형태의 노예제 또는 노예제와 유사한 관습들

> (b) 성매매, 포르노그래피 제작, 포르노그래피와 같은 행위를 위해 아동을 이용하거나 사들이거나 제공하는 행위

> (c) 불법적 활동, 특히 관련 국제조약에서 정의된 것과 같은 약물의 제조와 밀매를 위해 아동을 이용하거나 사들이거나 제공하는 행위

> (d) 본질적으로 혹은 그것이 수행되는 환경에 의해 아동의 건강과 안전, 도덕성을 해칠 가능성이 높은 작업

6조. 각 회원국은 최악의 형태의 아동 노동을 최우선적으로 절멸하기 위한 행동 프로그램들을 계획하고 시행해야 한다.

7조. 각 회원국은 … 효과적이고 시기적절한 수단을 동원해 다음과 같은 사항을 실천한다.

> (a) 최악의 형태의 아동 노동에 어린이들이 연루되는 것을 방지한다.

> (b) 어린이들이 최악의 형태의 아동 노동에서 벗어나 재활하고 사회에 통합될 수 있도록 긴요하고도 적절한 직접적 지원을 제공한다.

> (c) 최악의 형태의 아동 노동에서 벗어난 모든 아이들에게 자유로운 기본

교육과, 가능하고 적절한 곳에서라면 직업 교육까지 받을 수 있도록 보장해 준다.

(d) 특별한 위험에 처해 있는 아이들을 찾아내 도움의 손길을 뻗어야 한다.

(e) 소녀들의 특수한 상황을 고려한다.

8조. 회원국들은 강화된 국제적 협조 그리고/또는 사회적·경제적 발전과 빈곤 퇴치 프로그램, 보통 교육을 위한 지원과 같은 원조를 통해 본 협약의 조항들을 실행할 때, 적절한 조치를 취해 서로를 지원해야 한다.

유엔의 '인신매매, 특히 여성과 아동 인신매매의 방지, 억제, 처벌을 위한 의정서(유엔 다국적 조직범죄 방지 협약의 부속 의정서)' (2000년)

2조. 본 의정서의 목표는 다음과 같다.

(a) 인신매매를 예방, 방지하되, 특히 여성과 아동에게 특별한 주의를 기울인다.

(b) 이들의 인권을 최대한 존중하면서 이러한 인신매매 피해자들을 보호하고 지원한다.

(c) 이러한 목표들을 달성하기 위해 당사국 간의 협력을 증진한다.

3조. 본 의정서에서

(a) '인신매매'는 착취를 목적으로 위협, 폭력이나 다른 형태의 강제력의 사용, 유괴, 사기, 속임수, 힘이나 취약한 상태의 남용, 다른 사람에 대한 통제권을 갖고 있는 사람의 동의를 얻기 위해 금품이나 혜택을 주거나 받

는 것 등의 수단을 통해 사람들을 모집, 수송, 이송, 은닉, 인수하는 것을 뜻한다. 착취에는 최소한도로 잡아 타인의 성매매 갈취나 다른 형태의 성적 착취, 강제노동이나 강제 봉사, 노예제나 노예제와 유사한 관습, 노역이나 장기 적출이 포함된다.

(b) 본 조 (a)항에서 언급된 고의적 착취에 대한 인신매매 피해자의 동의는 (a)항에 언급된 수단 중 어느 하나라도 사용된 경우에는 효력을 갖지 못한다.

(c) 착취를 목적으로 아동을 모집, 수송, 이송, 은닉, 인수하는 것은, 설령 본 조 (a)항에 언급된 수단 중 어떠한 것도 동원되지 않는다 해도, '인신매매'로 간주된다.

(d) '아동'은 18세 이하의 사람을 뜻한다.

4조. 본 의정서는 여기서 달리 언급이 없을 경우에는 본 의정서의 5조에 따라 규정된 범법행위에 대한 방지, 조사, 기소, 그리고 이러한 범법행위의 피해자에 대한 보호에 적용된다. 이러한 범법행위는 본질적으로 국제적이며 조직범죄와 연루되어 있다.

5조.

1. 각 당사국은 본 의정서의 3조에서 언급된 행위들이 고의적으로 행해졌을 때 이를 범죄행위로 규정하는 데 필요한 입법 및 기타 조치들을 취한다.

6조.

1. 적절한 사건들의 경우 국내법이 허용하는 최대한의 한도 안에서 각 당사국은 인신매매 관련 재판 과정을 비공개로 하는 등의 방식으로 인신매매 피해자의 사생활과 신분을 보호한다.

2. 각 당사국은 자국의 법률 또는 행정 체계 내에 인신매매 피해자들에게 적절한

사례의 경우 다음의 사항을 제공해 줄 수단이 포함되도록 한다.

  (a) 관련된 법정 및 행정 절차에 관한 정보.

  (b) 범법자에 대한 소송 과정 중 적절한 단계에서 피해자들의 시각과 관심
      사가 변론에 해가 되지 않는 방식으로 제시되고 고려될 수 있도록 지원
      해 주는 것.

3. 각 당사국은 인신매매 피해자의 신체적 · 심리적 · 사회적 회복을 위한 수단
   을 시행하는 것을 고려한다. 적절한 사례의 경우 비정부기구나 다른 관련 기
   구, 시민사회의 다른 구성원들과 협력하는 것을 비롯해, 특히 다음의 사항을
   제공하는 것이 여기에 포함된다.

  (a) 적절한 주거시설.

  (b) 인신매매 피해자들이 이해할 수 있는 언어로 특히 그들의 법적 권리에
      대한 상담과 정보 제공.

  (c) 의학적 · 심리적 · 물리적 지원.

  (d) 일자리, 교육과 훈련의 기회.

9조.

1. 당사국은 다음과 같은 사항을 위하여 포괄적인 정책, 프로그램, 기타 수단들
   을 수립한다.

  (a) 인신매매의 예방 및 방지.

  (b) 인신매매 피해자, 특히 여성과 아동이 또다시 피해자가 되지 않도록
      보호.

2. 당사국은 인신매매를 예방 및 방지하기 위해 연구, 정보, 언론 캠페인, 사회 ·
   경제 계획 등의 수단들을 실행하도록 노력한다.

3. 본 조에 따라 수립된 정책, 프로그램, 기타 수단들에는 적절한 경우 비정부기구, 기타 관련 기구, 시민사회의 다른 구성원들과의 협조가 포함된다.

4. 당사국은 빈곤, 저개발, 평등한 기회의 부재 등 사람들, 특히 여성과 아동을 인신매매에 취약하게 만드는 요소들을 완화하기 위해 양자간 또는 다자간 협조 등을 비롯한 수단들을 시행하거나 강화한다.

5. 당사국은 사람들, 특히 여성과 아동에 대한 모든 형태의 착취를 번성하게 하는 원인인 수요를 저하시키도록, 양자간 및 다자간 협력을 이용하는 것을 포함하여 법적 수단 또는 교육적, 사회적, 문화적 수단과 같은 기타 수단들을 채택 또는 강화한다.

미 의회의 '인신매매 및 폭력 피해자 보호법' (2000년)

102절. 목적과 결론

의회는 다음과 같이 결론을 내린다.

(1) 21세기가 시작되었는데 노예제라는 수치스러운 제도는 세계 전체에서 지속되고 있다. 인신매매는 현대적 형태의 노예제이다. […]

(2) 이들 중 많은 이들이 흔히 폭력과 사기, 강압으로 인신매매당해 국제 성매매에 종사하게 된다. 성 산업은 지난 몇 십 년 사이에 급속히 확대되었다. 이것은 인간, 주로 여성과 소녀를 성적으로 착취하는 것으로, 성매매, 포르노그래피, 섹스 관광, 그 밖의 성적 서비스들과 관련 있는 활동들을 포함한다. 세계의 많은 곳에서 여성이 낮은 지위에 처해 있는 것은 인신매매 산업의 급성장에 일조했다.

(3) 인신매매는 성 산업에 국한되지 않는다. 성장 중인 이 국제적 범죄는 또

한 강제노동을 포함하며, 노동, 공공 보건, 인권의 국제 기준에 대한 심각한 위반을 수반한다.

(4) 인신매매업자는 일차적으로 여성과 소녀들을 노리는데, 근원지 국가들에서 이들 여성과 소녀는 빈곤, 교육 기회의 부재, 만성적인 실업, 차별, 경제적 기회의 결여에 유달리 크게 영향을 받는다. 인신매매업자들은 괜찮은 근로 조건에 상대적으로 높은 임금으로 유모나 하녀, 무용수, 공장 노동자, 레스토랑 여급, 판매원, 모델 등으로 일하게 해주겠다는 거짓 약속으로 여성과 소녀들을 자신의 그물 속으로 꾀어 들인다. 인신매매업자들은 또한 가난한 집에서 아이들을 사들여 성매매나 다양한 유형의 강제노동 또는 담보노동을 하는 곳으로 팔아 버린다.

(5) 인신매매업자는 흔히 피해자들을 고향 마을에서 멀리 낯선 곳으로 데려가는데, 이런 낯선 곳들 중에는 가족, 친구와 멀리 떨어지고, 종교 관습도 다르고, 보호와 지원을 받을 수 있는 다른 자원도 없어 피해자들이 보호막 없이 곤경에 처하게 되는 외국도 포함된다.

(6) 피해자들은 흔히 물리적 폭력을 통해 강제로 성매매를 하게 되거나 노예제와 다름없는 노동을 하게 된다. 이러한 폭력에는 강간과 다른 형태의 성적 학대, 고문, 굶기기, 감금, 협박, 심리적 학대, 강압 등이 있다.

(7) 인신매매업자들은 종종 피해자들에게 만약 그들이 도망치거나 도망치려 하면 그들이나 다른 사람들이 해를 입을 수 있다는 인상을 심어 준다. 이러한 인상은 피해자들에게 그러한 위해를 가하겠다는 직접적인 협박만큼이나 강압적인 효과를 갖는다.

(8) 인신매매는 점점 더 조직화되고 세련화된 기업형 범죄 집단에 의해 자행된다. 이러한 인신매매는 전 세계의 기업형 범죄 집단에게는 가장 빨리 성장하는 수입원이다. 인신매매에서 벌어들인 돈은 미국과 전 세계에서 기업형 범죄 집단이 신속히 성장하는 데 이용된다. 인신매매는 근원지, 경유지, 목적지 국가들에서 흔히 관리들의 부패에 의해 도움을 받

으며, 그리하여 법질서를 위협한다.

(9) 인신매매는 사기, 폭력, 강압에 의해 다른 사람으로 하여금 억지로 성행위를 하도록 할 때, 폭력적 강간의 모든 범죄 요소를 지닌다.

(10) 인신매매는 또한 유괴, 노예제, 불법 감금, 폭행, 구타, 외설, 사기, 강탈을 금지하는 노동 및 이민 규정과 법률을 비롯해 다른 법률들을 위반하는 것을 수반한다.

(11) 인신매매는 피해자를 심각한 건강 위험에 노출시킨다. 인신매매되어 성 산업에 들어온 여성과 아이들은 HIV와 에이즈를 포함한 치명적 질병에 노출된다. 인신매매 피해자들은 때로는 과중한 노동이나 잔인한 학대로 죽음에 이르기도 한다.

(12) 인신매매는 주간州間 통상과 해외 통상에 상당한 영향을 미친다. 비자발적 노역, 예속, 그리고 다른 형태의 강제노동을 목적으로 한 인신매매는 전국적인 고용망과 노동시장에 영향을 미친다. 노예제, 노역, 그리고 노예상태에 맞먹을 정도의 강압적 행위를 통해 얻어지거나 유지되는 노동 또는 봉사의 상황 안에서 피해자는 수많은 위법행위를 겪게 된다.

(13) 비자발적인 노역 법령은 비폭력적 강압을 통해 노역 상태에 있는 사람들의 경우를 다루기 위한 것이다. […]

(14) 미국과 다른 나라들의 기존의 입법과 법 집행은 연루된 위반행위의 심각성을 제대로 반영하지 못해, 인신매매를 억제하고 인신매매업자들을 법정에 세우기에는 불충분했다. 인신매매에 연루된 다양한 범위의 위반행위들을 처벌할 수 있는 포괄적 법률이 미국에는 존재하지 않는다. 오히려 성 산업에서 이루어지는 가장 잔혹한 인신매매 사건조차도 흔히 죄질이 가벼운 사람에게 적용되는 법에 따라 처벌되고, 따라서 인신매매업자들은 받아 마땅한 처벌을 모면하는 것이 대부분이다.

(15) 미국에서 이 범죄와 그 구성요소들의 심각성은 현행 양형지침에 반영되어 있지 않아서 유죄판결을 받은 인신매매업자들이 가벼운 처벌에 처해진다.

(16) 어떤 국가들에서는 인신매매업자에 대한 법 집행이 관리들의 무관심, 부패, 그리고 때로는 관리들이 인신매매에 가담하는 현실 때문에 장애에 부딪히기도 한다.

(17) 목적지 국가에서 희생자는 대개 불법 이민자이기 때문에 이들은 몇 번이고 인신매매업자들보다도 더 엄격히 처벌받는다.

(18) 게다가 의료, 주거, 교육 법적 지원 등, 인신매매 피해자가 고국에 안전하게 다시 통합되는 데 필요한 관련 사항들을 충족시켜 줄 적절한 서비스와 시설이 존재하지 않는다.

(19) 가혹한 형태의 인신매매 피해자들이 위조 서류를 사용하거나 증명서류 없이 입국하거나 취업하는 등 순전히 인신매매의 직접적 결과로 행할 수밖에 없었던 불법 행위 때문에 적절치 못하게도 투옥되거나 벌금형을 받거나 다른 식의 처벌을 받아서는 안 된다.

(20) 인신매매의 피해자들은 흔히 자신들이 팔려간 나라의 법, 문화, 언어에 친숙하지 않기 때문에, 물리적 구금과 부채로 인한 인신구속을 비롯한 강압과 협박을 받고 있기 때문에, 또한 흔히 응징을 두려워하고 자국으로 강제 추방되면 그곳에서 겪을 응징과 다른 어려움들을 두려워하기 때문에, 이들은 흔히 자신들에게 저질러진 범죄를 증언하거나, 이러한 범죄에 대한 조사와 기소를 돕는 것을 어려워하거나 불가능하다고 생각한다.

(21) 인신매매는 근원지 국가와 경유지 국가, 도착지 국가, 그리고 국제 조직의 단합되고도 활발한 활동을 요구하는 사악한 범죄이다.

(22) 미국의 건국 문서 중 하나인 독립선언서는 모든 사람에게 타고난 존

엄과 가치가 있다고 인정했다. 이 선언서는 모든 사람이 평등하게 창조되었으며, 창조주로부터 어떤 양도할 수 없는 권리를 부여받았다고 말한다. 노예제와 비자발적 노역으로부터 풀려날 권리는 그러한 양도할 수 없는 권리 가운데 하나이다. 이 사실을 인정하여, 미국은 1865년 노예제와 비자발적 노역을 법으로 금지하였고, 그것이 반드시 폐지되어야 할 사악한 관습임을 인식하였다. 현재 행해지고 있는 성 노예제와 여성과 아동 인신매매 역시 미국의 건국이념에 비추어 보면 혐오스러운 것이다.

(23) 미국과 국제사회는 인신매매가 인권의 심각한 침해와 연관이 있으며 긴급한 국제적 관심 사안이라는 점에 동의한다. 국제사회는 노예제와 비자발적 노역, 여성에게 가해지는 폭력, 그리고 인신매매의 다른 요소들을 되풀이하여 규탄해 왔다. […]

(24) 인신매매는 국가가 연루되어 있는 국제적 범죄이다. 국제 인신매매를 억제하고 가해자들을 법정에 세우기 위해서는 미국을 비롯한 국가들이 인신매매가 심각한 범죄행위임을 인식해야 한다. 이것은 적절한 처벌을 내리고 인신매매범들에 대한 기소를 우선적 과제로 삼고 이러한 범법행위의 피해자들은 처벌하기보다 보호하는 것으로 완수될 수 있다. 국제 인신매매 경로로 한데 연결되어 있는 국가들끼리 협력을 증진하는 조처를 취하면서 미국은 인신매매 산업을 폐지시키기 위해 양자간 및 다자간에 노력을 기울여야 한다. 미국은 또한 국제사회가 다자간 포럼에서 동조하지 않는 국가들이 인신매매 근절과 인신매매 피해자 보호를 위해 진지하고 지속적인 노력을 하게 되도록 강력한 취할 것을 촉구해야 한다. […]

106절. 인신매매 방지

(a) 대통령은 인신매매를 억제하기 위한 방법으로, 인신매매의 잠재적 피해자들에게 경제적 기회를 제공하는 국제 계획을 수립하여 실행하여야 한다. 이러

한 계획에는 다음과 같은 사항이 포함될 수 있다.

(1) 무담보 소액대출 프로그램, 사업 개발 훈련, 기술 훈련, 직업 상담

(2) 여성의 경제적 결정 참여 증진을 위한 프로그램

(3) 아동, 특히 소녀들을 초중등 학교에 보내고 인신매매 피해자였던 사람들을 교육시키는 프로그램

(4) 인신매매의 위험성에 관한 교육 커리큘럼 개발

(5) 정치 · 경제 · 사회 · 교육에서 여성의 역할을 증진하고 가속화하기 위해 비정부기구들에 보조금 지급

(b) 대통령은 노동부 장관, 보건사회복지부 장관, 법무부 장관, 국무부 장관을 지휘하여 인신매매의 위험성과 인신매매 피해자들이 이용할 수 있는 보호방안에 대한 대중적 인식, 특히 인신매매의 잠재적 피해자들의 인식을 증진할 수 있는 프로그램을 수립하고 실행한다.

(c) 대통령은 (a)항과 (b)항에 기술된 계획의 수립 및 시행과 관련하여 적절한 비정부기구들과 협의한다.

107절. 인신매매 피해자들의 보호와 지원

(a) 타국의 피해자에 대한 지원

(1) 국무부 장관과 국제개발처장은 적절한 비정부기구들과의 협의 아래 해외 국가에서 적절한 경우 인신매매 피해자들의 안전한 통합과 재통합, 재정착을 지원할 프로그램 및 계획을 수립하고 실행한다. 이러한 프로그램 및 계획은 그러한 사람들과 그 자녀들의 적절한 지원 요구를 충족시킬 수 있도록 설계되어야 하며, 지원 요구의 적절성 여부는 실무진이 확인한다.

(2) (1)항에서 기술된 프로그램 및 계획을 수립하고 실행할 때, 국무부 장관과 국제개발처장은 적절한 경우 국적 없는 피해자를 포함한 인신매매 피해자들의 통합, 재통합, 재정착을 지원하기 위한 인신매매 피해자의 본국을 포함한 해외 국가들의 협조 노력을 증진하기 위해 적절한 모든 조치를 취한다.

(b) 미국 내의 피해자

(1) 지원

(a) 혜택 및 서비스 수급 자격. 1996년의 개인책임과 근로기회 조정법의 IV절에도 불구하고 가혹한 형태의 인신매매 피해자인 외국인은 연방이나 주의 프로그램 또는 (B)항에서 기술된 관청이나 기관이 자금을 지원하거나 운영하는 활동 아래, 이민 및 국적법이 207절에 따라 난민으로 미국에 거주하는 것이 인정된 외국인과 동일한 정도로 혜택 및 서비스를 수급할 자격을 갖는다.

(b) 혜택 및 서비스의 연장 요건. (C)항을 조건으로 비자격자 후생계획의 책정금 사용 가능 조항에 해당하는 경우, 보건사회복지부 장관과 노동부 장관, 무료법률구조봉사단 이사회, 그리고 그 밖의 연방 기구 수장들은 가혹한 형태의 인신매매 피해자에게 이민자 지위에 상관없이 혜택 및 서비스를 연장해 준다.

부록 3: 노예제 반대 단체

전 세계 노예제 반대 운동을 이끄는 양대 단체는 영국의 국제반노예제연합 (www.antislavery.org)과 프리더슬레이브(www.freetheslaves.net)이다. 이 밖에 도 노예제 및 인신매매와 싸우는 수많은 지역 조직들이 존재한다.

Anti-Slavery Project of Australia

www.antislavery.org.au

Association of Albanian Girls and Women

www.aagw.org

Bonded Labor Liberation Front

www.swamiagnivesh.com

Child Labor Coalition

www.stopchildlabor.org

Child Rights Information Network

www.crin.org

Coalition of Immokalee Workers

www.ciw-online.org

Coalition to Abolish Slavery and Trafficking

www.trafficked-women.org

Coalition to Stop the Use of Child Soldiers

www.child-soldiers.org

ECPAT International

www.ecpat.org

Faith Alliance Against Slavery and Trafficking

www.faastinternational.org

Global March Against Child Labor

http://globalmarch.org

Human Rights Watch

www.hrw.org

The Initiative to Stop Human Trafficking

www.hks.harvard.edu/cchrp/isht

International Needs · Ghana

www.africaexpress.com/internationalneedsghana

La Strada

www.lastrada.org.ua/?lng=en

Maiti Nepal

www.maitinepal.org

Physicians for Human Rights

http://physiciansforhumanrights.org

Polaris Project

www.polarisproject.org

Protection Project

www.protectionproject.org

Rescue and Restore Victims of Human Trafficking

www.acf.hhs.gov/trafficking

Restavec Foundation

www.restavec.org

Rugmark Foundation

www.rugmark.org

SOS Slaves

www.sosesclaves.org

옮긴이 **이병무**

서울대 동양사학과 졸업하고 십 년간의 편집자 생활을 거쳐 지금은 번역과 책 만드는 일을 하고 있다.
옮긴 책으로는 『알라산의 사자들』이 있다.

끊어지지 않는 사슬 ─2천7백만 노예들에 침묵하는 세계

지은이 케빈 베일스, 조 트로드, 알렉스 켄트 윌리엄슨 **옮긴이** 이병무

디자인 김무열

발행일 2012년 8월 23일 초판 1쇄

발행처 다반 **발행인** 노승현 **주소** 서울시 금천구 가산동 470-5 에이스테크노타워 10차 1003호
전화번호 02-868-4979 **팩스** 02-868-4978 **이메일** davanbook@naver.com
출판등록 제2011-08호 (2011년 1월 20일)

ⓒ다반, 2012
ISBN 978-89-966109-6-0 03300

다반 – 일상의 책
일상다반사日常茶飯事에 서 착안한 「다반」은 사람에게 중요한 밥과 차에 책의 의미를 더하여,
사람의 삶에서 늘 필요한 책을 만들자는 취지로 2011년 1월 20일 설립되었다.